欧亚历史文化文库

总策划 张余胜

兰州大学出版社

夫 余 史 研 究

丛书主编 余太山

杨军 著

图书在版编目(CIP)数据

夫余史研究/杨军著.—兰州:兰州大学出版社,
2011.8

(欧亚历史文化文库/余太山主编)

ISBN 978-7-311-03713-0

Ⅰ.①夫… Ⅱ.①杨… Ⅲ.夫余—民族历史—研究
Ⅳ.①K289

中国版本图书馆 CIP 数据核字(2011)第 144213 号

总 策 划　张余胜

书　　名　夫余史研究
丛书主编　余太山
作　　者　杨军 著
出版发行　兰州大学出版社　(地址:兰州市天水南路 222 号　730000)
电　　话　0931 -8912613(总编办公室)　　0931 -8617156(营销中心)
　　　　　0931 -8914298(读者服务部)
网　　址　http://www.onbook.com.cn
电子信箱　press@lzu.edu.cn
印　　刷　兰州人民印刷厂
开　　本　710mm×1020mm　1/16
印　　张　13.5
字　　数　181 千
版　　次　2012 年 1 月第 1 版
印　　次　2012 年 1 月第 1 次印刷
书　　号　ISBN 978-7-311-03713-0
定　　价　40.00 元

出 版 说 明

　　随着 20 世纪以来联系地、整体地看待世界和事物的系统科学理念的深入人心，人文社会学科也出现了整合的趋势，熔东北亚、北亚、中亚和中、东欧历史文化研究于一炉的内陆欧亚学于是应运而生。时至今日，内陆欧亚学研究取得的成果已成为人类不可多得的宝贵财富。

　　当下，日益高涨的全球化和区域化呼声，既要求世界范围内的广泛合作，也强调区域内的协调发展。我国作为内陆欧亚的大国之一，加之 20 世纪末欧亚大陆桥再度开通，深入开展内陆欧亚历史文化的研究已是责无旁贷；而为改革开放的深入和中国特色社会主义建设创造有利周边环境的需要，亦使得内陆欧亚历史文化研究的现实意义更为突出和迫切。因此，将针对古代活动于内陆欧亚这一广泛区域的诸民族的历史文化研究成果呈现给广大的读者，不仅是实现当今该地区各国共赢的历史基础，也是这一地区各族人民共同进步与发展的需求。

　　甘肃作为古代西北丝绸之路的必经之地与重要组

成部分,历史上曾经是草原文明与农耕文明交汇的锋面,是多民族历史文化交融的历史舞台,世界几大文明(希腊—罗马文明、阿拉伯—波斯文明、印度文明和中华文明)在此交汇、碰撞,域内多民族文化在此融合。同时,甘肃也是现代欧亚大陆桥的必经之地与重要组成部分,是现代内陆欧亚商贸流通、文化交流的主要通道。

基于上述考虑,甘肃省新闻出版局将这套《欧亚历史文化文库》确定为2009—2012年重点出版项目,依此展开甘版图书的品牌建设,确实是既有眼光,亦有气魄的。

丛书主编余太山先生出于对自己耕耘了大半辈子的学科的热爱与执著,联络、组织这个领域国内外的知名专家和学者,把他们的研究成果呈现给了各位读者,其兢兢业业、如临如履的工作态度,令人感动。谨在此表示我们的谢意。

出版《欧亚历史文化文库》这样一套书,对于我们这样一个立足学术与教育出版的出版社来说,既是机遇,也是挑战。我们本着重点图书重点做的原则,严格于每一个环节和过程,力争不负作者、对得起读者。

我们更希望通过这套丛书的出版,使我们的学术出版在这个领域里与学界的发展相偕相伴,这是我们的理想,是我们的不懈追求。当然,我们最根本的目的,是向读者提交一份出色的答卷。

我们期待着读者的回声。

总　序

　　本文库所称"欧亚"(Eurasia)是指内陆欧亚,这是一个地理概念。其范围大致东起黑龙江、松花江流域,西抵多瑙河、伏尔加河流域,具体而言除中欧和东欧外,主要包括我国东三省、内蒙古自治区、新疆维吾尔自治区,以及蒙古高原、西伯利亚、哈萨克斯坦、乌兹别克斯坦、吉尔吉斯斯坦、土库曼斯坦、塔吉克斯坦、阿富汗斯坦、巴基斯坦和西北印度。其核心地带即所谓欧亚草原(Eurasian Steppes)。

　　内陆欧亚历史文化研究的对象主要是历史上活动于欧亚草原及其周邻地区(我国甘肃、宁夏、青海、西藏,以及小亚、伊朗、阿拉伯、印度、日本、朝鲜乃至西欧、北非等地)的诸民族本身,及其与世界其他地区在经济、政治、文化各方面的交流和交涉。由于内陆欧亚自然地理环境的特殊性,其历史文化呈现出鲜明的特色。

　　内陆欧亚历史文化研究是世界历史文化研究中不可或缺的组成部分,东亚、西亚、南亚以及欧洲、美洲历史文化上的许多疑难问题,都必须通过加强内陆欧亚历史文化的研究,特别是将内陆欧亚历史文化视做一个整

1

体加以研究,才能获得确解。

中国作为内陆欧亚的大国,其历史进程从一开始就和内陆欧亚有千丝万缕的联系。我们只要注意到历代王朝的创建者中有一半以上有内陆欧亚渊源就不难理解这一点了。可以说,今后中国史研究要有大的突破,在很大程度上有待于内陆欧亚史研究的进展。

古代内陆欧亚对于古代中外关系史的发展具有不同寻常的意义。古代中国与位于它东北、西北和北方,乃至西北次大陆的国家和地区的关系,无疑是古代中外关系史最主要的篇章,而只有通过研究内陆欧亚史,才能真正把握之。

内陆欧亚历史文化研究既饶有学术趣味,也是加深睦邻关系,为改革开放和建设有中国特色的社会主义创造有利周边环境的需要,因而亦具有重要的现实政治意义。由此可见,我国深入开展内陆欧亚历史文化的研究责无旁贷。

为了联合全国内陆欧亚学的研究力量,更好地建设和发展内陆欧亚学这一新学科,繁荣社会主义文化,适应打造学术精品的战略要求,在深思熟虑和广泛征求意见后,我们决定编辑出版这套《欧亚历史文化文库》。

本文库所收大别为三类:一,研究专著;二,译著;三,知识性丛书。其中,研究专著旨在收辑有关诸课题的各种研究成果;译著旨在介绍国外学术界高质量的研究专著;知识性丛书收辑有关的通俗读物。不言而喻,这三类著作对于一个学科的发展都是不可或缺的。

构建和发展中国的内陆欧亚学,任重道远。衷心希望全国各族学者共同努力,一起推进内陆欧亚研究的发展。愿本文库有蓬勃的生命力,拥有越来越多的作者和读者。

最后,甘肃省新闻出版局支持这一文库编辑出版,确实需要眼光和魄力,特此致敬、致谢。

余太山

2010 年 6 月 30 日

目 录

1

写在前面:关于朝鲜史料的运用

中国学者出于夫余是最早建立本民族政权的东北古族[1],韩国、朝鲜学者出于高句丽源自夫余,因而都给予夫余史研究以特殊的重视。毋庸置疑,夫余人曾经是东北亚地区经济、文化、社会最为发达的古族,其风俗文化、社会结构、政治制度,都对我们称之为秽貊族系的诸民族有过深远的影响;其开发松嫩平原所取得的成就,直到其亡国5个世纪以后,才为契丹人建立的辽王朝所超越。因此,毫无疑问,夫余史研究的确在东北亚古代民族史研究中占有特殊地位,应该给予足够的重视。

可是,有关夫余的历史记载却极为欠缺。《后汉书》、《三国志》和《晋书》的《夫余传》,还有《魏书》和《北史》的《豆莫娄传》,以及一些零散的记载,这就是中国学者传统上研究夫余史所能依据的全部史料了。可以说,目前学界对夫余史的研究虽然也取得了比较重要的进展,但就整体而言,似乎共识远不如分歧多,其主要原因就是史料的欠缺。

韩国和朝鲜学者更常利用其本国古籍中一些有关夫余的记载,虽然将这些晚出的史料置于比中国正史更为重要的位置,就研究方法而言是错误的,但是,这些史料究竟是否可信,或者说这些史料中究竟哪些是对我们的研究有价值的,我们应该以何种方法运用这些史料,在有关夫余的历史记载极为欠缺的情况下,就成为我们不得不首先讨论的一个问题。而且,在我们评价韩国和朝鲜学者已有的研究成果时,这也是一个无法回避的问题。

就笔者所见,朝鲜古籍对夫余有比较详细记述的即不下70种,其中一些内容无法与中国史书的记载相印证。对于这些史料,学界目前

---

[1] 关于夫余之名,史书记载中"夫余"、"扶余"通用。中国史书多为"夫余",朝鲜古籍多为"扶余",当代中国学者的相关论述中多习惯使用"夫余",本书除引文外,一律写为夫余。

的看法存在分歧。一种观点认为,这些朝鲜古籍成书时间都比较晚,朝鲜半岛成书最早的史书《三国史记》(1145),也是在夫余国灭亡650年以后才写成的,其中不见于中国史书的记载,皆采自朝鲜半岛流传的神话、传说,不能视之为信史,因此,不能使用这些晚出的传说来研究夫余史。另一种观点认为,这些朝鲜古籍的记载另有其史料来源,虽然晚出,却是当地人记当地事,比之远在中原地区的中国史官靠传闻所作的记载要更加可靠。实际上,早在18世纪的朝鲜李朝时代,《东史纲目》的作者安鼎福(1712—1791)就持这种观点:"中国人记外夷事,或因本国谚俗所传,或引悬闻臆说,故其言多错。"[1]"中国人传外夷事,固多谬误。"[2]就目前而言,中国学者多持前一种观点,而韩国、朝鲜学者多持后一种观点。

事实上,高丽时代的学者对朝鲜半岛早期古籍的可信度评价并不高。《三国史记》的作者金富轼(1075—1151)认为"其古记,文字芜拙,事迹阙亡"[3]。曾参与编撰《三国史略》的权近(1352—1409)认为,高句丽、百济、新罗各国的史书"传闻失真,多涉荒怪"[4],"记传闻则多涉于荒怪,录所见则未尽其详明"[5]。至18世纪,朝鲜学者安鼎福还认为:"古来传说荒诞,终无可信之文。"[6]大体上说,韩国、朝鲜学者对朝鲜古籍也存在一个越来越相信的过程。

最早涉及夫余史事的朝鲜古籍是金富轼著《三国史记》,内容主要集中在卷13《高句丽本纪·始祖东明圣王本纪》和卷23《百济本纪·始祖温祚王本纪》之中,后者的史料来源已不可考,但有赖于李奎报(1169—1241)的记载,我们可以考知,前者所依据的资料主要是此前

---

〔1〕〔朝鲜〕安鼎福:《东史纲目》附卷上上《考异·中国史论三国事实之误》。但是,安鼎福也不相信《三国遗事》及其所引《古记》的记载,同书附卷上中《怪说辨证》中说:"盖《遗事》是丽僧所撰,《古记》亦不知何人所撰,出于新罗俚俗之称,而成于高丽,亦必僧之所编也。故荒诞之说,不厌烦而为之。其人名、地号,多出于佛经。"

〔2〕〔朝鲜〕安鼎福:《顺庵集》卷10《东史问答·上星浩先生书(丙子三)》。

〔3〕〔高丽〕金富轼:《进三国史记表》,载《东文选》卷44。

〔4〕〔朝鲜〕权近:《阳村先生文集》卷19《三国史略序》。

〔5〕〔朝鲜〕权近:《阳村先生文集》卷24《进三国史略笺》。

〔6〕〔朝鲜〕安鼎福:《东史纲目》附卷上上《考异·夫娄当有二人》。

已在朝鲜半岛流传的史书《旧三国史》中的《东明王本纪》。

李奎报在其所作长诗《东明王篇》的《序》中提到：

> 世多说东明王神异之事，虽愚夫駭妇，亦颇能说其事。仆尝闻
> 之，笑曰："先师仲尼不语怪力乱神。此实荒唐奇诡之事，非吾曹
> 所说。"及读《魏书》《通典》，亦载其事，然略而未详，岂详内略外
> 之意耶？越癸丑四月，得《旧三国史》，见《东明王本纪》，其神异之
> 迹，踰世之所说者。然亦初不能信之，意以为鬼幻。及三复耽味，
> 渐涉其源，非幻也，乃圣也；非鬼也，乃神也。况国史直笔之书，岂
> 妄传之哉！金公富轼重撰国史，颇略其事，意者公以为国史矫世之
> 书，不可以大异之事为示于后世而略之耶[1]

其所称《旧三国史》，很可能原名即《三国史》或《三国史记》，在金
富轼《三国史记》问世后，为加以区别，才通称之为《旧三国史》。李奎
报提到的"癸丑"，即公元1193年，由此我们可以肯定，在金富轼《三国
史记》成书半个世纪以后，《旧三国史》一书还没有失传。

李承休《帝王韵记》(1287)卷下引《东明本纪》："沸流王松让谓
曰：'予以仙人之后，累世为王，今君造国日浅，为我附庸可乎？'"又引
《本纪》："汉神雀三年壬戌，天帝遣太子解慕漱游扶余王古都，乘五龙
车，从者百余人，皆乘白鹄云云。"两段引文皆不见于金富轼的《三国史
记》，而是出自李奎报《东明王篇》自注中所引《旧三国史》。可见《帝
王韵记》所引《东明本纪》和《本纪》，都是指《旧三国史·东明王本
纪》，证明李承休还见到过《旧三国史》，此书的失传应在13世纪末
以后[2]。

李奎报在对比《旧三国史》和金富轼《三国史记》之后，认为金富轼
《三国史记》取材于《旧三国史》，但有删节，应是正确的结论。

---

〔1〕〔高丽〕李奎报：《东国李相国全集》卷3《东明王篇·序》，参考网站：http://db.itkc.or.
kr/itkcdb/mainIndexIframe.jsp/2011 - 10 - 11。下文中的朝鲜古籍均参考该网站。

〔2〕成书于1476年的《三国史节要》在记载朱蒙神话时两种版本并存，先是本《三国史记》的
记载叙述，而后称引《李奎报集》，叙述《旧三国史》的相关记载。由其称引《李奎报集》而不是《旧
三国史》来看，显然作者并未见到《旧三国史》，估计此时该书已经失传。因此，《旧三国史》的失
传，约是14世纪至15世纪初的事情。

3

李奎报《东明王篇》自注中提到"《本纪》云",而其所引内容与《三国史记》卷13《高句丽本纪·始祖东明圣王本纪》的内容不符,因此学者多认为,李奎报是引自《旧三国史·东明王本纪》,其所引文字也是我们目前所仅能见到的《旧三国史》一书的逸文了。

关于《旧三国史》,没有其他资料可资参证,由李奎报称其为"国史",并称金富轼"重撰国史"来看,《旧三国史》应与《三国史记》一样,也是奉高丽国王之命编撰的正史。早在高丽显宗四年(1013)九月,"丙辰,以吏部尚书、参知政事崔沆监修国史;礼部尚书金审言修国史;礼部侍郎周伫、内史舍人尹征古、侍御史黄周亮、右拾遗崔冲并为修撰官"[1],即已经存在正式的史书撰写班子。不仅如此,高丽成宗九年(990)还曾提到:

> 是岁教曰:"秦皇御宇,焚三代之诗书;汉帝应期,阐五常之载籍。国家草创之始,罗代丧亡之余。鸟迹玄文,烬乎原燎;龙图瑞牒,委于泥途。累朝以来,续写亡篇,连书阙典。寡人自从嗣位,益以崇儒,踵修曩日之所修,继补当年之所补。"[2]

由此看来,高丽朝的国史编纂很可能可以上溯至高丽成宗时,而其所依据的资料主要是新罗时代留传下来的史书。因此,《旧三国史》即使不是成书于高丽成宗和显宗时代,其中所涉及的资料应该可以上溯至新罗时代。

早在朝鲜半岛的分裂时期,"新罗氏与高句丽、百济鼎立,各置国史"[3],统一新罗之后所掌握的关于此3个政权的历史资料,当来自3个政权各自史官的记述。因而,从史源的角度说,《旧三国史》一书的近源是新罗时代的记载,而其远源则可以上溯至高句丽、百济、新罗的相关资料。权近认为,根据这些史料,"前朝文臣金富轼辑而修之,为《三国史》"[4],是将金富轼取材于《旧三国史》的内容视为源自高句

---

〔1〕〔朝鲜〕郑麟趾:《高丽史》卷4《显宗世家》。
〔2〕〔朝鲜〕郑麟趾:《高丽史》卷3《成宗世家》。
〔3〕〔朝鲜〕权近:《阳村先生文集》卷19《三国史略序》。
〔4〕〔朝鲜〕权近:《阳村先生文集》卷19《三国史略序》。

丽、百济、新罗的相关记载,显然也是认为《旧三国史》的史料来源可以上溯至高句丽、百济、新罗时期。

金富轼的《三国史记》成书虽然比较晚,但作为其主要资料来源的《旧三国史》,其史料远源却可以上溯至高句丽、百济、新罗时期,因此,成书相对较晚不能构成否定《三国史记》记载的原因。

《三国史记》卷13《高句丽本纪·始祖东明圣王本纪》中,有关朱蒙出生及其自夫余外迁的记载,与李奎报所引《旧三国史·东明王本纪》的记载大体一致,只是删去了许多神话性内容,这也就是李奎报所说的"金公富轼重撰国史,颇略其事"。从我们上述对《旧三国史》的史源分析推测,这些记载当取材于高句丽政权所编撰的史书。

《三国史记》卷20《高句丽本纪·婴阳王本纪》于婴阳王十一年(600)条记载:"诏太学博士李文真,约《古史》为《新集》五卷。国初始用文字时,时有人记事一百卷,名曰《留记》,至是删修。"高句丽何时始用汉字已无法确知,但小兽林王二年(372)已"立太学,教育子弟"[1],汉字的使用显然不应在此之后。是否在应用汉字之初就已经使用汉字记载本国的历史是值得推敲的,但公元600年删修的《留记》,在当时已弄不清作者是谁,可见该书已流传了相当长的一段时间,其成书当不晚于6世纪初。因此,作为《旧三国史》史料来源的高句丽诸史书,成书时间可以上溯到4世纪末至6世纪初,从这个时间段来看,当然是成书于5世纪的可能性是最大的。由此看来,金富轼《三国史记》虽然成书于1145年,但其所载与夫余史相关的高句丽朱蒙神话,所依据的史料最早很可能出现于公元5世纪。

目前发现的最早记载朱蒙神话的石刻资料,是建于414年的《好太王碑》,与之同时代但稍晚的出土资料还有《冉牟墓志》。也就是说,朱蒙神话最早见于石刻资料是在5世纪初。《好太王碑》碑文虽然简略,但《旧三国史》所载朱蒙神话的主要内容基本完备,可证,《旧三国史》的记载虽然经过后代的润饰,在流传过程中也有一些变化,但其主体

---

[1] 〔高丽〕金富轼:《三国史记》卷18《高句丽本纪·小兽林王本纪》。

内容源自 5 世纪已经在朝鲜半岛内广为流传的神话。中国史书《魏书》在记载朱蒙神话时提到："高句丽者,出于夫余,自言先祖朱蒙",既然是"自言",说明其记载来自高句丽人的口传。下文又提到李敖出使高句丽,"至其所居平壤城,访其方事"〔1〕,则《魏书》的记载很可能出自李敖在高句丽的实地调查。李敖于 435 年出使,这从另一个角度证明了,这些记载皆来自于 5 世纪在朝鲜半岛流传的神话和古史传说。

需要引起我们注意的是,在《好太王碑》碑文撰写时和李敖出使时,夫余国还没有灭亡,因此,朱蒙神话中所涉及的高句丽与夫余关系的内容,在当时应是得到高句丽人和夫余人两个方面认可的,换言之,神话中的这部分内容不应视为后世的虚构,而是包含着高句丽和夫余两个民族的历史记忆,是对其早期历史的模糊的记忆,也是我们研究夫余史的珍贵史料。因此,对于金富轼《三国史记》有关夫余的记载,在剔除其神话成分之后,应作为我们的重要史料来源。

但是,高丽僧人一然(1206—1287)所撰《三国遗事》的记载〔2〕,其性质却与金富轼《三国史记》完全不同。

除去与《三国史记》相同的内容之外,最值得我们讨论的是《三国遗事》所引《古记》的内容:

> 《古记》云:前汉(书)宣帝神爵三年壬戌四月八日,天帝降于讫升骨城在大辽医州界,乘五龙车,立都称王,国号北扶余,自称名解慕漱。生子名扶娄,以解为氏焉。王后因上帝之命,移都于东扶余。东明帝继北扶余而兴,立都于卒本州,为卒本扶余,即高句丽之始祖。〔3〕

为便于对照,我们将李奎报所引《旧三国史·东明王本纪》的相关内容抄录如下:

---

〔1〕《魏书》卷 100《东夷传·高句丽》,中华书局 1974 年版。下文中所引中华书局版古籍,其中有些内容为作者点断。

〔2〕关于《三国遗事》的成书时间,孙文范认为应在 1281—1287 年之间。参见孙文范等校勘:《三国遗事》,吉林文史出版社 2003 年版,前言第 1 页。

〔3〕[高丽]一然:《三国遗事》卷 1《纪异·北扶余》。本书所引史料,对原文中的衍字加圆括号"( )"以识别。下同。

汉神雀三年壬戌岁,天帝遣太子降游扶余王古都,号解慕漱。
从天而下,乘五龙车,从者百余人,皆骑白鹄。彩云浮于上,音乐动
云中,止熊心山,经十余日始下。首戴鸟羽之冠,腰带龙光之剑。
……朝则听事,暮即升天,世谓之天王郎[1]。

　　对照记事内容可以发现,《三国遗事》所引《古记》至少在3个方面
与《旧三国史·东明王本纪》所载不同。

　　其一,《古记》称天帝降于"讫升骨城","自称名解慕漱",《旧三国
史》则称"天帝遣太子降游扶余王古都"。前者故事的主人公是"天
帝",而后者故事的主人公则是天帝之子。

　　其二,《古记》称天帝下降的地点是"讫升骨城",《旧三国史》则说
是"扶余王古都"。一然于讫升骨城下注"在大辽医州界"。《辽史》中
没有提到医州,但金富轼《三国史记》却有相关记载:

　　　　按《通典》云:朱蒙以汉建昭二年,自北扶余东南行,渡普述
　　水,至纥升骨城居焉,号曰句丽,以高为氏。《古记》云:朱蒙自扶
　　余逃难,至卒本。则纥升骨城、卒本似一处也。《汉书》志云:辽东
　　郡,距洛阳三千六百里,属县有无虑。则《周礼》北镇医巫闾山也,
　　大辽于其下置医州。玄菟郡距洛阳东北四千里,所属三县,高句丽
　　是其一焉。则所谓朱蒙所都纥升骨城、卒本者,盖汉玄菟郡之界、
　　大辽国东京之西、《汉志》所谓玄菟属县高句丽是欤?昔大辽未亡
　　时,辽帝在燕京,则吾人朝聘者,过东京,涉辽水,一两日行至医州,
　　以向燕蓟,故知其然也。[2]

　　辽代医州为高丽贡使必经之地,金富轼著《三国史记》时尚去辽亡
不远,因而可以确信,辽代后期曾于医巫闾山附近地区设医州,《辽史》
失载。但一然认为朱蒙最初立都的纥升骨城(讫升骨城)在辽代医州
境内,金富轼认为辽代医州与汉代玄菟郡高句丽县有关,却都是错误
的。金富轼认为"纥升骨城、卒本似一处"固然是正确的,但无论此地

　　〔1〕〔高丽〕李奎报:《东国李相国集》卷3《东明王篇》。
　　〔2〕〔高丽〕金富轼:《三国史记》卷37《杂志·地理志》"高句丽"条。

是否在辽医州境内,可以肯定的是,这里并不是夫余故地。因此,《古记》与《旧三国史》所载解慕漱始立国之地是不一致的。

其三,《古记》称解慕漱之子为解夫娄,《旧三国史》却接着讲到解慕漱与河伯女柳花私通而生朱蒙的神话,认为朱蒙是解慕漱之子。在《三国史记》的记载中,仅是称解夫娄为"扶余王",并没有提到他是解慕漱之子,而是相反,记载了解慕漱私通柳花而生朱蒙的神话,可证,《三国史记》的记载源自《旧三国史》,而非《古记》。在前面所引《三国史记》的记载中,金富轼提到了《古记》,证明金富轼见到过该书,了解其记载,显然,是金富轼认为《古记》此处的记载不可信,才取《旧三国史》,而不引《古记》。

《三国遗事》卷1《纪异·高句丽》:"《坛君记》云:君与西河河伯之女要亲,有产子,名曰夫娄。今按此记,则解慕漱私河伯之女而后产朱蒙。《坛君记》云产子名曰夫娄,夫娄与朱蒙异母兄弟也。"由此看来,一然以前,至少已经存在3种不同源的神话了。其一,《旧三国史》—《三国史记》,称天帝子解慕漱与河伯女柳花生子朱蒙;其二,《古记》称解慕漱之子为解夫娄,为北夫余王;其三,《坛君记》称夫娄是檀君与西河河伯女之子。[1] 一然嫁接不同源的神话,才得出夫娄与朱蒙为同父异母兄弟的怪论。

安鼎福认为:

《三国遗事》引《檀君记》云,娶西河河伯女,产子夫娄。又其《北扶余》篇云,解慕漱立国于北扶余,生子名夫娄,当汉宣帝神爵三年。又引《高句丽记》云,解慕漱私河伯女,产朱蒙,夫娄与朱蒙,异母兄弟也。又其《王历篇》云,朱蒙,檀君子。则此以解慕漱为檀君也。此所称檀君,或非谓始降之檀君,而以檀为姓,则其子孙因以为号,并称为檀君。所谓慕漱者,亦始降檀君之后,又名其子夫娄者,若芈心之更称怀王也。古来传说荒诞,终无可信之文,

————————
[1]〔高丽〕李承休《帝王韵记》卷下注引《檀君本纪》:"与非西河岬河伯之女婚而生男,名夫娄",与此说一致。颇疑李承休所引《檀君本纪》,与一然所引《坛君记》为同一部书,若是,则一然的引文恐怕有误,应为"非西河岬河伯之女",而不是"西河河伯之女"。

8

今只从其近似者。夫娄则分为二人而录之。[1]

安鼎福明确指出《三国遗事》记事的矛盾，但其调和诸说的作法显然也并不可取。但是，其认为夫娄应有两人的说法是值得我们注意的，应是在高句丽始祖起源传说和檀君神话中，都存在夫娄这一人物[2]，因而一然才将解慕漱之子夫娄与檀君之子夫娄混为一谈，这就必然像安鼎福一样，得出解慕漱就是檀君的结论，从而将朝鲜半岛不同源的两种神话传说系统混而为一了。这种错误导致的最大混乱在于，以夫娄为桥梁，嫁接了原来风马牛不相及的高句丽始祖起源传说和檀君神话，从而得出夫娄为檀君之子的说法，又因将夫娄视为北夫余王，而得出北夫余、东夫余等族都是檀君后裔的说法。对古典神话的这种错误嫁接，由于正符合高丽、朝鲜两朝整合朝鲜半岛古代神话、重构朝鲜半岛古史系统的需要[3]，所以在后世非常有市场，夫娄为檀君之子、夫余为檀君后裔的说法在朝鲜古籍中可谓屡见不鲜。

一然的这种结论虽然对后代影响很大，但朝鲜李朝学者南九万(1629—1711)很早就已对此说作出过尖锐的批判：

> 《遗事》又云，檀君与河伯女要亲，产子曰夫娄。其后解慕漱又私河伯女，产朱蒙。夫娄与朱蒙，兄弟也。今按：自檀君至朱蒙之生，几二千余年，设令河伯女果是神鬼而非人，又何以知前嫁檀君、后私慕漱者必是一女，而前之夫娄、后之朱蒙必是兄弟乎？[4]

综上我们认为，檀君神话原本与夫余无关，后世关于夫娄为檀君子、夫余为檀君后裔的说法，皆是受到将两个系统的神话错误嫁接的影响。因此，有关檀君神话和《坛君记》我们姑且置而不论，需要讨论的只是《古记》。

---

[1][朝鲜]安鼎福：《东史纲目》附卷上上《考异·夫娄当有二人》。

[2]在最初的檀君神话中，其子夫娄曾参加过夏禹的涂山之会。后来檀君神话也逐渐丰富，出现檀君有才子4人的说法："檀君有才子四人，曰夫娄、夫苏、夫虞、夫余。夏后会诸侯于涂山，夫娄奉使入朝。九夷猰貐之乱，夫余会集中外国讨平之。国有疾病，夫虞医而活之。山多猛兽，夫苏火猎而攘之。是四王子，功冠当世、业垂后辟者也。"见[朝鲜]赵汝籍：《青鹤集》。

[3]关于朝鲜半岛古史系统的演变，参见本书附录二，拙著《略论朝鲜古史谱系的演变》。

[4][朝鲜]南九万：《药泉集》卷29《杂著·东史辨证》"檀君"条。

《古记》一书已经失传,成书背景与作者也不清楚。但是,安鼎福认为:

> 盖《遗事》是丽僧所撰,《古记》亦不知何人所撰,出于新罗俚俗之称,而成于高丽,亦必僧之所编也。故荒诞之说,不厌烦而为之。其人名、地号,多出于佛经。此所云桓因帝释,出于《法华经》,及他所称阿兰佛、迦叶原,多婆罗国、阿踰陁国之类,皆是僧谈。罗丽之代,尊崇释教,故其弊至此。作史者闷其无事可记,至或编于正史,使一区仁贤之方,举归于语怪之科,可胜惜哉[1]

从现存《三国遗事》一书的内容来看,安鼎福的分析应该是正确的。金富轼《三国史记》提到《古记》,因此,其成书不会晚于 11 世纪,当在高丽王朝早期,而其资料来源不会早于统一新罗。

更为重要的是,从前引《古记》中我们可以明显发现其记载的错误。按《古记》的说法,天帝解慕漱及其子夫娄最初立都于"讫升骨城",称北夫余,后来东明帝朱蒙立都于卒本,称卒本夫余,则讫升骨城与卒本不在一处,这明显是错误的。如果我们认为讫升骨城和卒本在一处,就出现了高句丽始祖朱蒙立都之地即北夫余旧都的矛盾。[2]

由此可见《古记》记载的不可信。

总之,《三国遗事》的相关记载除与《旧三国史》、《三国史记》相同之处以外,多出自《古记》,而《古记》可能是高丽王朝早期僧人的作品,其资料来源不早于统一新罗,其记载也多不可靠。

朝鲜古籍关于夫余的记载虽然很多,但其史源却只有《三国史记》和《三国遗事》两种,其后的记载,要么是以《三国史记》为本,要么是融合《三国史记》与《三国遗事》的记载,要么是将此两种记载与檀君神话相嫁接。由上述分析可见,《三国史记》及其所本的《旧三国史》,其史

---

[1]〔朝鲜〕安鼎福:《东史纲目》附卷上中《怪说辨证》。

[2]有学者即依据《三国遗事》的上述记载,认为:"北扶余立都于讫升骨城,也即朱蒙后来立都之处,在东夫余之南。""讫升骨城原是北夫余王立都之地。朱蒙继北夫余而兴,因视其地为祖宗圣地,从《三国史记·祭祀志》高句丽新君立国必幸卒本、祀祖庙可知。"(张博泉:《高句丽建国与早期都城》,载《夫余与高句丽论集》,未刊稿)但这种说法恐怕不能成立,相关论述详后。若此说不能成立,则说朱蒙立都之地即北夫余故都则构成一个矛盾。

料来源可以上溯至5世纪,并得到石刻史料的印证,剔除其神话成分之后,我们可以从中得到许多有价值的信息;而《三国遗事》所引《古记》却出自新罗以后的神话,所载并不可靠。因此,本书对朝鲜古籍的态度是,主要从《三国史记》系统的记载立论,对《三国遗史》系统的记载,在没有得到其他史料印证的情况下基本不用。

但是,还需要指出的是,我们前引的安鼎福对《三国遗事》的指责:"成于高丽,亦必僧之所编也。故荒诞之说,不厌烦而为之。其人名、地号,多出于佛经。"同样也适用于《旧三国史》。《旧三国史》不仅也是成书于高丽时代的作品,其所载神话也明显受到了佛经的影响。如,《旧三国史·东明王本纪》载:

> 其相阿兰弗曰:"日者,天降我曰:'将使吾子孙立国于此,汝其避之。'东海之滨有地,号迦叶原,土宜五谷,可都也。"阿兰弗劝王移都,号东夫余[1]

朝鲜时代的姜再恒(1689—1756)早已指出:"解夫娄之迁迦叶原也,托之国相阿难弗之梦。迦叶、阿难,皆是佛名。……是亦不足深究矣。"[2]

此外,《旧三国史》称天帝子解慕漱降于夫余故都,是"汉神雀三年四月甲寅",而《三国遗事》所引《古记》就干脆记为汉神爵三年四月初八,也就是佛诞日。对此,朝鲜时代的申景濬(1712—1781)也早有辨说:

> 阿兰弗之人名,迦叶原之地名,且解慕漱自天降于四月八日云者,似出于僧家所传也。东国旧时尚佛,故古事荒诞者多有僧家传说,而山川地名用佛号及依仿西域者甚多[3]

但是我们也应该注意到,故事中如解慕漱、解夫娄、金蛙、朱蒙、柳花等人名,鸭绿江、东海、熊心山、太白山、优渤水、淹㴲水、毛屯谷、沸流

---

〔1〕〔高丽〕李奎报:《东国李相国全集》卷3《东明王篇》自注引。

〔2〕〔朝鲜〕姜再恒:《立斋遗稿》卷9《东史评证·三国》。故事中北夫余的国相"阿兰弗"即释迦有名的侍者"阿难"的不同音译,对此,姜再恒的分析无疑是正确的。而且有的朝鲜史书,如《大东遗事·高句丽》,就干脆写为"阿兰佛"。

〔3〕〔朝鲜〕申景濬:《旅庵全书》卷4《疆界考·我东国别号》"北夫余"条。

水、卒本、纥升骨城等地名,以及江边私通、产子生卵、朱蒙善射、鱼鳖成桥、与河伯斗法、遇麻衣衲衣水藻衣3人等情节,很显然,都与佛教故事及佛经无关,应是这则传说在受到佛教影响以前的原始内容,是对从前夫余和高句丽历史的模糊记忆。可以说,故事的主体部分还是在一定程度上反映历史事实的,只不过在后来流传的过程中被涂上了一层佛教的色彩而已。因此,我们不能因为故事中的佛教因素而将故事的所有内容都归为不可信之列,而应在剔除其佛教因素之后,将之用于历史研究,这毕竟是早在公元5世纪已在高句丽人中流传的可贵的口碑资料。

论点小结

朝鲜古籍中关于夫余的记载不外两源,或来自《三国史记》,或来自《三国遗事》,《三国史记》源自《旧三国史》的内容,有中国史书和《好太王碑》为佐证,其史源可以上溯至5世纪在高句丽人中流传的传说,是可贵的史料,而《三国遗事》所引《古记》不仅成书较晚,内容也多不可靠。因此,在以下的论述中,对于朝鲜古籍的记载,将主要采用出自《三国史记》系统的史料,并在运用的过程中,注意剔除那些后来附加于原始故事之上的佛教因素。

第一个问题：
多夫余说与一夫余说

　　研究夫余史首先必须面对的问题,也是迄今为止研究夫余史的学者之间争论最为激烈的问题,是历史上仅存在过一个夫余,还是存在过多个夫余。中国学者对此问题的观点大体上可以分为两类,即:一夫余说和多夫余说。前者是学界目前的通说,认为各种文献记载的夫余都是同一个夫余,此说最具代表性的学者为李健才[1];后者是少数学者的观点,认为不同文献所载夫余分别指同名夫余的不同部族和政权,研究时要注意区分,不能将所有史料混在一起加以使用,此说最具代表性的学者是张博泉先生。[2]

　　20世纪初,张博泉先生结合中国史料和朝鲜史料,认为历史上共存在过4个夫余:其一,《后汉书》《三国志》《晋书》中的夫余,即中国正史为之立传的夫余,主要分布在今黑龙江省境内;其二,"西徙近燕"[3],后为慕容鲜卑所攻拔的夫余,主要活动在以今吉林农安为中心的地区;其三,北夫余,中国正史为之立传的夫余,其先世即出自北夫

　　[1]李健才:《夫余的疆域和王城》,载《社会科学战线》1982年第4期,后收入李健才:《东北史地考略》,吉林文史出版社1986年版,第17-24页;《北扶余东扶余豆莫娄的由来》,载吉林省东北史研究会编:《东北史研究》(第一辑),第9-16页,后收入《东北史地考略》,第25-40页;《再论北夫余、东夫余即夫余的问题》,载《东北史地考略(续集)》,吉林文史出版社1995年版,第1-14页;《三论北夫余、东夫余即夫余的问题》,载《社会科学战线》2000年第6期,后收入《东北史地考略(第三集)》,吉林文史出版社2001年版,第156-165页。
　　[2]张博泉:《汉玄菟郡考》,载《吉林大学社会科学学报》1980年第6期;《夫余史地丛说》,载《社会科学辑刊》1981年第6期;《〈魏书·豆莫娄传〉中的几个问题》,载《黑龙江文物丛刊》1982年第2期;《夫余社会与一体结构》,载《史学集刊》1997年第4期;《夫余的地理环境与疆域》,载《北方文物》1998年第2期;《北夫余与东夫余史地考略》,载《史学集刊》1999年第4期;《关于对夫余史地研究的问题——复王兆明同志》,载《东北师大学报》1984年第2期;张博泉等:《东北历代疆域史》,吉林人民出版社1981年版,第28、68-69页;张博泉:《东北地方史稿》,吉林大学出版社1985年版,第73-78、148页;张博泉、魏存成主编:《东北古代民族·考古与疆域》,吉林大学出版社1998年版,第113-120页。张博泉先生为笔者业师,故行文中在提到其名讳时皆称先生,以示尊师,而对其他学界前辈则一概直书其名,尚请见谅。
　　[3]《资治通鉴》卷97《晋纪十九》,中华书局1956年版。

欧·亚·历·史·文·化·文·库·

余;其四,东夫余。"根据《三国史记》、《三国遗事》的记载,北夫余即在
纥升骨城(今辽宁桓仁一带),其一支迁出到迦叶原地方为东夫余。后
为高句丽所袭破,乃分散逃窜。很可能其中一支北上渡那河(今嫩江、
松花江及黑龙江的合称)至今黑、松两江合流处北为豆莫娄。"[1]

很明显,此4个夫余中,前两个主要见于中国史书的记载,后两个
主要见于朝鲜古籍的记载。

至20世纪末,张博泉先生又对自己的观点进行了丰富和发展,
认为:

> 有在辽东郡障塞外的夫余(《后汉书》、《三国志》、《晋书》中
> 的夫余),有在辽东郡以东的夫余,根据《汉书》记载在汉武帝及以
> 前为夫租(后作沃沮),由夫租联合体中分出东夫余(东夫租,东沃
> 沮),其原地仍称为夫租(夫余),朱蒙于其地南部立国为卒本夫
> 余,而在高句丽及东夫余北者则称北夫余(北沃沮)。由原来包括
> 秽与貊在内的共称的夫余(夫租),后来分解为东夫余(东夫租、东
> 沃沮)、卒本夫余、北夫租(北沃沮),这一变化发生在辽东郡以东
> 的长白山周围地区。有后来"西徙近燕"的夫余,其地与前燕迩
> 近,是由东向西迁来。[2]

也就是说,早期存在3个夫余,即:其一,《后汉书》、《三国志》、《晋
书》中的夫余;其二,辽东郡以东的夫余;其三,"西徙近燕"的夫余。后
期,辽东郡以东的夫余发生了分裂,分化为东夫余、卒本夫余、北夫余,
总共有5个夫余。其中卒本夫余即后来的高句丽,按学界习惯,不包括
在夫余集团之内,因而夫余仍是4个。但在此,张先生将北夫余与卒本
夫余并列,认为北夫余在卒本夫余即高句丽以北,而不是像他早年那
样,认为北夫余在后来高句丽立国的纥升骨城一带,即两者是先后继
承的关系,而不是并列的关系。

---

〔1〕张博泉:《汉玄菟郡考》,载《吉林大学社会科学学报》1980年第6期。另见张博泉等:
《东北历代疆域史》,吉林人民出版社1981年版,第28、68-69页。
〔2〕张博泉、魏存成主编:《东北古代民族·考古与疆域》,吉林大学出版社1998年版,第117
页。

张先生对自己早年观点的修正,主要是基于夫租＝夫余＝沃沮的认识,以便将朝鲜古籍中的北夫余、东夫余,与中国史书中的北沃沮、东沃沮对接。其潜在的思路是要回答为何朝鲜古籍中的北夫余、东夫余不见于中国史书记载的问题。但正如有的学者已经指出的那样,将北夫余、东夫余等同于北沃沮、东沃沮恐怕是不能成立的。[1] 我们需要指出的是,张先生之所以认为早期存在作为后来的北夫余、东夫余、卒本夫余母体的辽东郡以东的夫余,还是受他的北夫余立都于纥升骨城观点的影响。

张先生之所以提出北夫余立都于纥升骨城,理由主要有以下4个方面:

其一,《三国遗事》卷1《纪异·北扶余》引《古记》:"前汉(书)宣帝神爵三年壬戌四月八日,天帝降于讫升骨城在大辽医州界,乘五龙车,立都称王,国号北扶余……东明帝继北扶余而兴,立都于卒本州,为卒本扶余,即高句丽之始祖。"这虽然是张先生所依据的主要史料,但却并不是像某些学者所说的那样,是张先生的"唯一依据"。

其二,朱蒙出生神话中称其父为天帝之子、北夫余的解慕漱,朱蒙之妻礼氏对其子类利说:"汝父非常人也,不见容于国,逃归南地,开国称王。"[2]朱蒙虽在东夫余出生和长大,但其生父却是北夫余人,因而朱蒙逃到北夫余才称为"逃归",可证朱蒙立都的纥升骨城就在北夫余故地。顺便提一句,张先生认为朱蒙是自东夫余迁出,《好太王碑》、《冉牟墓志》都称朱蒙出自北夫余,是就其父系血统而言,讲的不是其迁徙的出发地。[3] 有的学者说张先生认为朱蒙是由北夫余外迁,"那他岂不是从立都于纥升骨城的北夫余逃出来,过了一条河,却又到了纥升骨城建立高句丽?"[4]这实在是误解了张先生的观点。

其三,《三国史记》卷13《高句丽本纪·始祖东明圣王本纪》记载:

〔1〕林沄:《夫余史地再探讨》,载《北方文物》1999年第4期。
〔2〕〔高丽〕金富轼:《三国史记》卷13《高句丽本纪·琉璃明王本纪》。
〔3〕张博泉:《北夫余与东夫余史地考略》,载《史学集刊》1999年第4期。
〔4〕林沄:《夫余史地再探讨》,载《北方文物》1999年第4期。

"松让以国来降,以其地为多勿都,封松让为主。丽语谓复旧土为多勿,故以名焉。"松让所部正是活动于朱蒙立国的沸流水流域,由于这里从前是朱蒙父辈所在的北夫余的故地,因此,朱蒙征服松让所部才被视为是"复旧土"。

其四,朱蒙就父系血统而言出自北夫余,又在北夫余故地立国,因而,作为其兴起之地的卒本,被后来的高句丽王室视为祖宗圣地,《三国史记·祭祀志》记载,高句丽新君立国必幸卒本、祀祖庙,就可以证明这一点。[1]

根据以上4点理由,张先生得出朱蒙立都之地为北夫余故地的观点,或者退一步说,即使《三国遗事》所引《古记》的记载并不可靠,依据其他3条证据,朱蒙立都之地也必是夫余故地。在试图将朝鲜古籍的记载与中国史料对接的同时,又要坚持上述观点,很自然地就会推导出朱蒙立都之地与北夫余一样,都是夫余故地的结论,也就得出了此前存在一个活动地域囊括后来的北夫余、东夫余、卒本夫余的辽东郡以东夫余的结论。

如果我们不考虑后来那种并不成功的对中、朝史料的对接,张先生的观点实际上是一种四夫余说:中国正史为之立传的夫余、"西徙近燕"的夫余、东夫余、北夫余。而对于北夫余是否与后来的高句丽在同一地域,他晚年是有过犹豫的。

应该说,张先生提出的上述4点理由,作为其观点的证据还是不够充分的。

其一,如前文所述,《三国遗事》所引《古记》不可轻信,其本身就是有待于其他史料证明的,可以用为佐证,但不可以作为主要论据。事实上,一然本人对其记载就不能深信,在同书同卷的"高句丽"条的自注中,他又补充道:"此卒本扶余亦是北扶余之别都"[2],既然称"别都",那么,如果诚如一然所说,北夫余解慕漱立都于纥升骨城,卒本夫余立

---

〔1〕以上两点皆见张博泉:《高句丽建国与早期都城》,载《夫余与高句丽论集》,未刊稿。
〔2〕〔高丽〕一然:《三国遗事》卷1《纪异·高句丽》。

都之处就绝不是纥升骨城,反之亦然,这显然是自相矛盾的。

其二,《旧三国史·东明王本纪》对朱蒙妻礼氏与其子类利的对话记载如下:

归家问母曰:"我父是谁?"母以类利年少,戏之曰:"汝无定父。"类利泣曰:"人无定父,将何面目见人乎!"遂欲自刎。母大惊,止之曰:"前言戏耳。汝父是天帝孙,河伯甥,怨为扶余之臣,逃往南土,始造国家。汝往见之乎?"

这段记载应为《三国史记》所本,金富轼是将《旧三国史》的"逃往南地"改为了"逃归南地",二者含义应该是相同的,所以"逃归"二字并不具有特殊的意义。

其三,称松让所部活动的地域为"旧土",如果从广义上理解,这里只要是夫余人的旧土,就可以称之为"多勿",而不一定要是北夫余的故土。张先生的解释虽然有道理,但我们应该注意到,这条史料也可以作其他理解。

其四,张先生所说《三国史记·祭祀志》应指下述记载:

新大王四年秋九月,如卒本祀始祖庙。故国川王元年秋九月,东川王二年春二月,中川王十三年秋九月,故国原王二年春二月,安臧王三年夏四月,平原王二年春二月,建武王二年夏四月,并如上行。[1]

但是,如果我们考虑到,《三国史记》卷14《高句丽本纪·大武神王本纪》记载,大武神王三年"春三月,立东明王庙",《三国史记》中又称朱蒙为始祖东明圣王,可见,高句丽历代国王所祀始祖庙就是祭祀朱蒙的"东明王庙",与朱蒙之前的世系没有关系。

张先生所提出的4点证据虽不充分,但我们应该注意到,《三国史记》的记载中还存在支持此说的史料。

《三国史记》在记载百济始祖温祚王的身世时,保存了两种不同的记载。其在正文中称:

---

[1]〔高丽〕金富轼:《三国史记》卷32《杂志·祭祀》。

百济始祖温祚王，其父邹牟，或云朱蒙，自北扶余逃难，至卒本扶余。扶余王无子，只有三女子，见朱蒙，知非常人，以第二女妻之。未几，扶余王薨，朱蒙嗣位，生二子，长曰沸流，次曰温祚。……其世系与高句丽同出扶余，故以扶余为氏。

而在其下，金富轼又以自注的形式记载了另一种说法：

一云，始祖沸流王，其父优台，北扶余王解扶娄庶孙。母召西奴，卒本人延陁勃之女，始归于优台，生子二人，长曰沸流，次曰温祚。优台死，寡居于卒本。后朱蒙不容于扶余，以前汉建昭二年春二月，南奔至卒本立都，号高句丽，娶召西奴为妃，其于开基创业，颇有内助，故朱蒙宠接之特厚，待沸流等如己子。[1]

其后，金富轼又自加按语："《北史》及《隋书》皆云，东明之后有仇台，笃于仁信，初立国于带方故地。汉辽东太守公孙度以女妻之，遂为东夷强国。未知孰是。"[2]同书卷32《杂志·祭祀》记载，百济"立其始祖仇台庙于国城，岁四祠之"[3]，其下金富轼自注："按《海东古记》，或云始祖东明，或云始祖优台。《北史》及《隋书》皆云，东明之后有仇台，立国于带方。此云始祖仇台。然东明为始祖，事迹明白，其余不可信也。"说明金富轼也弄不清楚温祚生父究竟应是朱蒙，还是优台或仇台，故而两说并存。但他还是倾向于将东明圣王朱蒙视为温祚生父的，因而才以这种记载作为《百济本纪·始祖温祚王本纪》的正文，而以异说为注文，并在《杂志·祭祀》中称"东明为始祖"，但对此他也拿不出其他证据，其以朱蒙为百济始祖的原因竟是因为朱蒙"事迹明白"，即有相关的可信记载，而仇台没有。

---

〔1〕〔高丽〕金富轼：《三国史记》卷23《百济本纪·始祖温祚王本纪》。

〔2〕〔高丽〕金富轼：《三国史记》卷23《百济本纪·始祖温祚王本纪》。金富轼此处引文的文字与原文略有入出，《隋书》（中华书局1973年版）卷81《百济传》为："东明之后，有仇台者，笃于仁信，始立其国于带方故地。汉辽东太守公孙度以女妻之，渐以昌盛，为东夷强国。"《北史》（中华书局1974年版）卷94《百济传》为："东明之后有仇台，笃于仁信，始立国于带方故地。汉辽东太守公孙度以女妻之，遂为东夷强国。"类似记载也见于《周书》（中华书局1971年版）卷49《百济传》："有仇台者，始国于带方。"从文字上看，金富轼是引自《北史》。

〔3〕金富轼此条记载也源自中国史料，见《隋书》卷81《百济传》、《北史》卷94《百济传》和《周书》卷49《百济传》。

事实上,金富轼的这种结论与其偏重朝鲜史料的编纂态度有关,如果他对中国正史的记载给予足够的重视,此事也不难弄清楚。《北史》卷94《百济传》、《隋书》卷81《百济传》都是从东明出生的神话讲起,《北史》明确指出百济之先"出自索离国",则两书所载东明神话,都是指夫余始祖东明,而不是指高句丽始祖东明圣王朱蒙。所以,其所说"东明之后有仇台",是指仇台是夫余始祖东明的后裔,并不是说其是朱蒙的后代。正如朝鲜李朝学者安鼎福早已指出的:"《北史》、《通典》等书皆云,百济立其始祖仇台庙于国城,岁四祀之。此皆优台之讹也。"[1]中国史书所载百济始祖仇台,以及百济立庙祭祀的始祖仇台,都是《三国史记》卷23《百济本纪·始祖温祚王本纪》注文中的"优台"之讹。也就是说,见于《三国史记》的对温祚身世的两种记载,金富轼比较排斥的异说反而得到中国史书记载的印证,应是更为可靠的。

此外,在《三国史记》的记载中我们还可以找到一个旁证,卷23《百济本纪·始祖温祚王本纪》二年"三月,王以族父乙音有智识胆力,拜为右辅,委以兵马之事"。朝鲜李朝学者姜再恒根据此条史料指出:"百济始祖温祚,乃朱蒙之子也,而自谓与高句丽同出于扶余,而为扶余氏。以族父乙音为右辅,然则朱蒙亦有父、有祖、有族亲。"[2]当然,按朱蒙神话的说法,他的父亲是天帝之子解慕漱,其祖即天帝,因此在《旧三国史》所载神话中,朱蒙自称"天帝之孙",他是不可能有"族亲"的,温祚若是朱蒙之子,自然不可能有"族父"。这条记载也从另一个角度证明,温祚的生父绝非朱蒙。

据此,沸流、温祚的生父应是优台,是"北扶余王解扶娄庶孙"。可证,优台生活的卒本地区应是北夫余故地。

此外,我们还应注意的是,由《三国史记·高句丽本纪》的记载来看,正是在朱蒙迁居卒本之后,东夫余也被称为北夫余。如:琉璃明王二十九年"夏六月,矛川上有黑蛙与赤蛙群斗,黑蛙不胜死,议者曰:

[1]〔朝鲜〕安鼎福:《东史纲目》附卷上上《考异·优台仇台之别》。
[2]〔朝鲜〕姜再恒:《立斋遗稿》卷9《东史评证·三国》。

19

'黑,北方之色,北扶余破灭之征也。'"《三国遗事》中也出现过"北扶余王解夫娄之相阿兰弗梦天帝降"的说法。[1] 似乎是朱蒙的迁徙导致了原北夫余的消失,因而位于朱蒙所部以北的原东夫余才也可以被称为北夫余。

但是,认为朱蒙迁入北夫余故地的观点却无法解释下述记载。

第一,如果我们认为夫娄自北夫余故地东迁,为东夫余,后来朱蒙又自东夫余迁回北夫余故地,那么,朱蒙的迁徙就应该是向西行,而现存中、朝史料中却皆称其"东南走"或"南走"。

第二,《旧三国史》中提到的相关地名,在北夫余故都附近有鲲渊、熊心山、熊心渊、青河,在朱蒙迁入地有蟹原、龙山、鹘岭,两者绝不相混,可证两者不在同一地域。

第三,朱蒙迁入地域中最强大的土著势力当数松让,但其自称"仙人之后,累世为王",与北夫余、解慕漱没有关系。

第四,沸流、温祚之父为优台。优台也是高句丽国后来的官称,见于《三国志》卷30《魏书·高句丽传》:"其国有王,其官有相加、对卢、沛者、古雏加、主簿、优台、丞、使者、皂衣先人,尊卑各有等级。"在高句丽建国前,优台应是当地部落首领的称号。[2] 因而,沸流、温祚之父是被尊称为优台的当地夫余人的部落首领,其本名已不可考。这支夫余人曾帮助迁入此地的朱蒙建国,后又随沸流、温祚兄弟南下建立百济。但由优台这一称号可以看出,其不是王,这支夫余自然也不是北夫余。从优台为夫娄庶孙的说法来看,这支夫余应是夫娄所部东夫余的分支。可见,朱蒙迁入地不是北夫余故地。

但不管怎么说,张先生提出的朱蒙迁回北夫余故地说,虽然目前看证据并不充分,却是很值得我们继续研究的一个问题,毕竟现在也没有充分的证据证明此说绝不可能。

早在朝鲜李朝时期,就已经出现过一些四夫余说,虽也是多夫余

---

[1]〔高丽〕一然:《三国遗事》卷1《纪异·东扶余》。
[2]杨军:《高句丽早期五部考》,载《西北第二民族学院学报》2008年5期。

说,但与张先生的四夫余说不同。我们可以举两个例子。

其一,韩镇书(1770—?)认为:

> 又按东史,夫余有四:一东夫余,即金蛙之国也。(金蛙自北夫余徙都于迦叶原,是为东夫余,其旧都称解慕漱者来都焉。汉明帝时,东夫余以国降于高句丽,其地界今无考。)一北夫余,即解慕漱之国耳,中国史所称者也。一卒本夫余,即句丽朱梦之国也。一南夫余,即百济也。句丽、百济同出于夫余,故并称旧号焉[1]

其二,丁若镛(1762—1836)认为:

> 扶余有四者,其一曰北扶余,即句丽、百济之宗国也。《后汉书》及《魏志》皆云,夫余国在高句丽北;《通典》云,其国在长城之北,去玄菟千里。今《盛京志》所载开原县,是其故地。其二曰东扶余,汉初,北扶余王解夫娄徙都东海之滨,其地曰迦叶原。迦叶者,河西之声转,今之江陵即其地也。其三曰卒本扶余,句丽始祖初自北扶余逃于卒本,因以名之也。其四曰泗沘扶余,百济文周王徙都熊津,居于泗沘水上,故因以名之[2]

概言之,韩镇书、丁若镛的四夫余说是指:东夫余、北夫余、高句丽、百济,前两者与张博泉先生所论相同,但后两者已经超出了我们所要讨论的夫余史的范畴。这也是朝鲜李朝学者的主流认识。

但是,见于朝鲜古籍的北夫余、东夫余与中国正史为之立传的夫余之间究竟是什么关系,朝鲜李朝时代的文人看法却不一致。一种观点是将东夫余等同于中国正史中的夫余,如,韩致奫(1765—1814)《海东绎史》卷4《世纪·夫余》称东夫余为高句丽所灭后,"其后复有余种,通使于晋,曰依虑、依罗,至王玄,竟为慕容氏所并",其视为东夫余"余种"、后为"慕容氏所并"的夫余即中国正史为之立传的夫余。洪敬模(1774—1851)《大东掌考》卷1《三朝鲜所统诸属国》则直接用《后汉书》卷85《夫余传》中的内容来说明东夫余的疆域,在记载东夫余的王

---

〔1〕〔朝鲜〕韩镇书:《海东绎史续》卷5《地理考·夫余》。

〔2〕〔朝鲜〕丁若镛:《与犹堂全集》第一集诗文集卷8《对策·地理策》。

时,在金蛙、带素以下还提到见于中国正史的尉仇台、夫台、依虑、依罗和王玄,也是将东夫余视为中国正史为之立传的夫余。类似的说法也见于李种徽(1731—1797)《修山集》卷11《东史·扶余世家》。另一种观点是将北夫余等同于中国正史中的夫余,如:丁若镛称夫娄为夫余王,自注"即北扶余王",将北夫余等同于夫余。[1]

而更多的朝鲜文人是将见于中、朝古籍记载的所有夫余视为一个,将中国正史中有关夫余的记载和朝鲜古籍中有关夫余的记载相嫁接,其中最明确的表述当数许穆(1595—1682):"扶余本解扶娄之地,出善马貂豽美珠,人贡于晋。"[2]

总之,部分朝鲜李朝学者的四夫余说,如果我们剔除今天不再包括在夫余史研究范围之内的高句丽和百济的话,实际上是二夫余说,即,夫余有二,东夫余和北夫余,没有区分东夫余还是北夫余、仅笼统地称之为夫余的中国史书,都是仅记载了二者中的一个。

综上可见,张博泉先生与朝鲜李朝学者的分歧主要有二,第一,张先生认为中国正史为之立传的夫余既不是北夫余,也不是东夫余;第二,张先生又提出,还有一种"西徙近燕"的夫余。

此外,中国学者孙正甲还提出过另一种多夫余说:

> 夫余政权约始于战国,创始人东明,建于今吉林市一带。夫余政权先后派生出北夫余、高句丽、东夫余(又有前后)、南夫余(百济)等几个政权。但"西徙近燕"的夫余却是夫余政权的继续,而不是另一支夫余。其中北夫余确是曾经存在过的政治实体,但与高句丽无涉,其居地也不在纥升骨城。[3]

除将东夫余再分为前、后两支外,其观点与朝鲜李朝时期的四夫余说大体相同,只不过提出四夫余皆源自始于战国时期的夫余政权。孙正甲所说的前东夫余,就是朝鲜史籍中记载的和朝鲜李朝学者们所说的东夫余,他所说的后东夫余,"是由夫余派生出来的","晋太康六

---

〔1〕〔朝鲜〕丁若镛:《与犹堂全集》第六集地理集卷2《疆域考·薉貊考》。

〔2〕〔朝鲜〕许穆:《记言》卷32《外篇·东事序》。

〔3〕孙正甲:《夫余源流辨析》,载《学习与探索》1984年第6期。

年(285)为慕容廆驱赶到沃沮居地的夫余人,应有相当部分留在此处,建立了新的东夫余政权,即后东夫余"。[1]

孙正甲所谓后东夫余的认识,与多数日本学者对东夫余的认识是基本一致的。日本学者白鸟库吉[2]、那珂通世[3]、津田左右吉[4]、池内宏[5]、岛田好[6]、小川裕人[7]、日野开三郎[8],以及韩国学者卢泰敦[9]、宋镐晸[10],皆认为,公元285年夫余受到慕容廆的打击,王城被攻克,"子弟走保沃沮"[11],这部分夫余人就是见于朝鲜史籍的东夫余人。换言之,这些学者都是持一夫余说者,认为夫余只有一个,朝鲜史籍所载北夫余,就是中国史籍中的夫余,而朝鲜史籍所载东夫余,是285年自此夫余中分裂出来的部分。目前在中国学者中持类似观点的人也有很多。

如果不计目前通常不包括在夫余史研究中的高句丽和百济,孙正甲的观点是,存在夫余、北夫余、前东夫余、后东夫余,也是一种四夫余说。其所说北夫余、前东夫余,就是张博泉先生以及朝鲜李朝学者所说的北夫余、东夫余;其所说夫余、后东夫余,在持一夫余说的学者看来本为同源,不必再区分为二。因此,在持一夫余说的学者看来,孙正甲

〔1〕孙正甲:《夫余源流辨析》,载《学习与探索》1984年第6期。
〔2〕[日]白鸟库吉:《夫餘國の始祖東明王の傳說に就いて》,《白鳥庫吉全集》第5卷,岩波书店1970年版。日本南满洲铁道株式会社编:《满洲历史地理》,丸善株式会社1926年版,第18页;因该书第一篇《漢代の朝鮮》执笔者为白鸟库吉和箭内亘,故一般认为该章内容为白鸟库吉和箭内亘的观点。
〔3〕[日]那珂通世:《那珂通世遗书》,大日本图书株式会社1915年版;转引自[日]岛田好:《東夫餘の位置と高句麗の開國傳說》,载《青丘學叢》第16號,1934年。
〔4〕[日]津田左右吉:《三國史記高句麗紀の批判》,载《滿鮮地理歷史研究報告》第9册。
〔5〕[日]池内宏:《夫餘考》,原载《滿鮮地理歷史研究報告》第13册,后收入池内宏:《滿鮮史研究》上世第一册,吉川弘文館1979年版。
〔6〕[日]岛田好:《東夫餘の位置と高句麗の開國傳說》,《青丘學叢》第16號,1934年。
〔7〕[日]小川裕人:《关于靺鞨史研究的诸问题》,刘凤翥译,载《民族史译文集》第2集,中国社会科学院民族研究所历史研究室资料组1978年。
〔8〕[日]日野开三郎:《東北アジア民族史》(上),三一书房1988年版。
〔9〕[韩]卢泰敦:《夫余国的境域及其变迁》,尚求实译,载《东北亚历史与考古信息》2002年第1期。
〔10〕[韩]宋镐晸:《夫余研究》,常白衫译,载《东北亚历史与考古信息》2002年第1期。
〔11〕《晋书》卷97《四夷传·夫余国》,中华书局1974年版。

的观点更可能会被视为三夫余说:夫余、北夫余、东夫余。

综上,自朝鲜李朝时代以来的多夫余说可以分为三类:一是两夫余说,即北夫余、东夫余。又因将中国史书所载夫余视为北夫余或东夫余的差异,此说存在两个分支。二是三夫余说,即视中国史书所载夫余为北夫余和东夫余之外的另一支夫余。三是四夫余说,即在三夫余说的基础上,认为还存在一支"西徙近燕"的夫余。

但是,目前在中国学术界,上述观点都是个别学者的看法,占主流的观点还是一夫余说。

最早阐明一夫余说的中国学者是傅斯年,但其论述应该说是不无矛盾的。一方面傅斯年认为:"所谓北夫余者,不过是夫余之北部,非夫余所自来也",这种将北夫余、东夫余分别解释为夫余的北部、东部的观点,也一直为中国持一夫余说的学者所遵从,但另一方面,傅斯年又认为:"《好大王碑》夫余有东、北之别,按其地望,东夫余当即沃沮,北夫余当即夫余,自高句丽言之,沃沮在东,夫余在北耳,非另有一北夫余也。"[1]又将北夫余理解为夫余的别称,而将东夫余理解为沃沮的别称,认为北、东两个方位名词出自高句丽人,因为夫余人在高句丽以北、沃沮人在高句丽以东。需要说明的是,傅斯年最早提出的东夫余即沃沮的观点,后来却得到持多夫余说的学者的支持,其中比较典型的是张博泉先生[2],而却受到后来持一夫余说的学者的批判。

金毓黻也持一夫余说,他对《好太王碑》中出现北夫余、东夫余名称的解释是:"北夫余,即秦汉以来最早之夫余",是将北夫余视为夫余的别称。但其认为:"碑谓东夫余旧是邹牟王属民,是邹牟初建之国,亦尝称东夫余","邹牟王新建之夫余,后既改称高句骊,则是后之号称夫余者,有一不容有二,又可由此证明,碑所谓东夫余,亦即晋书之夫余,非于碑称东夫余之外,又有所谓北夫余也"[3] 既认为夫余仅有一部,即《好太王碑》中的北夫余,而碑文中的东夫余指高句丽;又认为

〔1〕傅斯年:《东北史纲(初稿)》,国立中央研究院历史语言研究所1932年版,第113页。
〔2〕持类似观点的还有马德谦:《夫余丛说》,载《博物馆研究》1994年第3期。
〔3〕金毓黻:《东北通史》(上编),重庆五十年代出版社1944年版,第170页。

《好太王碑》中的东夫余，即《晋书》之夫余，也即前面所提到的北夫余。我们应该注意到，金毓黻的观点显然与《三国史记》称高句丽为"卒本夫余"相矛盾。之所以会产生这种矛盾，与金毓黻认为朝鲜古籍中的北夫余、东夫余与中国史籍为之立传的夫余为同一个夫余，而且高句丽又是自此夫余分出，因而要调和诸种史籍的记载有关。

由于傅斯年、金毓黻之说不无自相矛盾之处，又未曾展开论证，已少为持一夫余说的学者引为典据。

新中国成立以后，以李健才、王钟翰为代表的多数中国学者，均认为北夫余、东夫余、"西徙近燕"的夫余，即中国正史为之立传的夫余，北夫余指夫余的北部，东夫余指夫余的东部，"西徙近燕"的夫余指的是在受到肃慎系民族的逼迫下迁都以后的夫余，而不是在正史为之立传的夫余之外还有北夫余、东夫余等政权。[1] 持此说的学者对朝鲜古籍中有关北夫余、东夫余的记载皆持否定态度，认为朝鲜古籍晚出，不可信。

除对朝鲜史籍持干脆否定态度的学者以外，中国学者对朝鲜古籍中有关东夫余记载的解释主要有两种。

第一，赞同前引诸日本、韩国学者的观点，认为朝鲜史籍中的东夫余是指285年在受到慕容廆进攻时退保沃沮的夫余。

第二，认为夫余后期存在一次迁都，夫余王城由前期的鹿山西迁至后期王城，此后，旧都附近的夫余东部地区就被称为东夫余。如，李健才依据《资治通鉴》卷97《晋纪十九》的记载："初，夫余居于鹿山，为百济所侵，部落衰散，西徙近燕"，认为夫余自鹿山西迁的年代当在慕容皝称燕王的337年至346年之间，而后取此时间段的下限，认为：

> 346年，夫余西迁后，出现了两个夫余，一是原来以鹿山为前期王城（今吉林市龙潭山到东团山之间）的夫余；二是西迁后，以

〔1〕李健才：《东北史地考略》，吉林文史出版社1986年版，第25－39页；王钟翰：《中国民族史》，中国社会科学出版社1994年版，第159－160页；林沄：《夫余史地再探讨》，载《北方文物》1999年第4期；李健才：《三论北夫余、东夫余即夫余的问题》，载《社会科学战线》2000年第6期；李健才：《东北史地考略（第三集）》，吉林文史出版社2001年版，第156－165页。

今农安为后期王城(渤海夫余府、辽代黄龙府)的夫余。为了区别这两个夫余,便将初居鹿山的夫余称为东夫余。[1]

两种说法的思路实际上是相同的,都是认为夫余后期发生了分裂,而分裂后的夫余东部就是见于朝鲜史籍的东夫余,分歧仅在于,发生分裂的时间究竟是 285 年还是 346 年而已。换言之,持一夫余说的学者也承认,在 285 年或 346 年之后,这个夫余一分为二。

但是,正如李健才已经指出的[2],285 年说面临的最大问题是,《晋书》卷 97《四夷传·夫余国》记载:"明年(286),夫余后王依罗遣诣龛,求率见人还复旧国",在晋东夷校尉何龛的支持下,依罗率夫余人复国,《晋书》称其"还复旧国",说明依罗所率即当初离开"旧国"、"走保沃沮"的那部分夫余人,可见他们并未成为另一支夫余,而是在第二年就重返故都复国了。因此,值得讨论的不是支持者较多的 285 年说,而是相对晚出、支持者也较少的 346 年说了。

按李健才的说法,夫余国于 346 年西迁,"夫余西迁之地,即夫余后期的王城,亦即后来渤海的扶余府和辽代黄龙府之地,在今农安","《好太王碑》中所说攻占的东夫余即指原北夫余的东部亦即指在西迁夫余之东的夫余",这部分夫余人据《好太王碑》记载于 410 年为高句丽所吞并[3],也就是说,持一夫余说的学者至少也承认,在 346 至 410 年这 60 多年时间里,是存在另一个所谓东夫余的。

综上,我们可以将不同观点的主要分歧列如表 1。

关于夫余有几个,学界的观点虽然可以分为一夫余说、二夫余说、三夫余说、四夫余说诸种,但很显然,最根本的分歧在于,是否存在朝鲜史籍所载北夫余和东夫余。或者换句话说,关键在于是否相信朝鲜史籍的相关记载。

北夫余、东夫余的说法虽然不见于中国史书的记载,但是,在朝鲜

---

〔1〕李健才:《再论北夫余、东夫余即夫余的问题》,《东北史地考略(续集)》,吉林文史出版社 1995 年版,第 12 - 13 页。

〔2〕李健才:《三论北夫余、东夫余即夫余的问题》,载《社会科学战线》2000 年第 6 期。

〔3〕李健才:《三论北夫余、东夫余即夫余的问题》,载《社会科学战线》2000 年第 6 期。

最早的两部史书《三国史记》和《三国遗事》中皆有记载,而且两书还都称引了此前的古籍。

表1　多夫余说与一夫余说的分歧

	主要观点	与一夫余说的主要分歧
一夫余说	所有关于夫余的记载皆指同一夫余	
二夫余说	东夫余,北夫余(中国史书中的夫余)	346年以前是否存在朝鲜史籍所载北夫余
	北夫余,东夫余(中国史书中的夫余)	
三夫余说	中国正史为之立传的夫余,北夫余,东夫余	是否在夫余之外,还存在朝鲜史籍所载北夫余和东夫余
四夫余说	中国正史为之立传的夫余,北夫余,东夫余,"西徙近燕"的夫余	是否在夫余之外,还存在朝鲜史籍所载北夫余、东夫余,以及"西徙近燕"的夫余

参照李奎报《东明王篇》注,我们可以将作为《三国史记》资料来源的《旧三国史·东明王本纪》的相关记载摘录如下:

《本记》云:夫余王解夫娄老无子,祭山川求嗣。所御马至鲲渊,见大石流泪。王怪之,使人转其石,有小儿金色蛙形。王曰:"此天锡我令胤乎!"乃收养之,名曰金蛙,立为太子。其相阿兰弗曰:"日者,天降我曰:'将使吾子孙立国于此,汝其避之。'东海之滨有地,号迦叶原,土宜五谷,可都也。"阿兰弗劝王移都,号东夫余。于旧都,解慕漱为天帝子来都。

汉神雀三年壬戌岁,天帝遣太子降游扶余王古都,号解慕漱。从天而下,乘五龙车,从者百余人,皆骑白鹄。彩云浮于上,音乐动云中。止熊心山,经十余日始下。首戴乌羽之冠,腰带龙光之剑。朝则听事,暮即升天,世谓之天王郎。

《三国遗事》卷1《纪异·北扶余》引《古记》的记载为:

《古记》云:前汉(书)宣帝神爵三年壬戌四月八日,天帝降于讫升骨城在大辽医州界,乘五龙车,立都称王,国号北扶余,自称名解慕漱。生子名扶娄,以解为氏焉。王后因上帝之命,移都于东扶余。东明帝继北扶余而兴,立都于卒本州,为卒本扶余,即高句丽之始祖。

同书卷1《纪异·东扶余》:

> 北扶余王解夫娄之相阿兰弗,梦天帝降而谓曰:"将使吾子孙立国于此,汝其避之。(谓东明将兴之兆也)东海之滨有地,名迦叶原,土壤膏腴,宜立王都。"阿兰弗劝王移都于彼,国号东扶余。夫娄老无子,一日祭山川求嗣,所乘马至鲲渊,见大石相对泪流,王怪之,使人转其石,有小儿金色蛙形,王喜曰:"此乃天赍我令胤乎!"乃收而养之,名曰金蛙,及其长,为太子。夫娄薨,金蛙嗣位为王,次传位于太子带素,至地皇三年壬午,高句丽王无恤伐之,杀王带素,国除。

《旧三国史》与《三国遗事》记载的差异是明显的。其一,《三国遗事》称天帝子降于纥升骨城,而《旧三国史》称其降于夫余王古都;其二,按《三国遗事》的记载次序,夫娄得金蛙是在东迁之后,而按《旧三国史》的记载次序,夫娄得金蛙是在东迁之前[1]。除去这些细微的差异以及明显的神话内容之外,两种记载的共同之处也是非常明显的。其一,夫娄所部原本是北夫余,因神爵三年东迁至东海之滨的迦叶原,以后才改称东夫余。其二,在夫娄所部的故地,有自称天帝之子的解慕漱建立政权,继夫娄所部之后称北夫余。其三,解慕漱与解夫娄都姓解,应该是同宗。而金蛙显然是解夫娄的养子。解夫娄既然有庶孙优台[2],证明其有庶子,《旧三国史》和《三国遗事》称夫娄老无子,应理解为没有嫡子。结合这些线索分析,历史事实可能是,因夫余王夫娄没有嫡子,在神爵三年,夫余国因王位继承问题引发分裂,夫娄养子金蛙一支从北夫余中分裂出去,这就是东夫余,原北夫余的王位由王族的解慕漱继承。

立于公元414年的《好太王碑》中也同样出现了北夫余和东夫余:

---

[1]《三国史记》卷13《高句丽本纪·始祖东明圣王本纪》的记载与《旧三国史》相同,也是说夫娄收养金蛙是在东迁以前。

[2]《三国史记》卷23《百济本纪·始祖温祚王本纪》。

第一面第 1 行:惟昔始祖邹牟王之创基也,出自北夫余天帝之子,母河伯女郎,剖卵降世。

第三面第 6 行:廿年庚戌,东夫余旧是邹牟王属民,中叛不贡,王躬率往讨,军到余城,而余举国骇服□□□□□□[1]

同样出自 5 世纪的《冉牟墓志》也提到了北夫余:

第 1 行:河泊之孙日月之子邹牟圣王元出北夫余

第 22 - 23 行:河泊之孙日月之子所生之地来自北夫余大兄冉

第 35 - 36 行:北夫余冉牟□□□□□□河泊日月之孙□□□[2]

《旧三国史》虽然成书较晚,但其史料来源可以上溯至 5 世纪,又得到 5 世纪的石刻资料的印证,因此我们至少可以肯定,在 5 世纪,存在两个夫余:北夫余、东夫余,高句丽王室出自北夫余,高句丽人后来还征服了东夫余。如果按一夫余说,东夫余是 346 年以后对原夫余国东部的称号,那么,高句丽人不可能不了解夫余发生分裂这一史事,《好太王碑》的建立毕竟上距这次夫余人的分裂才仅有半个多世纪。朱蒙自夫余迁出是夫余分裂之前的事情,那么,高句丽自述始祖朱蒙传说时,称其出自夫余,不仅符合夫余分裂前的传统称呼,也显得高句丽人的历史更为悠久,没有必要像现在的《好太王碑》碑文那样,称朱蒙出自分裂之后的北夫余,更不会说半个多世纪前才出现的东夫余曾是"邹牟王属民"。

此外,中国史书都承认百济出自夫余。《魏书》卷 100《百济传》还引录百济王余庆的上表:"臣与高句丽源出夫余",同卷《高句丽传》中则记载了朱蒙神话,并称"高句丽者,出于夫余,自言先祖朱蒙",可证中国史书的相关记载,都得自 5 世纪高句丽人和百济人的口传。换言之,中国史书的记载,与前引《旧三国史》、《三国遗事》所载朱蒙神话,

〔1〕《好太王碑》,此据耿铁华释文。参见耿铁华:《好太王碑一千五百八十年祭》,中国社会科学出版社 2003 年版,第 411 页。

〔2〕耿铁华:《好太王碑一千五百八十年祭》,中国社会科学出版社 2003 年版,第 363 - 365 页。

其史源是相同的。唯一的区别在于,在《旧三国史》、《三国遗事》所载神话中,夫余被非常明确地区分为北夫余、东夫余,而中国史书的所有记载都笼统地称之为夫余,史书记载的这种歧义也向来被学者们作为夫余仅有一个,北夫余、东夫余都是夫余别称的证据。

但我们应该注意到,《魏书》卷100《高句丽传》记载,李敖"至其所居平壤城,访其方事,云:辽东南一千余里,东至栅城,南至小海,北至旧夫余",《魏书》所载朱蒙神话及相关史事,应源自李敖在出使中的实地访问。但李敖出使是435年的事[1],此时东夫余早已灭亡,仅存北夫余一个夫余,自然可以笼统地称之为夫余,而没有再于夫余一称前贯以方位名词加以区分的必要,而且这样做也是为沿袭中国此前的史书对夫余不加区分的传统。百济王余庆的上表是在延兴二年(472)[2],如果我们认为中原史家是在此时前后由百济人那里得到相关口传资料的话,这也是在东夫余灭亡以后,自然没有必要再细加区分百济是出自北夫余还是东夫余了。由此看来,中国史书的上述记载是对《旧三国史》等朝鲜古籍的间接支持,或者我们至少可以说,中国史书中并不存在对上述朝鲜史料的反证。

综上,朝鲜史籍中关于北夫余、东夫余的记载,不仅其史源可以上溯至5世纪,还得到了5世纪石刻的印证,从中国史书中还可以发现一些旁证,因此,应该是可信的。

持一夫余说的中国学者率多以驳论的方式立论,即以通过批判多夫余说来证明一夫余说是正确的。其论证方法不外是两种:其一,排比史籍中北夫余与夫余通用、东夫余与夫余通用的例子,由此认定,北夫余、东夫余都是夫余的异称,而不是另一种夫余。其二,排比中国史籍的记载,认为在"东海之滨"找不到东夫余,也根本不存在可供东夫余立国的空间,由此认定不存在朝鲜史籍所载的东夫余,所谓东夫余就是原夫余的东部地区,也就是夫余早期王城所在地的附近地区。代表

---

〔1〕《资治通鉴》卷122《宋纪四》。

〔2〕《魏书》卷100《百济传》。

性的学者是李健才。[1]

但是,如果我们承认,无论北夫余还是东夫余都可以简称为夫余,那么上述第一种论据就不能成立了,准确地说,其对史料的解释并不是这些史料所能有的唯一的、排他性的解释,如果这些史料可以做其他的理解,那么这种论证就仅能是一家之言,而不可以视为最终的正确结论。其第二个方面的论证,潜在的大前提是中国史书对于东夷诸部的记载是没有遗漏的,但这恐怕是目前我们尚不能断定的,如果此大前提不是坚实的,那么我们就可以将东夫余理解为中国史书漏载的活动于朝鲜半岛东北部沿海的部族。由此来看,这种对多夫余说的批判,或者说对东夫余的证伪,还是可以存在不同理解的一家之言。总之,从目前所见学界的相关讨论来看,持一夫余说的学者对多夫余说的批判,就其方法论来看,有些一厢情愿,并不是不存在继续讨论的空间。由于其对多夫余说的批判不足以视为定论,那么,以批判多夫余说为主进行立论的一夫余说自然也不能视为定论。

既然朝鲜史籍中有关北夫余、东夫余的记载不宜轻易否定,我们接下来需要讨论的就是,见于朝鲜史籍的北夫余、东夫余与中国正史所载夫余是何关系的问题。

论点小结

关于历史上存在过几个夫余,中外学界的主流看法是一夫余说,但此外还存在两夫余说、三夫余说、四夫余说等诸种多夫余说。持一夫余说的学者有的认为,在公元285年受到慕容廆袭击后走保沃沮的夫余人,就是所谓东夫余;也有的认为,公元346年夫余迁都至今吉林农

〔1〕参见李健才:《北扶余东扶余豆莫娄的由来》,吉林省东北史研究会编:《东北史研究》(第一辑),第9—16页,后收入《东北史地考略》,第25—40页;《再论北夫余、东夫余即夫余的问题》,载《东北史地考略(续集)》,吉林文史出版社1995年版,第1—14页;《三论北夫余、东夫余即夫余的问题》,载《社会科学战线》2000年第6期,后收入《东北史地考略(第三集)》,吉林文史出版社2001年版,第156—165页。此外,也是持一夫余说的林沄,其代表性论文全文是对张博泉先生多夫余说的批判,并未从正面为一夫余说立论。参见林沄:《夫余史地再探讨》,载《北方文物》1999年第4期。

安以后,其旧都所在的东部地区被称为东夫余。也就是说,多夫余说与一夫余说的主要分歧在于,公元285年或346年以前是否存在一个以上的夫余。造成这种分歧的主要原因在于,是否相信朝鲜史书的相关记载,但是,朝鲜史书的记载得到石刻资料的支持,不宜轻易否定。

第二个问题:北夫余与东夫余

接下来需要讨论的问题是,中国较早的史书,如《三国志》、《后汉书》、《晋书》,其中所载夫余,是朝鲜史籍中的东夫余,还是北夫余,抑或是二者之外的另一种夫余?

最早为夫余立传的中国正史是《三国志》,其中记载夫余疆域四至为:"南与高句丽、东与挹娄、西与鲜卑接,北有弱水"[1],其东与挹娄接界,而不在"东海之滨",显然不是朝鲜史籍中的东夫余。另外,上述中国史书都未区分北夫余和东夫余,证明当时中原史家仅了解一种夫余,这一种夫余显然应该不是远在东海之滨的东夫余。

《三国志》卷30《魏书·夫余传》裴松之(372—451)注引鱼豢《魏略》:

> 旧志又言,昔北方有高离之国者,其王者侍婢有身,王欲杀之,婢云:"有气如鸡子,来下我,故有身。"后生子,王捐之於溷中,猪以喙嘘之,徙至马闲,马以气嘘之,不死。王疑以为天子也,乃令其母收畜之,名曰东明,常令牧马。东明善射,王恐夺其国也,欲杀之。东明走,南至施掩水,以弓击水,鱼鳖浮为桥,东明得度,鱼鳖乃解散,追兵不得渡。东明因都王夫余之地。

现在学者一般认为,《魏略》记载所依据的所谓"旧志",是指王充(27—约97)《论衡》,其文字与《论衡》卷2《吉验篇第九》所记载的夫余始祖起源传说也非常接近。据《后汉书》卷85《夫余传》,东汉建武"二十五年(49),夫余王遣使奉贡,光武厚答报之,于是使命岁通"。在王充生活的时代,东汉王朝与夫余往来频繁,《论衡》所载东明神话当来自夫余人,属于第一手资料,是夫余人用此神话来解释其国家的起源。在解夫娄之后因王位继承问题导致分裂之前,夫余仅有一个,而上引东明神话就是在解释这个夫余的起源。可是我们应该注意的是最

---

〔1〕《三国志》卷30《魏书·夫余传》,中华书局1959年版。

后一句"东明因都王夫余之地",这句话在《论衡》中作"因都王夫余,故北夷有夫余国焉",两者的记载中都有"都王夫余"之说,指东明统治了全部夫余人的地方。这暗示我们,王充、鱼豢都很清楚,在他们的时代,夫余已经分裂,而在夫余立国之初,东明的统治区包括后来分裂的夫余的所有地方。那么,既然早期中国史书所载夫余不是东夫余,就只能是与东夫余相分离的北夫余,而不会是与二者皆不相干的另一种夫余。由此看来,中原史家虽然对东夫余不甚了解,因而没有留下关于东夫余的相关记载,但他们确实知道夫余的分裂和东夫余的存在。

范晔(398—446)撰《后汉书》,将《论衡》、《魏略》所载神话直接写入《夫余传》的正文,以此来解释夫余国的起源,显然他与鱼豢一样,都认为当时的夫余就是当初东明所建夫余的继承者。范晔与鱼豢为同时代人,而且,在他们的著作成书时,东夫余早已灭亡了。也就是说,被他们视为东明夫余继承者的夫余只能是北夫余。

另外,朝鲜李朝时代的学者,也有不少认为中国正史为之立传的夫余,就是朝鲜史籍中的北夫余。如,李种徽认为,北扶余州:"南有辽东、新城、屋城、沈阳,东有今老城、兴京、暧阳,西得汉之襄平、广宁,北概今朵颜东卫,皆其分也。古檀君氏解夫娄之国也,及金蛙东迁,而解慕漱来都之。其北有弱水,地方二千里。"[1]以下还大量摘引中国正史中的内容。韩镇书认为:"夫余有四:……一北夫余,即解慕漱之国耳,中国史所称者也。"[2]丁若镛认为:"扶余有四者,其一曰北扶余,即句丽、百济之宗国也。《后汉书》及《魏志》皆云,夫余国在高句丽北;《通典》云,其国在长城之北,去玄菟千里。今《盛京志》所载开原县,是其故地。"[3]

还需要说明的是,《周书》卷49《高丽传》、《隋书》卷81《高丽传》、《北史》卷94《高句丽传》,都记载了高句丽朱蒙神话,并称高句丽出自夫余,其所称夫余似乎是指东夫余,但此时东夫余已亡,已不必再对夫余进行区分了。

---

〔1〕〔朝鲜〕李种徽:《修山集》卷12《东史·志·高句丽地理志(附新罗、百济)》"北扶余州"条。

〔2〕〔朝鲜〕韩镇书:《海东绎史续》卷5《地理考·夫余》。

〔3〕〔朝鲜〕丁若镛:《与犹堂全集》第一集诗文集卷8《对策·地理策》。

综上所述,中国史书所载夫余,除指未分裂以前的夫余政权之外,都是指朝鲜史籍中的北夫余,中国史书中很少有关于朝鲜史籍所载东夫余的相关记载。

朴真奭认为,《史记》称燕国"北邻乌桓、夫余",《尚书大传》称"武王克商,海东诸夷,夫余之属,皆通道焉",所载夫余为北夫余,见于其他中国史书的夫余都是指东夫余。实际上,朝鲜李朝时代的学者早已有过类似的看法。如:韩致奫称东夫余为高句丽所灭后,"其后复有余种,通使于晋,曰依虑、依罗,至王玄,竟为慕容氏所并"[1]。其视为东夫余"余种"、后为"慕容氏所并"的夫余即中国正史为之立传的夫余。洪敬模《大东掌考》则直接用《后汉书》卷85《夫余传》中的内容来说明东夫余的疆域,在记载东夫余的王时,在金蛙、带素以下还提到了见于中国正史的尉仇台、夫台、依虑、依罗和王玄[2],也是将东夫余视为中国正史为之立传的夫余。类似的说法也见于李种徽《修山集》卷11《东史·扶余世家》。但李朝时代的学者并未对此观点展开过论证,而朴真奭则提出了3个方面的证据。[3]

其一,见于《论衡》、《魏略》、《后汉书》等中国史籍的夫余始祖东明传说,与《三国志》卷30《夫余传》夫余自称"古之亡人"的记载相印证,说明此夫余是北夷橐离国的"亡命者建立的",这与朝鲜史籍所载夫娄率部东迁建立东夫余的传说是一致的。

然而,从韩国古籍的北夫余记事中却看不出它是由外地亡命而来的人建立的。据韩国古籍记载天帝乘五龙车自天而降,建立北夫余,或者说北夫余的解夫娄王迁往东夫余以后,不知从哪里来了一个自称天帝之子的解慕漱,定都立国。这些说法让人感到不着边际,颇为费解。这像是反映了檀君神话所表现的敬天思想。这些记载并没有强调北夫余的建国者是从别的地方迁来的,而是

---

〔1〕〔朝鲜〕韩致奫《海东绎史》卷4《世纪·夫余》。

〔2〕〔朝鲜〕洪敬模《大东掌考》卷1《三朝鲜所统诸属国》。

〔3〕朴真奭对相关问题的论述,详见朴真奭《高句丽好太王碑研究》,李东源译,延边大学出版社1999年版,第157－177页。

强调了北夫余是东夫余或者高句丽的始祖邹牟王的原住地。

但是东夫余的情况却有所不同。解夫娄本是北夫余国王,他依从天帝和宰相阿兰弗的劝告,离开北夫余,迁往东海之滨另立了东夫余。由此可见,东夫余无疑是从外地亡命而来的人建立的国家。[1]

诚如朴真奭所说,在朝鲜古籍所载神话中,东夫余是由外来者建立的政权。但是,《三国史记》卷13《高句丽本纪·始祖东明圣王本纪》:"阿兰弗遂劝王移都于彼,国号东扶余。其旧都有人不知所从来,自称天帝子解慕漱,来都焉。"既然称建立北夫余的解慕漱"不知所从来",显然其是从别的地方迁来的,毫无疑问,北夫余也是外来者建立的政权,说"从韩国古籍的北夫余记事中却看不出它是由外地亡命而来的人建立的",恐怕是不能成立的。

其二,对比两国古籍中公元1世纪初高句丽征讨夫余的记载可以发现,两者都是指东夫余。

以《三国史记》为代表的朝鲜古籍,所载高句丽征讨的夫余是东夫余,对此,朴真奭的结论无疑是正确的,但是,其认为中国古籍所载高句丽征讨的夫余也是东夫余,主要是引《魏书》卷100《高句丽传》为证。《魏书》的相关记载应来自李敖出使高句丽之后的报告,也就是说,其关于高句丽建国神话以及高句丽早期历史的记载,都源自高句丽人的说法,因而从史源的角度说,其与《三国史记》有着相同的史料来源,换言之,《魏书·高句丽传》与为夫余立传的各中国正史史料来源不同,说《魏书》所载高句丽征讨的夫余是东夫余,应该是正确的,但由此断定所有中国史书所载夫余都是东夫余却是难以成立的。

其三,对比两国古籍中关于夫余王尉仇台的记载可以发现,尉仇台为东夫余王,因而,见于中国史书记载的尉仇台之后的夫余王简位居、马余[2]、依虑等,也都是东夫余王,与之相关的记事是对东夫余史

---

〔1〕朴真奭:《高句丽好太王碑研究》,李东源译,延边大学出版社1999年版,第165页。
〔2〕《三国志》卷30《魏书·夫余传》作"麻余",疑朴著有误。

事的记载。

朝鲜古籍对夫余王尉仇台的记载始于《三国史记》，但金富轼此条记载明显取材于《资治通鉴》，现将两者的记载对比如下：

《三国史记》高句丽太祖大王六十九年（121）："十二月，王率马韩、濊貊一万余骑，进围玄菟城。扶余王遣子尉仇台领兵二万，与汉兵并力拒战，我军大败。"[1]

《资治通鉴》建光元年（121）："十二月，高句骊王宫率马韩、濊貊数千骑，围玄菟。夫余王遣子尉仇台将二万余人，与州郡并力讨破之。"[2]

《资治通鉴》上述记载应源于《后汉书》卷85《高句骊传》："秋，宫遂率马韩、濊貊数千骑，围玄菟。夫余王遣子尉仇台将二万余人，与州郡并力讨破之，斩首五百余级。"但《后汉书·高句骊传》将此作为建光元年秋天的事，实属错误，同书卷5《安帝本纪》建光元年："冬十二月，高句骊、马韩、秽貊围玄菟城，夫余王遣子与州郡并力讨破之。"《资治通鉴》的行文虽然同于《后汉书·高句骊传》，但系此事于十二月，应是以《后汉书·安帝本纪》为本，对《高句骊传》的错误所做的订正。总之，《三国史记》此条记载取材于中国史书，因《三国史记》所载夫余多指东夫余，因而断定尉仇台为东夫余王是不能成立的。

综上，朴真奭所举中国史书所载夫余为东夫余的3条证据皆不能成立。还应提及的是，中国史书所载夫余东界远不及海，如认为中国史书所载夫余为东夫余，这与朝鲜古籍称东夫余迁往"东海之滨"立国的说法也是相矛盾的。

此外，我们还应该讨论的是，张博泉先生所说"西徙近燕"的夫余是不是独立的一支夫余。

张博泉先生认为"西徙近燕"的夫余原居住地应在汉乐浪郡附近，即在朝鲜半岛北部，因而由其地望来看，其与中国正史为之立传的夫

---

[1]〔高丽〕金富轼：《三国史记》卷15《高句丽本纪·太祖大王本纪》。
[2]《资治通鉴》卷50《汉纪四二》。

余不可能是同一支。张博泉先生的主要论据有两点：其一，《资治通鉴》卷97《晋纪十九》记载："初，夫余居于鹿山，为百济所侵，部落衰散，西徙近燕"，既然能受到百济的侵略，此夫余当在朝鲜半岛。其二，《后汉书》卷85《东夷传》："安帝永初五年，夫余王始将步骑七八千人寇钞乐浪，杀伤吏民"，既然能够"寇钞乐浪"，此夫余应在乐浪郡附近。[1]

首先要讨论的是《资治通鉴》的记载。

朝鲜李朝学者安鼎福认为，前引《资治通鉴》卷97记载中的百济，"疑为句丽之误"[2]，中国学者金毓黻也认为："斯诚为理所必无之事……故谓所侵者为高句骊无疑也。"[3]多数中国学者皆支持这种观点。但其认为《资治通鉴》原文误将"句丽"或"高句骊"作"百济"，也没有文献依据，立论的前提是夫余仅有一个，且立国于高句丽以北，尚在乐浪郡以南的百济自然不能越乐浪、高句丽而侵夫余。换言之，必须仅存在一个夫余，而后这种对《资治通鉴》原文的修正才是有可能成立的，夫余究竟有几个尚是需要讨论的问题，那么，将《资治通鉴》原文改为高句丽显然是没有道理的。有学者引金毓黻说批判上述张博泉先生之说[4]，是未深思，金毓黻之说需要一夫余说来证明，自然不能再反过来以之证明一夫余说、批判多夫余说。

李健才认为，前引《资治通鉴》的"百济"应为"鲜卑"之误：

从慕容皝于晋成帝咸康三年（337年）自称燕王（前燕）可知，夫余从鹿山（夫余前期王城）西迁的年代，当在337年建立前燕以后，和346年以前这段时间。从当时夫余、高句丽、百济三者的地理位置，以及文献记载来看，"为百济所侵"，当为有误。因此，有的认为当为高句丽或伯咄所侵之误。但在346年以前，高句丽或伯咄都没有入侵夫余的记载，只有鲜卑慕容廆西晋太康六年（285

〔1〕张博泉等：《东北历代疆域史》，吉林人民出版社1981年版，第69页。
〔2〕〔朝鲜〕安鼎福：《东史纲目》附卷上上《考异·优台仇台之别》。
〔3〕金毓黻：《东北通史》（上编），重庆五十年代出版社1944年版，第170页。
〔4〕林沄：《夫余史地再探讨》，载《北方文物》1999年第4期。

年），和前燕慕容皝在东晋永和二年（346 年），发起两次进攻夫余的战争，给夫余以重大打击，夫余王城（前期王城）被摧毁，数万人口被掠走，夫余"部落衰散，西徙近燕"，在前、后燕的庇护下，以今农安为中心（后期王城），勉强维持到五世纪末。[1]

应指出的是，李健才认为夫余于公元 346 年西迁[2]，即使抛开一夫余与多夫余之争来看，也是不能成立的，因为《资治通鉴》于晋永和二年（346）正月里记载了慕容皝征夫余一事，那么，在其前面的记事中，以"初"字开头的追述，所说的一定不会是 346 年之事。[3] 即使我们认为，《资治通鉴》之追述是用后代的名词"燕"来叙述前代的史事，因而夫余的"西徙近燕"不必如李健才的限定，是公元 337 年慕容皝自称燕王之后的事情，本着李健才的思路，导致夫余西迁的史事也可能是慕容廆对夫余的进攻，但《晋书》卷 97《四夷传·夫余国》明确记载，慕容廆破夫余国都的第二年，夫余遗民还复旧都复国，并未西迁。此外，此说也无法解释，为何 346 年慕容皝要大举进攻夫余，如果夫余西迁后完全依附于鲜卑政权，慕容皝没有理由也没有必要对这样的属国进行大举征讨，如果认为是夫余有不臣之心而导致了慕容皝的征讨，却又与"西徙近燕，而不设备"的记载矛盾。综上，认为《资治通鉴》"百济"为"鲜卑"之误，也没有文献上的证据。但是，李健才对此问题的思考显然更进了一步，不只是从一夫余说出发，还试图在夫余与周边民族的关系中寻找立论的证据。

若从夫余与周边民族的关系来看，其更可能是受到来自肃慎—挹娄系部族的侵扰。《三国志》称挹娄人："自汉已来，臣属夫余，夫余责其租赋重，以黄初（220—226）中叛之。夫余数伐之，其人众虽少，所在

---

〔1〕李健才：《再论北夫余、东夫余即夫余的问题》，载《东北史地考略（续集）》，吉林文史出版社 1995 年版，第 12－13 页。

〔2〕持同样观点的还有王绵厚、李钟洙。参见王绵厚：《东北古代夫余部的兴衰及王城变迁》，载《辽海文物学刊》1990 年第 2 期；李钟洙：《夫余文化研究》，吉林大学 2004 年通过答辩的博士学位论文，第 7 页。

〔3〕美国学者 Mark Edward Byington 认为这应该是 346 年前几年中的事情。参见 Mark Edward Byington："A History of the Puyo State, its People, and its Legacy"，美国哈佛大学 2003 年通过答辩的博士学位论文，第 229 页。

·欧·亚·历·史·文·化·文·库·

山险,邻国人畏其弓矢,卒不能服也。"[1]此后夫余与挹娄之间强弱之势逐渐逆转,肃慎—挹娄系各部逐渐进入原夫余人控制下的第二松花江流域,北魏时的勿吉已是"国有大水阔三里余,名速末水"[2],即占据了第二松花江流域。夫余国的最终灭亡也是"为勿吉所逐"。[3]夫余人的西迁主要出于肃慎系诸部的压迫,因而,前引《资治通鉴》卷97的记载,"百济"很可能是"挹娄"或"勿吉"之误。[4]但说"百济"为"伯咄"之误,似难成立,因为靺鞨七部的出现当是6世纪以后的事情[5],此时尚不存在伯咄部之名。

《资治通鉴》卷97所载慕容皝征夫余一事,亦见于《晋书》,为方便说明,先将相关记载摘录如下。

《晋书》卷109《慕容皝载记》:

> (永和)三年,遣其世子俊与恪,率骑万七千,东袭夫余,克之,虏其王及部众五万余口以还。

《晋书》卷111《慕容暐载记》附《慕容恪传》:

> 皝使恪与俊俱伐夫余。俊居中指授而已,恪身当矢石,推锋而进,所向辄溃。

《资治通鉴》卷97《晋纪十九》永和二年正月条:

> 初,夫余居于鹿山,为百济所侵,部落衰散,西徙近燕,而不设备。燕王皝遣世子俊帅慕容军、慕容恪、慕舆根三将军,万七千骑,袭夫余。俊居中指授,军事皆以任恪,遂拔夫余,虏其王玄及部落五万余口而还。皝以玄为镇军将军,妻以女。

对比上述记载可见,《资治通鉴》对慕容皝征夫余史事的记载本于《晋书》,或与《晋书》有着相同的史料来源,而其在此事之前所记载的一段追述性内容,"初,夫余居于鹿山,为百济所侵,部落衰散,西徙近燕,而

---

〔1〕《三国志》卷30《魏书·挹娄传》。
〔2〕《魏书》卷100《勿吉传》。关于肃慎系诸部的西进,参见杨军:《渤海国民族构成与分布研究》,吉林人民出版社2007年版,第166页。
〔3〕《魏书》卷100《高句丽传》。
〔4〕王绵厚:《东北古代夫余部的兴衰及王城变迁》,载《辽海文物学刊》1990年第2期。
〔5〕杨军:《靺鞨诸部与渤海建国集团》,载《民族研究》2006第2期。

不设备"，却不见于《晋书》，司马光应是另有所本，遗憾的是，传世文献中没有任何与此段记叙相关的叙述，引起学界相关争论的这段记载实属孤证，其史源问题现在也无从考知了。不过，既然唐初所编诸正史中皆未提及此事，估计司马光所本著作当成书于初唐之后，概言之，是在夫余国灭亡200年以后，因而可以认为，这段记载的可信度并不是很高。

朝鲜李朝学者安鼎福已指出《资治通鉴》卷97的记载并不可信：

> 中国人每以扶余、百济混称，故《南史》云：晋时句丽略有辽东，百济亦据辽西、晋平二郡。《资治通鉴》晋穆帝永和二年：初，夫余居鹿山，为百济（疑为句丽之误）所侵，部落衰散，西徙近燕。此等诸说皆中国传闻之误，而臆揣而立说者也。[1]

我们与其对这段记载中的"百济"做种种凭空猜测，倒不如将之视为可信度不高的孤证，不以之作为讨论问题的坚实史料。因此，张博泉先生所引第一条证据显然比较薄弱，还有待于进一步证实。

需要引起我们注意的是，《晋书》卷97《四夷传·夫余国》对夫余史事的记载截至太康六年至七年（285—286），即关于慕容廆征夫余及其后夫余复国的相关诸史事。至慕容皝征夫余之前，60年中史书没有关于夫余的任何记载，在《资治通鉴》中，在前引卷97的相关记载之前，就是见于卷81的有关慕容廆征夫余的记载了。这一方面可以证明，早在唐代，中国载籍中就已经完全没有这60年中有关夫余的记载了，《资治通鉴》"夫余居于鹿山"一段记载可能晚出，并不可靠；另一方面我们也可以推测，司马光之所以将此并不可靠的记载补入，是为上接慕容廆时代的记事，也就是说，至少司马光是认为，夫余在受到慕容廆攻击时是"居于鹿山"的。《晋书》卷97《四夷传·夫余国》在记载慕容廆攻夫余一事之前，大量内容抄自《三国志》、《后汉书》的《夫余传》，说明其作者认为，慕容廆所攻之夫余，即《三国志》、《后汉书》为之立传的夫余。换言之，司马光对史料如此处理，是因为他相信，"西徙近燕"的夫余就是《三国志》等中国正史为之立传的夫余。

---

[1]〔朝鲜〕安鼎福：《东史纲目》附卷上上《考异·优台仇台之别》。

其次,关于夫余"寇钞乐浪"的记载。林沄认为:

《后汉书》中记建武二十五年(49 年):"辽东徼外貊人寇右北平、渔阳、上谷、太原",建光元年(121 年)马韩参加"围玄菟城",并不比夫余(若以吉林市为中心)寇乐浪要近。[1]

此外,张博泉先生所引《后汉书》卷 85《夫余传》夫余于安帝永初五年寇乐浪的记载,同书卷 5《安帝本纪》永初五年三月条下作"夫余夷犯塞",可见,此次夫余对乐浪的进攻,并不是打到远在今朝鲜平壤一带的乐浪郡首府,而只是对乐浪郡边塞的侵扰而已。据《后汉书》卷 85《东夷传》可知,东汉乐浪郡辖区至单单大岭,岭外则为沃沮之地。夫余在受到慕容廆攻击时能够"子弟走保沃沮"[2],那么,夫余侵扰乐浪郡边塞当然也不是绝对不可能之事。此外,日本学者池内宏认为,前引《后汉书》卷 85《夫余传》中的"乐浪"乃是"玄菟"之误,此玄菟"是指元兴元年以来设治在奉天附近的新玄菟郡"[3]。因此,张博泉先生所引第二条证据也难以成立。

综上,将"西徙近燕"的夫余视为单独一部的观点证据并不充分,这部分夫余更可能出自中国正史为之立传的夫余,或者说是出自朝鲜史籍所载的北夫余。

论点小结

朝鲜史籍中有关北夫余和东夫余的记载可证,历史上存在过北夫余、东夫余两个夫余。但在解夫娄之后因王位继承问题导致分裂之前,夫余只有一个。中国正史为之立传的夫余指分裂前的夫余以及朝鲜史籍中的北夫余,中国史书中与朝鲜史籍所载东夫余有关的记载比较少。"西徙近燕"的夫余当出自中国正史为之立传的夫余,或者说北夫余,不是另一支夫余。

---

〔1〕林沄:《夫余史地再探讨》,载《北方文物》1999 年第 4 期。

〔2〕《晋书》卷 97《四夷传·夫余国》。

〔3〕〔日〕池内宏:《夫余考》,王建译,载《民族史译文集》(第 13 集),中国社会科学院民族研究所历史研究室资料组 1985 年,第 197 页。

第三个问题:
夫余分裂和迁徙的时间

尽管对夫余立国时间异说较多,但中国学者基本都承认,夫余始祖东明是自北夷橐离国分离建国的,也许我们可以说,这是夫余人的第一次分裂和迁徙,而见于朝鲜史籍记载的夫娄东迁建立东夫余,则是夫余人的第二次分裂和迁徙,朱蒙所部自东夫余分离建立高句丽,是夫余人的第三次分裂和迁徙,沸流、温祚自高句丽南迁建立百济,是夫余人的第四次分裂和迁徙。由于中外学界传统上都不将高句丽、百济纳入夫余史的研究范畴,因此这里仅讨论夫余人的第一、二次分裂和迁徙的时间。

关于东明自橐离国分裂和迁徙的时间,即中国正史所载夫余的建国时间,除影响比较大的朝鲜史书《三国遗事》所载神爵三年(公元前59 年)建国说之外[1],中国学者还提出过以下诸种说法:孙正甲认为,夫余政权约始于战国,但他是认为《史记》所见夫余即东明所建夫余的[2];李健才、李治亭等学者认为,夫余在西汉初年建国[3];佟冬认为,夫余国至少建立于公元前 2 世纪末以前[4];吴莲姬认为,夫余建国大约是在西汉建立的前后,亦即公元前 3 世纪左右[5];王绵厚认为夫余立国不晚于汉武帝元朔元年,即公元前 128 年[6];笼统地说,多数中国学者认为东明建立夫余国的时间应在公元前 3 至前 2 世纪。

干志耿认为:"北夫余王解夫娄约于西汉昭帝时(公元前 86 年)迁

〔1〕〔高丽〕一然:《三国遗事》卷 1《纪异・北扶余》引《古记》。

〔2〕孙正甲:《夫余源流辨析》,载《学习与探索》1984 年第 6 期。

〔3〕李健才:《东北史地考略》,吉林文史出版社 1986 年版,第 17 页;李治亭:《东北通史》,中州古籍出版社 2003 年版,第 83 页。

〔4〕佟冬:《中国东北史》,吉林文史出版社 1987 年版,第 338 页。

〔5〕吴莲姬:《夫余的建国及其对外关系》,载《黑龙江民族丛刊》1993 年第 4 期。

〔6〕王绵厚:《东北古代夫余部的兴衰及王城变迁》,载《辽海文物学刊》1990 年第 2 期。

国东海之滨迦叶原之地,改称东夫余。"显然也不取朝鲜史籍将公元前59年作为夫余始建国的时间或夫余分裂为北夫余、东夫余的时间,但未展开论述。[1] 在《三国遗事》的记载中,夫娄东迁与朱蒙南迁相距22年,若据此推算,则干志耿说的东明立国时间应为公元前108年前后,即汉武帝灭卫氏朝鲜前后。马德谦认为:"夫余出现的时间,大致是在西汉初期,而不会是在此之前;如果更确切一点地说,当是在汉武帝击破匈奴左地以后至司马迁撰写《史记》之时。"如按《史记》最终成书的公元前91年计算,就是说夫余出现于公元前119年至公元前91年之间。但其所指夫余出现的时间,是见于《史记》记载的夫余出现的时间,按我们的理解,当即橐离国出现的时间,而不是东明南迁建国的时间。[2] 大体而言,干志耿、马德谦都是将夫余的立国时间后延至公元前1世纪,这是与《三国遗事》等朝鲜史籍记载的公元前59年说最为接近的观点了。

流传很广的夫余于公元前59年立国说恐怕是不能成立的,因为记载此说法的朝鲜史籍自身也存在矛盾。

《三国遗事》卷1《纪异·北扶余》引《古记》:"前汉(书)宣帝神爵三年〔公元前59年〕壬戌四月八日,天帝降于讫升骨城在大辽医州界,乘五龙车,立都称王,国号北扶余,自称名解慕漱。生子名扶娄,以解为氏焉。王后因上帝之命,移都于东扶余。"认为神爵三年是夫余最早的立国时间,夫娄率部东迁,夫余分裂为北夫余、东夫余是以后的事情。但是,《旧三国史》称:"汉神雀三年壬戌岁,天帝遣太子降游扶余王古都,号解慕漱。"接着就开始叙述解慕漱与柳花之间的故事,显然是认为,神爵三年不是夫余最早的立国时间,而是夫娄所部受解慕漱所部排斥而东迁的时间。换言之,也就是夫余分裂为北夫余、东夫余的时间。李承休《帝王韵记》引用了《旧三国史》的说法,《三国史记》却在引述《旧三国史》的相关记载时略去了时间。

---

〔1〕干志耿《古代橐离研究》,载《民族研究》1984年第2期。
〔2〕参见马德谦:《夫余文化的几个问题》,载《北方文物》1991年第2期。

不仅时间,《旧三国史》和《三国遗事》所载故事也无法对接。在《三国遗事》所载故事中,解慕漱是夫娄之父,是夫余开国之王,从这个意义上讲,应该等同于《论衡》、《魏略》等书记载的夫余始祖东明。而在《旧三国史》所载故事中,解慕漱是朱蒙生父,是继夫娄东迁之后在北夫余称王的人。显然,我们无法将两书所载解慕漱视为同一个人,两书所载故事的人物关系应如下图:

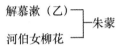

$$\text{解慕漱(甲)—夫娄……金蛙}$$

$$\left.\begin{array}{c}\text{解慕漱(乙)}\\[1ex]\text{河伯女柳花}\end{array}\right\}\text{朱蒙}$$

但是,不论我们如何理解,神爵三年这一年代本身就是靠不住的。

无论是在《旧三国史》还是在《三国遗事》中,神爵三年这一时间都是与朱蒙南迁建国的建昭二年(公元前 37 年)联系在一起的,大体说,两者相差一代人的时间,这也是朱蒙神话透漏给我们的信息。《三国史记·高句丽本纪》也正是以公元前 37 年为始,对高句丽历史进行编年体的叙述。可是,参照中国史书的记载来看,《三国史记》所载高句丽王世系是有问题的,因而其所载高句丽开国时间自然也就是靠不住的。

《三国史记》所载高句丽 21 世 28 王的世系如下图:

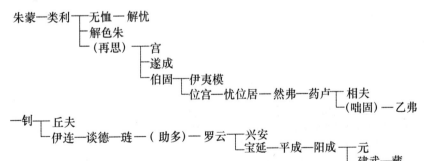

参之中国史书记载,这个世系的前半部分是有问题的。

《好太王碑》记载:朱蒙去世后,"顾命世子儒留王,以道兴治。大朱留王绍承基业。逮至十七世孙国冈上广开土境平安好太王"[1]，这里的"十七世孙"，朝鲜学者多认为，应该理解为 17 代人。《三国史记》所载王系，自朱蒙至好太王只有 12 世，少 5 世[2]，因此，高句丽国存在的时间应该再向上追溯 5 代。[3] 杨通方认为不是指 17 代人，而是指自朱蒙至好太王，高句丽共传 17 位王，《三国史记》记载朱蒙至好太王为 19 王，是有两代王误载[4]。朴真奭、王健群也认为应指 17 位王，但认为应从第三位王大朱留王算起，碑文所载大朱留王即《三国史记》所载大武神王，而在《三国史记》的记载中，自大武神王至好太王，正好 17 位王。[5] 但碑文中既然说的是"十七世孙"，恐怕不应该理解为 17 位王。

《后汉书》卷 85《高句骊传》记载，宫、遂成、伯固是祖孙 3 代，而不是兄弟 3 人。《魏书》卷 100《高句丽传》记载，始祖朱蒙以下的世系为：朱蒙—始闾谐（闾达）—如栗—莫来。再加上王莽时被严尤诱斩的"高句丽侯驺"[6]，共 8 世。而伯固以下至好太王谈德，按《三国史记》的记载共 9 世。两者相加，已经 17 世了。但是，按《汉书》卷 99《王莽传》的记载，驺被杀于始建国四年（12），《后汉书》卷 85《高句骊传》记载，宫死于建光元年（121），如果宫是继驺之后的高句丽国王，则其在位长达

---

〔1〕耿铁华释文，参见耿铁华：《好太王碑一千五百八十年祭》，中国社会科学出版社 2003 年版，第 411 页。

〔2〕朝鲜学者认为，记算几世孙不应将始祖记算在内。如计入始祖朱蒙，自朱蒙至好太王应为 18 代，而《三国史记》只记载了 13 代，即好太王为朱蒙的 12 世孙，少 5 代人。但中国史书记算几世孙时是以始祖为第一世的。如，《周书》卷 49《高丽传》称成为琏的 5 世孙、《隋书》卷 81《高丽传》称汤是琏的 6 世孙，都可以证明这一点。因此，朝鲜学者这种计算方法是错误的。按《三国史记》所载，好太王应为朱蒙 13 世孙，比之《好太王碑》的记载少 4 世。

〔3〕〔朝鲜〕孙永钟：《高句丽建国年代的再探讨》，文一介译，载《东北亚历史与考古信息》1991 年第 1 期；〔朝鲜〕蔡熙国：《高句丽封建国家的建国年代问题》，颜雨泽译，载《东北亚历史与考古信息》1999 年第 1 期。

〔4〕杨通方：《高句丽不存在山上王延优其人——论朝鲜〈三国史记〉有关高句丽君主世系问题》，《世界历史》1981 年第 3 期。

〔5〕朴真奭：《关于高句丽存在山上王与否的问题——与杨通方同志商榷》，载《世界历史》1989 年第 2 期。另参见朴真奭：《高句丽好太王碑研究》，李东源译，延边大学出版社 1999 年版；王健群：《好太王碑研究》，吉林人民出版社 1984 年版，第 206 页。

〔6〕《汉书》卷 99《王莽传》，中华书局 1962 年版。

109 年,这当然是不可能的。有的学者认为驺就是朱蒙[1],这种说法恐怕也是不能成立的。[2] 因此,所谓的 17 世孙,当是指大朱留王的 17 世孙,自驺至宫还有两代高句丽王中国史书失载。

《好太王碑》记载了高句丽前三代王,即朱蒙、儒留、大朱留王,并明确朱蒙与儒留是父子关系。那么,儒留就是中国史书中的始闾谐(闾达)《三国史记》中的琉璃明王类利。《好太王碑》虽然没有记载儒留与大朱留王的关系,但《三国史记》记载,琉璃明王之子大武神王也称"大解、朱留王",则大朱留王是儒留王之子,也就是中国史书中的如栗。如栗至宫应该有 4 世,中国史书在如栗以下记载两王:莫来、驺,《三国史记》在大武神王以下也记载两王:闵中王解色朱、慕本王解忧(解爱娄),二者之间又无法找到关联。因此,很可能这就是如栗以下的四王,是中国史书与《三国史记》各记载了一半。

那么,根据中国史书的记载对上述《三国史记》所载高丽王世系进行修正,我们可以排出 27 世 29 王的高句丽王世系:

朱蒙—始闾谐(类利)—如栗(无恤)—莫来—驺—解色朱—解忧—宫—遂成
—伯固—伊夷模—位宫—然弗—药卢┬相夫
                              └咄固(未即位)—乙弗利—钊┬丘夫
                                                        └安—谈德—

琏—助多(未即位)—云┬安
                    └延—成—汤┬元
                              └建武—藏

自驺被杀的公元 12 年至高句丽灭亡的 668 年,656 年共历 23 世,平均一世 28.5 年。如果依照这个平均数推算朱蒙至驺 5 世,则应为 142 年。按纪年比较准确的好太王以下 10 世的平均值推算,5 世为 138 年,则朱蒙建国应在公元前 126 年前后。即使我们不计特别长寿的长寿王,以文咨明王以下 7 世推算,结果也差不多。由此我们推测,朱蒙建国应在公元前 126 年左右,而不是《三国史记》记载的公元前 37 年。

《三国史记》卷 6《新罗本纪》文武王十年条记述 670 年新罗文武王

〔1〕刘子敏:《朱蒙之死新探——兼说高句丽迁都"国内"》,载《北方文物》2002 年第 4 期。
〔2〕耿铁华:《王莽征高句丽兵伐胡史料与高句丽王系问题——兼评〈朱蒙之死新探〉》,载《北方文物》2005 年第 2 期。

封高句丽王裔安胜为王时写道:"公太祖中牟王……子孙相继,本支不绝,开地千里,年将八百。至于建、产……家国破亡,宗社湮灭。"证明从朱蒙建国至为唐朝所灭,高句丽共存在了近800年。如果我们将朱蒙建国定在公元前126年前后,至668年,高句丽大约存在794年,与上述记载正相吻合。如果依《三国史记》的记载,将朱蒙建国定于公元前37年,高句丽仅存在705年,与"年将八百"的记载显然是不吻合的。

按《三国史记》的记载,先是夫娄收养金蛙,"及其长,立为太子",而后夫娄部东迁,"解夫娄薨,金蛙嗣位",然后才是朱蒙出生。朱蒙迁徙时已结婚,但儿子类利尚未出生,因此,《三国史记》说朱蒙迁徙时22岁,也是可能的。由此故事情节推测,夫娄东迁与朱蒙南迁之间相隔20年左右,当是可信的。按这种推测,夫娄东迁应该是在公元146年前后的事,而东明建国还要早于此。因此,中国学者通常笼统地认为,夫余始建国于公元前3至前2世纪,也是有道理的。

关于夫余最初建国,中国史籍除《论衡》、《魏略》保存了夫余始祖东明建国的传说之外,在正史的记载中也可以发现一些相关的信息。

《史记》卷129《货殖列传》:

> 夫燕亦勃、碣之间一都会也。南通齐、赵,东北边胡。上谷至辽东,地踔远,人民希,数被寇,大与赵、代俗相类,而民雕捍少虑,有鱼盐枣栗之饶。北邻乌桓、夫余,东绾秽貉、朝鲜、真番之利。

《三国志》卷30《魏书·夫余传》:

> 其印文言"濊王之印",国有故城名濊城,盖本濊貊之地,而夫余王其中,自谓"亡人",抑有以也。[1]

在司马迁的记述中,夫余与乌桓相邻,位于燕国之北,与位于燕国之东的秽、貊、朝鲜、真番不在一个区域。陈寿的记载更加明显地指出,中国正史为之立传的夫余国,原本是秽貊之地,其统治者夫余人是后进入该地区的移民。也就是说,有关夫余始祖东明的传说,反映的就是夫余人自燕国之北,东迁进入秽貊人居住区立国的史事,《史记·货殖

---

〔1〕原文作"抑有似也",此从中华书局标点本的订正。

列传》中所载"夫余",既不是朝鲜史籍所载北夫余或东夫余,也不是后来的中国正史为之立传的夫余,而是最早见于《论衡·吉验》的橐离国。[1]

《史记》卷115《朝鲜列传》:卫"满得兵威财物侵降其旁小邑,真番、临屯皆来服属"。《索隐》:"东夷小国,后以为郡。"证明真番、临屯皆为"东夷小国",在卫满执政时期为卫氏朝鲜所征服。卫氏朝鲜的建立,是西汉"孝惠、高后时"事[2],因此,真番、临屯为卫氏朝鲜所征服,不会早于汉惠帝在位期间(公元前194—前188年)。前引《史记》卷129《货殖列传》指出,燕国"北邻乌桓、夫余,东绾秽貉、朝鲜、真番之利"。真番尚与朝鲜、秽貉并举,证明司马迁此处叙事的时代不会晚于汉惠帝在位时期,而夫余尚与乌桓并列,被认为居于燕国以北,可见,至少在汉惠帝在位期间,夫余尚未东迁。

《史记》卷30《平准书》:"彭吴贾濊、朝鲜,置沧海之郡","濊"原文作"灭",当以濊为是[3],《汉书》卷28下《地理志》即作:"彭吴穿秽貉、朝鲜,置沧海郡。"《汉书》卷6《武帝纪》记载沧海郡之设:"东夷薉君南闾等口二十八万人降,为苍海郡。"结合两条史料的记载可以看出,汉朝利用经常赴朝鲜、秽貉经商的贾人彭吴,策动秽貉人的首领脱离卫氏朝鲜降汉。[4] 主持此事的是"秽君南闾",随其降汉者达28万口。

关于沧海郡的所在地,最早研究此问题的日本学者即分为两派,一派以白鸟库吉、箭内亘为代表,认为"沧海"指渤海,沧海郡当位于今鸭绿江、佟佳江(浑江)流域,汉武帝灭卫氏朝鲜之后,在此地设置了真

---

〔1〕干志耿《古代橐离研究》(《民族研究》1984年第2期)认为,橐离国就是见于朝鲜史籍的北夫余。若那样的话,中国正史为之立传的夫余就相当于朝鲜史籍所载的东夫余了,这与朴真奭的看法是相同的。笔者不赞同此观点,对朴真奭观点的分析参见本书第一个问题的讨论。

〔2〕《史记》卷115《朝鲜列传》,中华书局1959年版。

〔3〕朝鲜学者李趾麟对此已作过考辨。参见〔朝鲜〕李趾麟:《濊族与貉族考》,顾铭学译,载《东北亚历史与考古信息》1999年2期。

〔4〕《资治通鉴》卷18《汉纪》《考异》:"《史记·平准书》曰:彭吴贾灭朝鲜,置苍海之郡。按:灭朝鲜、置苍海,两事也,不知何者出贾之谋。"因其以《史记》原文为"灭",才有此矛盾。若改"灭"为"秽",则可以肯定,是置沧海郡"出贾之谋"。

·欧·亚·历·史·文·化·文·库·

番郡[1];另一派以稻叶岩吉为代表,认为沧海郡在今朝鲜半岛东部[2]。金毓黻认为:"濊地适在辰韩之北,沃沮之南,乐浪之东,以后来所置四郡较之,沃沮之地,为玄菟郡,辰韩西北之地,为真番郡,乐浪以东之地,为临屯郡,而临屯郡即东部都尉所领七县之地,在玄菟郡迤南者,然则苍海郡之地,其即后来之临屯郡乎。"[3]这是对稻叶岩吉观点的发展。段木干《中外地名大辞典》:"《汉书》彭吴穿秽貊、朝鲜,置沧海郡。《史记》作苍海郡,后为真番郡。今鸭绿、佟佳两江及安东省新宾县附近之地,或谓沧海郡,当在今韩国南部。"[4]两说并存,但基本上是支持白鸟库吉、箭内亘的观点。谭其骧《中国历史地图集》将沧海郡置于今朝鲜江原道境内[5],此观点渐成为中国学界的通说。

但是,随秽君南间附汉的部众达 28 万人,依 1 户 5 口计,达 5.6 万户,而据《三国志》所载,分布于今朝鲜江原道一带的秽貊人仅 2 万户,可证,南间所部分布的地域远较后代的秽貊为广。

《后汉书》卷 85《濊传》:

> 濊北与高句骊、沃沮,南与辰韩接,东穷大海,西至乐浪。

> 濊及沃沮、句骊,本皆朝鲜之地也。

> 昔武王封箕子于朝鲜,箕子教以礼义、田蚕,又制八条之教。其人终不相盗,无门户之闭,妇人贞信,饮食以笾豆。其后四十余世,至朝鲜侯准,自称王。汉初大乱,燕、齐、赵人往避地者数万口,而燕人卫满,击破准而自王朝鲜,传国至孙右渠。

> 元朔元年,濊君南间等畔右渠,率二十八万口诣辽东内属。武帝以其地为苍海郡,数年乃罢。

联系《后汉书》的上下文来看,是因为提到"濊及沃沮、句骊本皆朝

〔1〕日本南满洲铁道株式会社编:《满洲历史地理》,丸善株式会社 1926 年版,第 4–12 页;因该书第一篇《漢代の朝鲜》执笔者为白鸟库吉和箭内亘,故认为该章内容为白鸟库吉和箭内亘的观点。

〔2〕〔日〕稻叶岩吉:《满洲发达史》,杨成能译,萃文斋书店 1940 年版,第 25–28 页。

〔3〕金毓黻:《东北通史》上卷,重庆五十年代出版社 1944 年版,第 73–74 页。

〔4〕段木干:《中外地名大辞典》第六册,(台中)人文出版社 1981 年版,第 4141 页。

〔5〕谭其骧:《〈中国历史地图集〉释名汇编·东北卷》,中央民族学院出版社 1988 年版,第 56 页。

鲜之地"，而后插入了一段关于古朝鲜历史的追述，而后面的"元朔元年，濊君南闾等畔右渠"，实与"濊及沃沮、句骊本皆朝鲜之地"相连，也就是说，元朔元年附汉的部族，包括后世濊、沃沮、高句丽的分布区，不仅包括今朝鲜的咸镜南北道、江原道，也包括今中国辽宁东部，即白鸟库吉、箭内亘所说的今鸭绿江、佟佳江（浑江）流域。《三国志》记载，高句丽3万户、秽貊2万户、沃沮0.5万户，总人口为5.5万户，证明三国时代上述地区的人口总数也与当初南闾所率附汉的人口数大体相当。由此可证，汉沧海郡的辖区约包括后代高句丽、沃沮、秽貊等族的全部分布区，这些地区的民族在西汉都是被中原人统称为"濊"的。南闾此次行动未牵涉后世夫余控制区，当是因为其时其地已为东明所部夫余人所控制。

"濊"作为上述地区诸族通称的用法，在《三国志》中还可以找到一些残迹，在《三国志》卷30《魏书·东夷传》的记载中，沃沮与"濊"常常是通用的。如《沃沮传》："沃沮还属乐浪。汉以土地广远，在单单大领之东，分置东部都尉，治不耐城，别主领东七县，时沃沮亦皆为县。汉光武六年，省边郡，都尉由此罢。其后皆以其县中渠帅为县侯，不耐、华丽、沃沮诸县皆为侯国，夷狄更相攻伐，唯不耐濊侯至今犹置功曹、主簿，诸曹皆濊民作之。"不耐濊实为沃沮一部，但称之为"濊民"。《濊传》中又载："自单单大山领以西属乐浪，自领以东七县，都尉主之，皆以濊为民。后省都尉，封其渠帅为侯，今不耐濊皆其种也。"都是将乐浪郡东部都尉治下的沃沮民统称为"濊民"的。

《后汉书》卷85《濊传》明确记载："濊君南闾等畔右渠"，证明在附汉以前，南闾诸部是隶属于卫氏朝鲜的，也就是说，在卫氏朝鲜本部之北，隶属于卫氏朝鲜的诸部被统称为"濊"。我们还需要注意到，史书所载夫娄所部迁徙的方向与朱蒙所部迁徙的方向明显不同，称朱蒙所部是南迁或东南迁，而《旧三国史·东明王本纪》在记载夫娄所部的迁徙时提到"东海之滨有地号迦叶原"[1]，其迁徙明显是东迁。夫娄所部

---

[1]〔高丽〕李奎报：《东国李相国全集》卷3《东明王篇》自注引。

·欧·亚·历·史·文·化·文·库·

自北夫余即中国正史为之立传的夫余迁出,其南部是辽东郡辖区,东南部为隶属于卫氏朝鲜的"濊"人诸部,那么,其迁徙只能是沿"濊"人诸部分布区的北缘向东,直至日本海边。由夫娄所部迁徙的方向分析,其进行迁徙时,还是卫氏朝鲜或沧海郡稳定地控制"濊"人诸部的时期,换言之,一定是在公元前 126 年撤销沧海郡之前。[1]

《汉书》卷 24 下《食货志》称:"彭吴穿秽貊、朝鲜,置沧海郡,则燕齐之间靡然发动。"证明沧海郡之设耗用了大量人力物力。我们可以将沧海郡与同一时期的开西南夷、筑朔方相比较:

> 时又通西南夷道,作者数万人,千里负担馈饷,率十余钟致一石,散币于邛僰以辑之,数岁而道不通,蛮夷因以数攻吏,发兵诛之,悉巴蜀租赋不足以更之,乃募豪民田南夷,入粟县官,而内受钱于都内。东置沧海郡,人徒之费疑于南夷。又兴十余万人筑卫朔方,转漕甚远,自山东咸被其劳,费数十百巨万。[2]

由此推测,置沧海郡之所以费耗巨大,当是存在大规模军事行动的缘故。联系沧海郡之设是因为"濊君南闾等畔右渠",估计汉王朝一方面要动员部队保证当地的秩序,另一方面还要对付卫氏朝鲜对沧海郡的袭扰,这也是后来汉王朝撤销沧海郡的主要原因。

由汉武帝灭卫氏朝鲜所设四郡,玄菟郡、临屯郡即在原"濊"人居住区来看,在沧海郡撤销之后,当存在一个卫氏朝鲜重新征服该地区的过程。朱蒙所部得以南下进入该区域,当与沧海郡撤销后该地区的混乱状态有关,因而朱蒙所部南迁应为公元前 126 年之后的事,这也与我们前面通过高句丽王系积年对朱蒙南迁时间所作推测相吻合。

如果我们认为,朱蒙所部的迁徙约始于公元前 126 年前后,即沧海郡撤销之后,那么,夫余所部的东迁当是公元前 2 世纪 40 年代的事。《后汉书》称率众附汉的是"濊君南闾等",可能当时起主导作用的是濊君南闾,故史书的记载仅提到南闾,而后用"等"字概括此次一起附汉

---

〔1〕据《汉书·武帝纪》的记载可知,沧海郡始设于元朔元年底,罢于元朔三年初,虽然跨三个年度,存在时间实不足两整年。

〔2〕《汉书》卷 24 下《食货志》。

的其他部族及其首领。夫娄所部当在此"等"所包括的范围之内。如果夫余自橐离国分离建国真是夫娄父辈时的事,那么,东明建国当再上溯 20 年左右的时间,即为公元前 2 世纪 60 年代的事。

《三国志》卷 30《高句丽传》称今朝鲜江原道一带的濊人为"东濊",《通志》卷 62《食货略·漕运》则称南闾所部为"东濊",那么,后来夫余国所在的"濊地"[1],就应该是"西濊"了,只不过这个名称没有出现在史书的记载中。由此看来,卫氏朝鲜以北包括后世夫余国控制区,原本都是所谓"濊"地。卫氏朝鲜建立以后[2],卫"满得兵威财物侵降其旁小邑"[3],逐渐控制了"濊"地的东部,即所谓"东濊";稍后,夫余人在东明的率领下进入"濊"地的西部,并建立北夫余政权,"濊"地由此分为东、西两部分。也许我们可以说,是卫氏朝鲜和东明所部夫余人瓜分了"濊"地。只不过此后夫余人对濊地的控制十分成功,而卫氏朝鲜控制下的濊地却经历了南闾等的叛离。但就是在卫氏朝鲜控制濊地时,夫娄所部东迁进入濊地以北的某一地区。

综上,夫余分裂为北夫余、东夫余,笼统地说,是公元前 2 世纪 40 年代的事情,而不是《三国遗事》所记载的公元前 59 年。换言之,东夫余的出现是公元前 2 世纪 40 年代的事,如果我们不考虑其中间为高句丽所征服的时间,按下至公元 410 年其最终为高句丽好太王所灭来计算,东夫余共存在近 560 年之久。[4] 如果上溯至东明王建国,北夫余存在时间长达 6 个半世纪,就是由夫余分裂为北夫余和东夫余算起,北夫余的存在时间也超过 6 个世纪。

---

〔1〕《三国志》卷 30《魏书·夫余传》:"其印文言'濊王之印',国有故城名濊城,盖本濊貊之地,而夫余王其中",而《后汉书》卷 85《夫余传》则直接称夫余国"本濊地也"。

〔2〕《史记》卷 115《朝鲜列传》称卫氏朝鲜建立于西汉"孝惠、高后时",即汉惠帝在位期间(公元前 194—前 188 年)的事。朝鲜古书《箕子本纪》认为是汉惠帝元年丁未,即公元前 194 年;安鼎福《东史纲目》认为是汉惠帝戊申,即公元前 193 年。但两书成书皆较晚,不知何据。若其记载可信,则卫氏朝鲜的建立下距东明所部的东迁不过 20 余年,而卫满不可能在立国之后立即北拓,那么,卫氏朝鲜控制濊地与东明所部征服濊地的时间间隔当更短。

〔3〕《史记》卷 115《朝鲜列传》。

〔4〕朴真奭也是认为"东夫余的存续时间长达五百多年",但他认为东夫余即中国正史为之立传的夫余,与本文看法不同,因而其所计算的东夫余的起止时间也与本文存在差异。参见朴真奭:《高句丽好太王碑研究》,李东源译,延边大学出版社 1999 年版,第 163 页。

·欧·亚·历·史·文·化·文·库·

关于夫余政权的分裂和迁徙时间大体存在两种观点:285 年说和346 年说。如本书前一个问题所述,285 年说因为与夫余遗民在夫余后王依罗率领下"还复旧国"、"罗得复国"[1]的记载相矛盾,因而不能成立;346 年说本来就是对《资治通鉴》卷 97 相关记载的误解。但是,夫余后期曾经有过西迁应该是可以肯定的,只不过这次西迁是否导致了夫余国的分裂并因此出现东夫余却是有待于进一步研究的,其西迁的具体时间也无从考究了。而持一夫余说的学者都不相信见于朝鲜史籍记载的夫余人更早期的分裂与迁徙。

论点小结

夫余人原活动于燕国以北,大约于公元前 2 世纪 60 年代,在首领东明的率领下东迁进入秽貊居住区立国。约在公元前 2 世纪 40 年代,此夫余国分裂为北夫余、东夫余。通过对高句丽王世系的考辨和对《史记·货殖列传》记载的分析可以证明,《三国遗事》与《旧三国史》所载夫余立国时间和发生分裂的时间都是错误的。

---

[1]《晋书》卷 97《四夷传·夫余国》。

54

第四个问题:东明传说解析

有关夫余始祖东明的传说,最早见于《论衡》。《后汉书》卷85《东夷传》和鱼豢《魏略》的记载,就故事情节来看,皆与《论衡》相同,《魏略》在叙述故事前提到"旧志又言",因此通常认为,此"旧志"即指《论衡》。就史源而言,《论衡》所载东明传说,是见于中国古籍记载的此传说的原型。

《论衡》卷2《吉验篇第九》:

> 北夷橐离国王侍婢有娠,王欲杀之。婢对曰:"有气大如鸡子,从天而下我,故有娠。"后产子,捐于猪溷中,猪以口气嘘之,不死;复徙置马栏中,欲使马藉杀之,马复以口气嘘之,不死。王疑以为天子,令其母收取,奴畜之,名东明,令牧牛马。东明善射,王恐夺其国也,欲杀之。东明走,南至淹滤水,以弓击水,鱼鳖浮为桥,东明得渡,鱼鳖解散,追兵不得渡,因都王夫余。故北夷有夫余国焉。

朝鲜古籍中也记载着有关夫余建国的传说,最早是在《旧三国史·东明王本纪》中有所涉及,提到夫余相阿兰弗劝夫余王夫娄迁往东海之滨的迦叶原,"号东夫余","天帝遣太子降游扶余王古都,号解慕漱",这也就是后来与河伯女柳花生下高句丽始祖朱蒙的解慕漱[1]。但由于《旧三国史》主要是在讲述高句丽的始祖起源传说,因而对夫余的始祖起源传说仅仅是有所涉及,比较完整地记载夫余始祖起源传说的朝鲜古籍是《三国遗事》:

> 前汉(书)宣帝神爵三年壬戌四月八日,天帝降于讫升骨城_{在大辽医州界},乘五龙车,立都称王,国号北扶余,自称名解慕漱。生子

---

[1]〔高丽〕李奎报:《东国李相国集》卷3《东明王篇》引。

名扶娄,以解为氏焉。王后因上帝之命,移都于东扶余。[1]

如果我们排除神爵三年、讫升骨城、大辽医州等明显是后来附会的错误因素,其所载夫余始祖起源传说的故事梗概是,夫余始祖就是天帝,"自称名解慕漱",其子夫娄在位时率部东迁,成为东夫余。结合《旧三国史》的记载来看,此传说中还提到,在夫娄所部东迁之后,其原居住地有另一个所谓天帝之子解慕漱立国,即北夫余。如果我们将朝鲜古籍所载夫余始祖起源传说与《论衡》、《魏略》、《后汉书》等中国史籍所载夫余始祖起源传说对接,自然就可以得出最早立国的解慕漱即东明的结论。

朝鲜李朝学者申景濬已经提出类似的见解:

> 按:以《三国史》观之,朱蒙为北夫余王解慕漱之子,而解慕漱与解夫娄为不相知人矣。以《东国记异》观之,解夫娄为解慕漱之子,而《东史补遗》以朱蒙为解夫娄异母弟者宜矣。然而解慕漱之开国在神爵壬戌,朱蒙之开国在建昭甲申,而时年二十二,则是慕漱开国之翌年生朱蒙也。解夫娄老而无子,得金蛙,金蛙既长而夫娄薨,金蛙嗣君位而见柳花之始生朱蒙,考其年岁,则夫娄恐不当为慕漱之子,而《三国史》之言为是矣。盖解夫娄本北夫余王而移都迦叶、为东夫余王者也,解慕漱即代夫娄为北夫余王,而疑是《后汉书》所谓索离国王子东明南奔至夫余王之者也。《汉书》云:天上有气,大如鸡子,来降,生东明。东史亦云解慕漱是天帝之子,则慕漱与东明其生之神异相同,来自外国而为王扶余者又相同,起于西汉末者又相同,解慕漱果是东明,而慕漱则其名,东明则其号耶?朱蒙出于东明,而又以东明为号何也?朱蒙之迹有似东明,故高句丽人号朱蒙亦为东明,如东川王生能开目视,似太祖王宫,故名以位官耶?又或久庵韩氏所谓高句丽本出于夫余,故以神明之事引而进之,以为诳诱愚民也者是耶?[2]

---

〔1〕〔高丽〕一然:《三国遗事》卷1《纪异·北扶余》引《古记》。

〔2〕〔朝鲜〕申景濬:《旅庵全书》卷4《疆界考·我东国别号》"东夫余国、卒本夫余国"条。

申景澈不仅认为解慕漱即东明,而且推测解慕漱是其名,而东明是其号,还注意到了高句丽的始祖朱蒙也是以东明为号。[1]

《三国史记》卷23《百济本纪·始祖温祚王本纪》元年:"夏五月,立东明王庙。"同书卷32《杂志·祭祀》载百济"立其始祖仇台庙于国城,岁四祠之",其下金富轼自注:"按《海东古记》,或云始祖东明,或云始祖优台。《北史》及《隋书》皆云:东明之后有仇台,立国于带方。此云始祖仇台,然东明为始祖,事迹明白,其余不可信也。"其实金富轼的解释是"不可信"的,综合上述记载可见,百济的"东明王庙"即其"始祖仇台庙",百济的实际建国者虽然是仇台之子沸流、温祚,但自温祚时代起,就是奉仇台为开国始祖的,其称始祖为东明,是将东明作为仇台的号,而不是以夫余始建国者为其始祖,因而称始祖为仇台与称始祖为东明并不矛盾。这样一来,我们至少可以发现三人同以东明为号:夫余始建国者解慕漱、高句丽始建国者朱蒙、百济名义上的建国者仇台。此外,在朝鲜古籍所载传说中还存在两个解慕漱,一个是号东明的最早的夫余国的建立者,另一个是朱蒙之父、北夫余的建立者。

我们可以将传说中人物的名号列如表2。

表2　东明传说中的人物名号

第一世	第二世	第三世	第四世	第五世
解慕漱(东明) 夫余建立者	夫娄 东夫余建立者	金蛙 ?	带素 优台(东明) 被尊为百济建立者	沸流、温祚 百济建立者
解慕漱 北夫余建立者	朱蒙(东明) 高句丽建立者			

应该说,两个解慕漱开创了两个王系,朱蒙虽然曾是金蛙养子,但二者间并无血缘关系,两个王系是相对独立的。此两个王系实际共涉

---

[1]〔高丽〕金富轼:《三国史记》卷13《高句丽本纪》称朱蒙为"始祖东明圣王"。〔高丽〕一然:《三国遗事》卷1《纪异·北扶余》引《古记》称朱蒙为"东明帝"。

57

欧·亚·历·史·文·化·文·库

及 5 个政权:夫余、北夫余、东夫余、高句丽、百济。东夫余建立者夫娄是夫余建立者解慕漱之子,显然其应该自视为夫余的继承者,而不是自夫余分离出去另建立的政权。夫余是自北夷橐离国分离出来的,高句丽是自东夫余分离出来的,百济是自高句丽分离出来的,由此我们发现,3 位号称东明的人都是自某一政权分离出来建立自己政权的人。百济的实际建立者虽然是沸流、温祚,但由于百济王室尊仇台为建国者,所以优台号东明,而沸流、温祚不能再号东明。由此来看,东明可能是夫余语中对分离建国的开国君主的尊号。

《三国志》卷 30《夫余传》:

> 以殷正月祭天,国中大会连日,饮食歌舞,名曰迎鼓。于是时断刑狱、解囚徒。

《三国志》卷 30《高句丽传》:

> 以十月祭天,国中大会,名曰东盟。

> 其国东有大穴,名隧穴,十月国中大会,迎隧神还于国东上祭之,置木隧于神坐。无牢狱,有罪,诸加评议,便杀之。

对比《三国志》的上述记载,可知高句丽人的祭天与祭隧神风俗,当源自夫余人的祭天风俗,还保留着夫余人在祭天神的日子里"断刑狱、解囚徒"的习惯。可是,这种对天神的祭祀,夫余人称之为"迎鼓",高句丽人却改称"东盟"。学界通常认为,"东盟"与"东明"音同,是对同一语辞的不同汉字译写,即高句丽人将对天神的祭祀称为"东明"。由此看来,东明作为开国君主的尊号,在夫余语中的意义虽然我们还不甚清楚,但其在高句丽语中的意义却与天神有关,很可能是天帝之子或天子的意思。《好太王碑》中称朱蒙为"天帝之子"、"皇天之子",可能也是此观念的反映,只不过一个是用汉语表述、一个是用高句丽语表述而已。

学界多认为,朱蒙与东明音通,应是同一个人名,"扶余俗语,善射为朱蒙",如果我们将东明理解为善射或善射者,那么,夫余开国君主以善射者为号尚勉强可通,却不好解释,善射者一号如何演变,以至在高句丽人中将之与对天神的祭祀相联系。姑志疑于此,以待达者。

在朝鲜古籍所载传说中,两个解慕漱一个被称为天帝之子,一个是天帝的"自称名"。[1]《论衡》中也提到,对东明,橐离国王"疑以为天子",如果我们考虑到,夫余人在向汉朝方面叙述其始祖起源传说时应有所避讳,那么在其传说中,恐怕就是将东明视为天子或天帝之子的。由此推测,解慕漱也不是人名,而是夫余语中天帝或天帝之子的意思,因此才出现夫余、北夫余的建立者同名解慕漱的奇怪现象。无论说夫余的建立者是东明还是称其为解慕漱,所说都是夫余开国君主的王号,其人的名字已不得而知了。就是被尊为百济建立者的优台,也不是其人的本名,而是其官号。[2]

学界多认为,夫余人的始祖起源传说与高句丽人的始祖起源传说相似,因高句丽人源自夫余,因而认为高句丽人的始祖起源传说是照搬了夫余人的传说,其故事的主人公朱蒙就是夫余人的始祖东明。[3]甚至有学者认为,高句丽人继承夫余人的始祖起源传说,是在夫余国衰弱,夫余人大量进入高句丽政权以后的事情。就是认为东明与朱蒙不是同一人的学者,也承认:高句丽"建立政权之初,东明传说早已流传,在借用东明之名为王号的同时,高句丽也吸收或者说照搬了东明的开国传说,只是稍加变形,加到了朱蒙头上,这样,产生了两个基本相同的传说,便不足为怪了"。[4] 为便于对照,现将《三国史记》所载朱蒙传说引录如下:

> 及解夫娄薨,金蛙嗣位。于是时,得女子于太白山南优渤水,问之,曰:"我是河伯之女,名柳花,与诸弟出游,时有一男子,自言天帝子解慕漱,诱我于熊心山下鸭绿边室中私之,即往不返,父母责我无媒而从人,遂谪居优渤水。"金蛙异之,幽闭于室中,为日所

---

〔1〕《三国遗事》卷1《纪异·北扶余》引《古记》称"解慕漱"是天帝"自称名",但此后的韩国古籍大率皆以解慕漱为天帝之子的名字立论,罕见与《三国遗事》相同的说法,颇疑今本《三国遗事》"天帝降于讫升骨城"一句中脱"子"字,应为"天帝子降于讫升骨城"。惜无不同版本可资查证,记此备考。

〔2〕杨军:《高句丽早期五部考》,载《西北第二民族学院学报》2008年5期。

〔3〕[日]白鸟库吉:《夫余國の始祖東明王の傳說に就いて》,《白鸟库吉全集》第5卷,岩波书店1970年版。

〔4〕刘永祥:《朱蒙与东明——高句丽始祖问题探索》,载《辽宁大学学报》1988年第6期。

炤,引身避之,日影又逐而炤之,因而有孕,生一卵,大如五升许。王弃之与犬豕,皆不食,又弃之路中,牛马避之,后弃之野,鸟覆翼之。王欲剖之,不能破,遂还其母,其母以物裹之,置于暖处,有一男儿破壳而出,骨表英奇。年甫七岁,嶷然异常,自作弓矢射之,百发百中。扶余俗语善射为朱蒙,故以名云。金蛙有七子,常与朱蒙游戏,其伎能皆不及朱蒙,其长子带素言于王曰:"朱蒙非人所生,其为人也勇,若不早图,恐有后患,请除之。"王不听,使之养马。朱蒙知其骏者而减食令瘦,驽者善养令肥,王以肥者自乘,瘦者给朱蒙。后猎于野,以朱蒙善射,与其矢少,而朱蒙殪兽甚多,王子及诸臣又谋杀之。朱蒙母阴知之,告曰:"国人将害汝,以汝才略,何往而不可,与其迟留而受辱,不若远适以有为。"朱蒙乃与乌伊、摩离、陕父等三人为友,行至淹淲水(一名盖斯水,在今鸭绿东北),欲渡无梁,恐为追兵所迫,告水曰:"我是天帝子,河伯外孙,今日逃走,追者垂及,如何?"于是鱼鳖浮出成桥,朱蒙得渡,鱼鳖乃解,追骑不得渡。[1]

将上述朱蒙传说与《论衡》所载夫余人的东明传说相对照,不考虑故事情节的繁简,我们尚可以发现,两个传说在以下7个方面存在明显的差异:

第一,与故事主人公的神异出生有关的人物,在夫余的传说中是橐离国王及其侍婢,而在高句丽传说中是天帝子解慕漱和河伯之女柳花。

第二,在夫余的传说中,侍婢称其怀孕的原因是"有气大如鸡子,从天而下",而在高句丽的传说中则是"为日影所炤"。

第三,在夫余的传说中,侍婢"产子",而在高句丽传说中则是柳花"生一卵"。

---

〔1〕〔高丽〕金富轼:《三国史记》卷13《高句丽本纪·始祖东明圣王本纪》。〔高丽〕李奎报《东国李相国集》卷3《东明王篇》引《旧三国史·东明王本纪》所载朱蒙传说,内容比《三国史记》所载更为丰富,但其多出的内容基本都是后增入传说中的铺陈性的故事情节,传说的梗概或主体框架并不比《三国史记》所载传说更为复杂,故此处的论述仍以《三国史记》的记载为本。

第四，夫余的传说中除了淹㴲水外没有任何地理坐标，而高句丽传说中，除此之外，还有太白山、优渤水、熊心山、鸭绿江等山水名，在《旧三国史》所载高句丽传说中还提到熊心渊，并称鸭绿江一名青河。

第五，在夫余的传说中，想要杀害东明的是橐离国王，而在高句丽的传说中，则是夫余王子及诸臣。

第六，在夫余的传说中，东明名称的由来与善射无关，而在高句丽的传说中，朱蒙名字的意思就是善射。

第七，在夫余的传说中，鱼鳖成桥是由于东明"以弓击水"，而高句丽传说中则是朱蒙"告水"，前者暗示由于武力而获得，后者暗示由于祈求而获得。

《好太王碑》所载朱蒙传说：

> 惟昔始祖邹牟王之创基也，出自北夫余，天帝之子，母河伯女郎，剖卵降世，生 而 有圣德，□□□□□，命驾巡幸南下，路由夫余奄利大水，王临津言曰："我是皇天之子，母河伯女郎，邹牟王。为我连葭浮龟。"应声即为连葭浮龟。[1]

虽然由于碑文的体例所限，文字简单，但明显可以看出，在上述第一、三、七等方面，《好太王碑》的说法与《三国史记》所载朱蒙传说是一致的，在两个传说不同的方面，《好太王碑》没有任何与夫余东明传说相符合之处。由此看来，夫余东明传说与高句丽朱蒙传说虽然存在很多相似之处，但并不是同一传说的两个版本，而是两个不同的传说。故事的主人公名字虽然读音接近，但朱蒙为善射或善射者之意，而东明却可能与天神崇拜有关，可能有天子的意思，这也可以证明，故事的主人公不是同一个人，两个传说不可以混同。

上述第二、三两个方面的差异，反映出高句丽朱蒙传说更明显地受到鸟崇拜和太阳崇拜的影响。太阳崇拜虽然广泛地见于北方各民族之中，但鸟崇拜以及与鸟崇拜相结合的太阳崇拜，却仅见于东北地

---

〔1〕此据耿铁华释文。耿铁华：《好太王碑一千五百八十年祭》，中国社会科学出版社2003年版，第411页。

·欧·亚·历·史·文·化·文·库·

区东部的各族之中,也就是通常所说的肃慎族系和秽貊族系各族之中。《史记》称燕国"北邻乌桓、夫余,东缩秽貉、朝鲜、真番之利"[1],《三国志》称夫余国"其印文言'濊王之印',国有故城名濊城,盖本濊貊之地,而夫余王其中"[2],证明夫余人最初的居住地与乌桓人的居住地相邻,因而《论衡》才将之称为"北夷",虽然其是否属于东胡族系尚不得而知,但肯定不属于肃慎族系或秽貊族系,或者说不属于"东夷",其迁入秽貊族系的活动区建立自己的政权是公元前 2 世纪 60 年代的事。因此,朱蒙传说中体现出的鸟崇拜和太阳崇拜因素,正是夫余人进入秽貊系部族的居住区以后,其文化受到秽貊文化影响,在神话传说方面的反映,而东明传说中不包括这类内容,正说明东明传说反映的是夫余人自北方东迁进入秽貊居住区的史事。

在朱蒙传说中,虽然没有说明朱蒙之母柳花与夫余王金蛙之间的关系,但朱蒙自小与金蛙的七个儿子"游戏",并遭到其嫉妒,在朱蒙南迁立国后,朱蒙之母柳花、朱蒙之妻礼氏以及朱蒙之子类利,都继续生活在东夫余,朱蒙之母后来死于东夫余,"其王金蛙以太后礼葬之,遂立神庙"[3],由此推测,怀有解慕漱遗腹子的柳花是金蛙的妾。如果我们考虑到,北方民族普遍实行收继婚的婚俗,很可能是金蛙收继了解慕漱之妻柳花。[4] 在北方民族中,收继婚中的前夫之子,在后夫的家庭中并不受到歧视,也是具有继承权的,所以朱蒙才因个人能力出众而受到金蛙诸子及其亲信大臣的迫害,因为朱蒙显然已经是王位的强有力竞争者了,其后来能纠集乌伊、摩离、陕父等人,组成武装集团随其南下建国,也可以证明这一点。

但是,在《论衡》的记载中,东明是侍婢之子,"奴畜之",应该说,其社会地位并不高,但仅仅因为其善射,橐离国王就担心其威胁自己的王位,而要杀掉东明。这说明橐离国的王位还是极其不稳定的,不论社

---

[1]《史记》卷 129《货殖列传》。
[2]《三国志》卷 30《魏书·夫余传》。
[3]〔高丽〕金富轼:《三国史记》卷 13《高句丽本纪·始祖东明圣王本纪》。
[4]杨军:《朱蒙神话研究》,载《东北史地》2009 年第 6 期。

会地位的高低,任何具有较强能力的个体都有可能成为魅力型领袖,从而取代原来国王的王位。夫余人较为古老的一种风俗可能与此相关,"旧夫余俗,水旱不调,五谷不熟,辄归咎于王,或言当易,或言当杀"[1]。夫余人早期这种对待国王的态度,我们可以从文化人类学的研究中找到其原因。

英国著名文化人类学家弗雷泽认为:

> 在早期社会的一定阶段,人们以为国王或祭司有天赋的超自然力量,或是神的化身。与这种信念相一致,他们还认为自然的过程也或多或少在他的控制之下,如果气候不好,庄稼歉收,以及其他类似的灾难,他都要负责。在某种程度上,似乎认定国王对于自然的权力,也像对于臣民和奴隶一样,是通过他的意志的作用来行使的。因此,如果旱灾、饥馑、疫病和风暴发生,人民便归咎于国王的失职或罪尤,从而相应地鞭笞、桎梏以惩治之,如果他执拗不悔,便废除他的王位,甚至处死他。[2]

由此可见,这种将自然灾害归咎于国王的做法,在人类的早期社会,也就是非成熟国家的政体中,是一种比较普遍的现象。夫余人这种古老的风俗,应是其社会发展阶段尚未步入成熟国家阶段的产物。夫余人自其中迁出的橐离国,应该处同样的社会发展阶段,并具有类似的风俗习惯,因而我们才可以理解,橐离国王对东明感觉恐惧的根源之所在——一个具有较强能力可以取代他的人物的存在,使民众要求他对自然灾害负责,因而罢免他的可能性增加了。可以说,夫余东明传说与高句丽朱蒙传说所反映出来的夫余人与高句丽人的社会发展阶段是完全不同的,这也从另一个角度证明了两个传说不是一回事。

综上,由于夫余东明传说与高句丽的朱蒙传说,并不是同一传说的两个版本,因而我们才可以将此两个传说分别用于对夫余历史和高句丽历史的研究,也才可以对这两个传说进行比较研究。

---

[1]《三国志》卷30《魏书·夫余传》。

[2][英]弗雷泽(Frazer,J. G.):《金枝》,徐育新等译,大众文艺出版社1998年版,第256页。

最后需要指出的是,在《论衡》的记载中,最后提到东明"因都王夫余",《魏略》作"东明因都王夫余之地"[1],两者都指出,东明后来统治了夫余人居住的所有地方。[2] 东明作为夫余人的国王统治了夫余人居住的所有地方,故事中又已经表明,东明出自橐离国,如视东明为夫余人,则橐离国自然也应该是夫余人的国度,那么,此故事暗示,东明或者是其后裔吞并了原来的橐离国,使之成为夫余国的组成部分。如果我们考虑到东明之后夫余国出现了分裂,那么,《论衡》、《魏略》说东明"都王夫余",即认为是东明吞并了橐离国,也是完全可能的。可能橐离国存在的时间非常短,因而在史书中才找不到有关橐离国的其他记载。

论点小结

见于《论衡》的夫余建立者东明,应该就是朝鲜史籍所载传说中夫余的建立者解慕漱。东明在夫余语中是对分离立国的开国君主的称号,解慕漱在夫余语里可能是天帝之子或天子的意思,两者都不是人名。夫余人的东明传说与高句丽人的朱蒙传说,虽然内容有很多相似之处,但并不是同一传说的两个版本,而是两个不同的传说。可能东明建国后不久就吞并了橐离国。

---

〔1〕《三国志》卷30《魏书·夫余传》裴松之注引鱼豢《魏略》。

〔2〕《后汉书》(中华书局1965年版)卷85《夫余传》作"因至夫余而王之",意思就发生了变化,这应是范晔的误改。

第五个问题：
北夫余及橐离国地望

朝鲜史籍所载北夫余，即中国正史为之立传的夫余，为行文方便起见，本章简称为夫余。此夫余国的疆域与王城所在，一直是国内学界争论比较大的问题。

关于夫余国的疆域，中国学术界目前大体上存在 3 种不同的认识。

其一，李健才认为，"两汉时期，夫余南与高句丽接界之地，约在今浑河、辉发河上游的分水岭一带"，东与挹娄的"接界之地，当在今张广才岭"，西与鲜卑交界之地"约在今吉林省白城地区"，北界达今黑龙江省通河以西的东流松花江西段。[1] 干志耿认为夫余居住区"在今嫩江下游和松花江以南地区，即在松嫩平原南部"[2]；谭其骧认为"当为今嫩江中游、北流松花江以及拉林河、阿什河流域"[3]。此说是目前中国学界的通说。

持此说的学者对于夫余西界与南界所至还存在分歧。西界除李健才为代表的吉林白城说之外，还有大安—双辽—线说[4]、伊通河流域说[5]，以及西辽河至吉林长岭一线说[6]，3 种不同的说法。李殿福认为夫余西界在"白城至通榆再至双辽、昌图一带"[7]，是对白城说与

〔1〕李健才：《夫余的疆域和王城》，载《社会科学战线》1982 年第 4 期。

〔2〕干志耿：《古代橐离研究》，载《民族研究》1984 年第 2 期。

〔3〕谭其骧：《〈中国历史地图集〉释名汇编·东北卷》，中央民族学院出版社 1988 年版，第 31 页。

〔4〕〔韩〕宋镐晟：《夫余研究》，常白衫译，载《东北亚历史与考古信息》2002 年第 1 期；田耘：《两汉夫余研究》，载《辽海文物学刊》1987 年第 2 期；李钟洙：《夫余文化研究》，吉林大学 2004 年通过答辩的博士学位论文，第 8 页。

〔5〕〔日〕日野开三郎：《東北アジア民族史》（上），三一書房 1988 年版，第 48 页。

〔6〕王绵厚：《东北古代夫余部的兴衰及王城变迁》，载《辽海文物学刊》1990 年第 2 期。

〔7〕李殿福：《汉代夫余文化刍议》，载《北方文物》1985 年第 3 期。

大安—双辽说的调和。对于南界,李健才说也被表述为以龙岗山脉为界的龙岗山脉说[1],此外还有吉林哈达岭说[2]。

其二,张博泉先生认为,夫余的南界在今拉林河,即今吉、黑两省交界处,西界约在大兴安岭东麓,在被鲜卑侵蚀之后,可能在今嫩江流域,东北至黑龙江、松花江合流处附近,北达黑龙江流域[3]。三江认为,在西汉时期,夫余西界"应在鄂伦春自治旗、齐齐哈尔、通榆一线",在受到鲜卑的侵蚀之后,东汉时,夫余西界约至嫩江、拉林河;东至小兴安岭一带与挹娄相接;南达老爷岭与高句丽相接;北至"今结雅河与黑龙江合流以下地方"[4]。其看法与张博泉先生大体相同。

其三,孙进己认为:"旧说置前汉夫余于今吉林市或农安县者,其所据诸史料都是记载后汉三国时的夫余所在,不能根据这些史料以推定前汉夫余所在。"并认为西汉时的夫余在今辽宁省西丰及吉林省辽源一带;东汉时"夫余高句骊的分界处约在今伊通一带,和鲜卑的分界约在今通榆附近,其北有弱水,应为今松花江东流段。……既称北有弱水,而非北极弱水,则夫余的疆域当北越松花江"[5]。

上述第一、二两种观点,思考问题的出发点是一致的,都是试图通过解析《三国志》的下述记载,以确定夫余国的疆域:

> 夫余,在长城之北,去玄菟千里,南与高句丽、东与挹娄、西与鲜卑接,北有弱水,方可二千里,户八万[6]。

两种观点都是依据《吴书》"玄菟郡在辽东北,相去二百里"[7]的记载,以辽东郡首府所在地的今辽宁辽阳为参照,来确定玄菟郡的位

〔1〕〔韩〕卢泰敦:《夫余国的境域及其变迁》,尚求实译,载《东北亚历史与考古信息》2002 年第 1 期。

〔2〕〔韩〕宋镐晟:《夫余研究》,常白衫译,载《东北亚历史与考古信息》2002 年第 1 期;王绵厚:《东北古代夫余部的兴衰及王城变迁》,载《辽海文物学刊》1990 年第 2 期。

〔3〕张博泉等:《东北历代疆域史》,吉林人民出版社 1981 年版,第 29 页;《夫余史地丛说》,载《社会科学辑刊》1981 年第 6 期。

〔4〕三江:《汉魏夫余史地考略》,载《北方文物》1988 年第 1 期。

〔5〕孙进己等:《东北历史地理》(第 1 卷),黑龙江人民出版社 1989 年版,第 259 - 260、405页。

〔6〕《三国志》卷 30《魏书·夫余传》。

〔7〕《三国志》卷 47《孙权传》裴松之注引。

置。李健才认为玄菟郡治所在今辽宁沈阳东上柏官屯汉城址[1],张博泉先生认为玄菟郡治所在今辽宁抚顺劳动公园汉城址[2]。诚如田耘所说:"玄菟当指汉玄菟郡郡治所在。汉玄菟郡凡三迁,这里无疑是指第三迁的郡址。此郡址无论在沈阳东上柏官屯汉城址,或在抚顺劳动公园汉城址,其北千里(按汉制千里约合今 700 里)正值今农安、长春、吉林地区。"[3]对玄菟郡治所在地的两种观点对确定夫余疆域影响不大。

但是,张博泉先生是将《三国志》的"夫余,在长城之北,去玄菟千里",理解为夫余的南界"在长城之北,去玄菟千里",并根据《晋书》夫余"在玄菟北千余里"的记载[4],认为《三国志》所说"千里"是"千余里"的笼统说法,因而定夫余南界在今拉林河,或者说今吉、黑两省交界处。李健才则是将《三国志》的记载理解为,夫余的南界在长城之北,而"去玄菟千里"指的是夫余王城至玄菟郡治所的距离,因而认为:"夫余初期的王城当在今沈阳市之北七百里处求之,正当今吉林省中部一带。"参之公孙度时"句丽、鲜卑强,度以夫余在二虏之间,妻以宗女"[5]的记载,可见至汉末,夫余还介于高句丽与鲜卑之间,其南界应与公孙度控制的郡县区相接,应该说,李健才对《三国志》的理解是正确的,即前引《三国志》"在长城之北"一句说的是夫余南界在长城之北,"去玄菟千里"一句说的是夫余王城距玄菟郡首府约千余里。正是因为郡县区以外的长城以北地区就已经是夫余的疆域了,所以才选取距夫余疆域最近的玄菟郡作为参照物,来说明夫余王城的所在地。接下来的"南与高句丽"接,说的还是夫余南界,正与前面"在长城之北"一句相呼应,"在长城之北"指夫余南界的西段,"南与高句丽"接指夫余南界的东段。

可以作为参照的是《三国志》卷 30《魏书·高句丽传》对高句丽疆

〔1〕李健才:《夫余的疆域和王城》,载《社会科学战线》1982 年第 4 期。
〔2〕张博泉:《汉玄菟郡考》,载《吉林大学社会科学学报》1980 年第 6 期。
〔3〕田耘:《两汉夫余研究》,载《辽海文物学刊》1987 年第 2 期。
〔4〕《晋书》卷 97《四夷传·夫余国》。
〔5〕《三国志》卷 30《魏书·夫余传》。

域的记载：

> 高句丽,在辽东之东千里,南与朝鲜、濊貊,东与沃沮,北与夫
> 余接,都于丸都之下,方可二千里,户三万。

这里所说的"高句丽在辽东之东千里",显然不是指高句丽西界距辽东郡千里,而是指其都城所在地,即今吉林集安。同卷称高句丽王"伊夷模更作新国,今日所在是也",可知《三国志·高句丽传》所载高句丽疆域为三国时事,《三国志·高句丽传》的记事截止到毌丘俭征高句丽,则其所载高句丽疆域应是公元246年以前的情况。同书《夫余传》的记事所反映的当也是东汉末三国初的情况,孙进己认为"不能根据这些史料以推定前汉夫余所在"无疑是正确的。

在《三国史记·高句丽本纪》的记事中,至西川王七年(276)才出现了被称为高句丽"国之东北大镇"的新城,估计在246年以前,高句丽的疆域远不及此。但是,高句丽早已攻占玄菟郡高句丽县[1] 关于高句丽县的所在地,学者间仍存在分歧。张博泉先生认为在东辽河东岸赫尔苏驿附近[2],谭其骧认为在今辽宁新宾兴京老城附近[3],李健才、孙进己、徐家国等认为在今新宾永陵镇古城[4]。如果我们认为高句丽县在今辽宁新宾一带,那么,《三国志》所载高句丽疆域当在今辽宁新宾以北与夫余接界。据此,李健才认为"夫余南与高句丽接界之地,约在今浑河、辉发河上游的分水岭一带",是正确的。

《汉书》卷28下《地理志》玄菟郡高句丽县下注："辽山,辽水所出,西南至辽队入大辽水。"辽山即今辽宁省清原县东北之三通背岭[5]

---

〔1〕〔高丽〕金富轼：《三国史记》卷13《高句丽本纪·琉璃明王本纪》,琉璃明王三十三年："秋八月,王命乌伊、摩离领兵二万,西伐梁貊,灭其国,进兵袭取汉高句丽县。"

〔2〕张博泉：《汉玄菟郡考》,载《吉林大学社会科学学报》1980年第6期。

〔3〕谭其骧：《〈中国历史地图集〉释名汇编·东北卷》,中央民族学院出版社1988年版,第18－22页。

〔4〕李健才：《玄菟郡的建立和迁移》,载《东北地方史研究》1990年第1期;孙进己、王绵厚：《东北历史地理》(第1卷),黑龙江人民出版社1988年版,第325－328页;徐家国：《汉玄菟郡二迁址考略》,载《社会科学辑刊》1984年第3期;倪屹：《第二玄菟郡探讨》,载《延边大学学报》2002年第2期。

〔5〕谭其骧：《〈中国历史地图集〉释名汇编·东北卷》,中央民族学院出版社1988年版,第23页。

那么,夫余疆域南界的东段应在清原县三通背岭以北。汉长城经今辽宁彰武、法库、铁岭、开原,而后南行,三通背岭则在铁岭等地的正东,大体处于同样纬度上,也就是说,根据《三国志》对夫余疆域的记载来看,夫余南界当时应在今辽宁彰武、法库、铁岭、开原至清原县的三通背岭一线。

夫余西与鲜卑接。据王沈《魏书》,鲜卑檀石槐三部中,"从右北平以东至辽(辽)[东],接夫余、貊为东部"[1]《资治通鉴》卷55《汉纪四七》系檀石槐划分三部事于汉桓帝延熹九年(166)之末,此时夫余与鲜卑的分界线约在今辽宁彰武以北,因再往东就是玄菟郡的北边,而不能称之为"东至辽东"了。此后鲜卑控制区还有进一步的东扩,在轲比能时,"自云中、五原以东,抵辽水,皆为鲜卑庭"[2],夫余与鲜卑当是以辽河为界。《中国历史地图集》第二册"东汉幽州刺史部"图,即以辽河作为夫余和鲜卑的分界,但这是东汉末三国初的情况了。

三国时期,辽河是夫余与鲜卑分界的南段,但其北段分界的走向没有史料可考,估计应在东、西辽河汇合处北至松花江、嫩江合流处一线。李健才认为夫余的西界"约在今吉林省白城地区",孙进己认为"约在今通榆附近",恐怕都失之过远;若按伊通河流域说,则夫余后期王城所在地的今吉林农安以西,就几乎没有夫余疆域了,因此,将此时的夫余西界确定在今吉林长岭、大安一线似乎是更为妥当的,换言之,本文支持大安—双辽一线说。

按《三国志》卷30《魏书·夫余传》的记载,夫余东与挹娄接,但同卷《挹娄传》:"挹娄在夫余东北千余里,滨大海,南与北沃沮接。"《沃沮传》:"东沃沮,在高句丽盖马大山之东,滨大海而居。其地形东北狭,西南长,可千里,北与挹娄、夫余,南与濊貊接。"

在史书的记载中,沃沮有东沃沮、南沃沮、北沃沮之异。学界一般认为,沃沮实际上仅有南、北二部,东沃沮是后起的对南沃沮的别称,因

〔1〕《三国志》卷30《魏书·乌丸鲜卑传》裴松之注引。
〔2〕《资治通鉴》卷69《魏纪一》黄初二年条。

其在高句丽盖马大山之东而称其为东沃沮。也有学者认为,东沃沮是
对南、北沃沮的概称,而沃沮一名到了后汉则具有广义和狭义之别,广
义的沃沮包括南、北沃沮,狭义的沃沮则仅指南沃沮。[1] 从上述《三国
志》的记载来看,认为东沃沮是对南、北沃沮的统称是正确的,因而《挹
娄传》中称挹娄与北沃沮接,在《沃沮传》中却是东沃沮与挹娄接,才不
矛盾。

学者们一般认为,南沃沮在高句丽盖马大山(今长白山及狼林山
脉)以东,北抵图们江与北沃沮接,南至今朝鲜咸兴以南,大约包括今
朝鲜咸境南、北道,东临日本海。

有关北沃沮的居住区,学者们的观点很不一致:《吉林通志》认为
北沃沮在今吉林省珲春全境[2];清代学者何秋涛认为,北沃沮在今黑
龙江省宁安县东北[3];张博泉先生、匡瑜、程妮娜认为,北沃沮人的活
动区域,北起兴凯湖、南至图们江、东达日本海、西至张广才岭东侧[4];
佟冬认为,北沃沮大约在图们江以北至绥芬河流域[5];董万仑、李治亭
认为,北沃沮南起咸镜北道北部,北至珲春、汪清一带[6];孙进己认为,
北沃沮在今绥芬河流域[7];而干志耿、孙秀仁、吴文衔、张泰湘、魏国忠
认为,北沃沮大体包括今老爷岭以东的吉林省延边东部、黑龙江省穆
陵河中上游、绥芬河流域以及兴凯湖以南地区[8]。需要注意的是,《三
国志》卷30《魏书·沃沮传》称:"其地形东北狭,西南长,可千里",《后
汉书》卷85《沃沮传》作"可折方千里",对照《三国志》的记载,夫余、高

〔1〕李强:《沃沮、东沃沮考略》,载《北方文物》1986年第1期。
〔2〕《吉林通志》卷10《沿革志上》"沃沮"条。
〔3〕〔清〕何秋涛:《朔方备乘》卷22《库叶岛附近诸岛考》,台湾,文海出版社1972年版。
〔4〕张博泉等:《东北历代疆域史》,吉林人民出版社1981年版,第32页;匡瑜:《战国至两汉
的北沃沮文化》,载《黑龙江文物丛刊》1982年第1期;程妮娜:《东北史》,吉林大学出版社2001
年版,第46页。
〔5〕佟冬:《中国东北史》,吉林文史出版社1987年版,第335页。
〔6〕董万仑:《东北史纲要》,黑龙江人民出版社1987年版,第43、45页;李治亭:《东北通
史》,中州古籍出版社2003年版,第77页。
〔7〕孙进己:《东北亚民族史论研究》,中州古籍出版社1994年版,第173页。
〔8〕干志耿、孙秀仁:《黑龙江古代民族史纲》,黑龙江人民出版社1986年版,第187-188页;
吴文衔、张泰湘、魏国忠:《黑龙江古代简史》,北方文物杂志社1987年版,第48-49页。

句丽的疆域都是"方可二千里",因而将沃沮分布区的面积划得等同于高句丽或是大于高句丽,显然都是不可取的,由此我们认为,北沃沮的居住区当在今图们江以北、长白山以东一个比较狭小的范围内,长白山北段则是挹娄人的分布区了。

由此分析,夫余南—东边界,当自辽宁铁岭、清原一线向东北延伸,约经今吉林抚松、靖宇一带,至长白山脉,东部边界的南段,就是以长白山脉作为与沃沮居住区的分界。

夫余东部边界的北段是与挹娄相接。《隋书》卷81《靺鞨传》载有靺鞨七部的方位,伯咄部在粟末部之北,安车骨部在伯咄部之北,拂涅部在伯咄之东,号室部在拂涅东,白山部在粟末部东南,黑水部在安车骨部西北,并称:"自拂涅以东,矢皆石镞,即古之肃慎氏也。"学者们多认为,黑水部当在安车骨部的东北,《隋书》的记载有误。[1] 如此看来,则靺鞨七部中,拂涅、号室、黑水三部的居住地才是肃慎—挹娄系部族的故地。其中拂涅部居于最西部,拂涅部的西界应该就是从前挹娄与夫余的分界。

拂涅部的地理位置一向有拉林河流域说[2]、张广才岭以东牡丹江流域说[3]、牡丹江中游至兴凯湖说[4]、兴凯湖西北说[5]、依兰东南至兴凯湖说[6]等不同说法,但各家之说的西界没有超过张广才岭和牡丹江流域的,因此,视拂涅部居住地在今张广才岭以东、牡丹江中游一带[7],应是可信的。那么,夫余东部边界的北段当在张广才岭,李健才

---

〔1〕王禹浪认为这条记载是正确的,黑水部最初居住地应在安车骨部西北,在今黑龙江省肇东、肇州、肇源一带。参见王禹浪:《靺鞨黑水部地理分布初探》,载《北方文物》1997年第1期。

〔2〕[日]津田左右吉:《勿吉考》,邢玉林译,载《民族史译文集》(第13集),中国社会科学院民族研究所历史研究室资料组1985年版,第212页;孙进己、冯永谦:《东北历史地理》(第2卷),黑龙江人民出版社1989年版,第243页。

〔3〕谭其骧:《〈中国历史地图集〉释名汇编·东北卷》,中央民族学院出版社1988年版,第53、77页;干志耿、孙秀仁:《黑龙江古代民族史纲》,黑龙江人民出版社1987年版,第232页;傅朗云、杨旸:《东北民族史略》,吉林人民出版社1983年版,第83页。

〔4〕董万仑:《东北史纲要》,黑龙江人民出版社1987年版,第137页。

〔5〕张博泉:《东北地方史稿》,吉林大学出版社1985年版,第146页。

〔6〕张博泉等:《东北历代疆域史》,吉林人民出版社1981年版,第74页。

〔7〕杨军:《靺鞨诸部与渤海建国集团》,载《民族研究》2006年第2期。

说是正确的。

也有一些学者认为,肃慎和挹娄不是前后继承的关系,而是先后兴起的不同部族。最早提出肃慎、挹娄同属于肃慎族系,但不是同一民族的学者是丁谦。

> 肃慎为虞夏以来著名之国,挹娄称号始见于《后汉书》,言国无君长,邑落各有大人,是挹娄者不过肃慎境中一部族,并不足以名国,第因生齿繁衍,分布各方,而肃慎主权日就衰替,不足以制驭之,其人遂据地自擅,互相雄长,于是肃慎一国,竟在若存若亡之间。以余考之,其国至晋实未尝亡也。挹娄本水名,即《唐书·渤海传》奥娄河,今为敦化县境,渤海立国,以故挹娄地立定理、安边等府,均在敦化以西至奉天之东南。肃慎王城在宁古塔南,以挹娄梗于中间,致肃慎与中国之交通遂阻,故当时史籍但知有挹娄,不知有肃慎,因以为挹娄古肃慎也。[1]

孙进己认为,"肃慎、挹娄、勿吉都不是一个统一的民族,而是分别由若干个民族共同体——部落或部落联盟组成。"[2] 这些名称都仅是一个部落的名称,在不同时期被借来统称这一群部落。支持此说的还有郝庆云、付波、姜维公、高福顺等。[3]

认为挹娄与肃慎不是先后继承关系的学者,大多也认为挹娄与肃慎的分布区存在差异。孙进己认为,大体而言,挹娄的居住地偏东北,为今牡丹江下游以至乌苏里江下游,肃慎的居住地则偏西南,在今牡丹江上游。[4] 挹娄的四至大致为,东至今日本海,南至今老爷岭及完达山脉,西至今小兴安岭及张广才岭,北至今鄂霍茨克海。[5] 姜维公、高福顺认为,挹娄族主要分布于松花江下游、黑龙江中游及牡丹江流

---

〔1〕丁谦:《晋书四夷传地理考证》"肃慎"条,浙江图书馆丛书第一集第四册,1915年版。

〔2〕孙进己:《东北民族源流》,黑龙江人民出版社1987年版,第177页。

〔3〕参见郝庆云:《曹魏军队进入"肃慎南界"考》,载《黑龙江史志》1996年1期;付波:《小议肃慎与挹娄的关系》,载《辽宁大学学报》1986年5期;姜维公、高福顺:《东北历史地理简论》,吉林文史出版社1990年版。

〔4〕孙进己:《东北民族史研究》,中州古籍出版社1994年版,第386页。

〔5〕孙进己等:《女真史》,吉林文史出版社1987年版,第23-24页。

域。[1] 董万仑、薛虹、李澍田认为，挹娄的地域大致为南以长白山与高句丽相接，北至松花江、黑龙江、乌苏里江汇流处，东极日本海，西以张广才岭（或稍西）与夫余相连。[2] 杨保隆认为，挹娄地域的四至为：东临日本海，西至呼兰河流域，南在黑龙江宁安和东宁县以南、吉林珲春和汪清县以北与北沃沮相邻，北达黑龙江入海处及其以西的广大地区。[3] 诸说所定肃慎或挹娄的西界也没有突破张广才岭的，因而与我们前面的结论也并不矛盾。

此外，就我们所讨论的问题而言，《三国志》卷 30《魏书·挹娄传》中明确指出，挹娄即"古之肃慎氏之国也"，挹娄与肃慎是否为继承关系姑且不论，其控制地域存在继承关系，却是可以肯定的。因此，在讨论夫余的东界时，我们对学界关于挹娄与肃慎关系的争论姑且忽略。

夫余北界弱水是今天的哪条河[4]，一说是黑龙江、一说是东流松花江，这也是本章开头所列关于夫余疆域的第一、二两种说法的根本分歧之一。应该说，两种说法的研究思路是不相同的，前者是首先考辨弱水相当于今天的哪条河，而后据此确定夫余的北界，后者则是先通过其他证据确定夫余的北界，而后据此确定弱水为哪条河。

张博泉先生对弱水的考证为：

> 据《后汉书》、《三国志》、《晋书》的记载，弱水在夫余北，此水东流又经肃慎（汉魏时挹娄）。《晋书·四夷传》记载："肃慎氏，一名挹娄，在不咸山北，去夫余可六十日行（《括地志》靺鞨"南接夫余千五百里"）；东滨大海，西接寇漫汗国，北极弱水。"挹娄，后世皆以为靺鞨之黑水靺鞨，黑水靺鞨在今松花江与黑龙江合流以下的黑水南北居住。弱水为今黑龙江的古称，谭其骧主编《中国历

---

〔1〕姜维公、高福顺：《东北历史地理简论》，吉林文史出版社 1990 年版，第 101 页。

〔2〕董万仑：《东北史纲要》，黑龙江人民出版社 1987 年版，第 54 页；薛虹、李澍田：《中国东北通史》，吉林文史出版社 1993 年版，第 192 页。

〔3〕杨保隆：《肃慎挹娄合考》，中国社会科学出版社 1989 年版，第 146 页。

〔4〕丁谦《后汉书东夷传地理考证》认为："弱水，今称哈汤。东三省树木丛杂处曰乌稽（古有沃沮、勿吉等部，即乌稽转音），乌稽之地，必有哈汤。盖落叶层积，雨水酿之，遂为极深之泥淖，人行辄陷，万无生理，故曰弱水，非别有一河名弱水也。"认为弱水意指沼泽，并认为夫余北界弱水即见于《黑龙江外纪》的齐齐哈尔东北山中的隔红眼哈丹（哈汤）。但此说现已无人支持。

73

·欧·亚·历·史·文·化·文·库·

史地图集》以今黑龙江为汉魏之弱水。弱水之名源于其上源的水名，今结雅河（精奇里江）东有一支流，名为昔林穆迪河。昔林穆迪河即黄水，鲜卑语称黄水为西拉木伦，古亦称弱洛水，弱水即弱洛水之省称，其源为昔林穆迪河；或精奇里江（结雅河）亦有黄水之义。此水流入今黑龙江后古称弱水。在弱水的名称以外，此水见于后汉的记载亦称为施掩水。施掩水，唐称室建河，施掩之名源于上源的室建河，故以源概流称施掩水，金称石里罕河，施掩、室建、石里罕皆同水之异写。施掩水与在夫余北的弱水为异源同水。[1]

张博泉先生的思路是：视弱水为弱洛水的简称，因西拉木伦河也称弱洛水，昔林穆迪河是与西拉木伦河同名的另一条河，因而也可以称为弱洛水，古人称河流有以源概流的叫法，因而昔林穆迪河流入的结雅河，以及结雅河流入的黑龙江也可以称弱洛水，省称为弱水，由此得出《三国志》卷30《魏书·夫余传》的弱水指今黑龙江的结论。

唐代在驻牧于西拉木伦河流域的奚人阿会部所设羁縻州名为"弱水州"[2]，证明确如张博泉先生所说，西拉木伦河的另一名称弱洛水，也被中原人省称为弱水。但在张博泉先生的解释中，尚有两个关键环节缺乏直接的证据：其一，西拉木伦意为"黄"，但何以证明此河的另一名称"弱洛"其意义也是"黄"，两条同名西拉木伦的河，其别名未必也相同，没有证据可以证明昔林穆迪河也被称为弱洛水；其二，以源概流的河流命名原则是否可以用得如此广泛。总之，张博泉先生之说是一种假设，尚有待于发现新史料加以证明。

张博泉先生从对音出发，认为见于《新唐书》卷219《室韦传》的室建河[3]，就是夫余东明传说中，东明自橐离国南迁时渡过的施掩水。学界通常认为，此室建河指今黑龙江及额尔古纳河。[4] 若东明南迁时

〔1〕张博泉：《夫余的地理环境与疆域》，载《北方文物》1998年第2期。
〔2〕《新唐书》卷219《奚传》，中华书局1975年版。
〔3〕《旧唐书》（中华书局1975年版）卷199下《室韦传》作"望建河"。
〔4〕谭其骧：《〈中国历史地图集〉释名汇编·东北卷》，中央民族学院出版社1988年版，第129页。

渡过的施掩水可以指为黑龙江,那么其立国之地自然应该在黑龙江以南,则夫余国北界的弱水应是黑龙江。以此作为弱水为黑龙江的旁证。但是,称东明南渡之水为施掩水出自鱼豢《魏略》,最早记载此传说的《论衡》则称"淹滹水"。丁谦认为作施掩水"疑刊刻倒误"[1],若此,则其与室建河之间并不存在对音关系。

张博泉先生认为弱水指黑龙江的另一证据是,《晋书》卷97《四夷传·夫余国》称"北有弱水",同卷《肃慎传》称"北极弱水",肃慎—挹娄系部族的北界显然并不限于东流松花江,而是达到黑龙江。对此,持弱水为松花江说的李健才的解释是:

> 夫余"北有弱水",有人认为这里所说的弱水指今黑龙江,有人认为指今东流松花江即第一松花江。我认为这两种看法都有片面性。因为,如把弱水推定在今黑龙江,虽然和挹娄"北极弱水"的记载相符,但和夫余"北有弱水"的记载不符;如把弱水推定在今东流松花江,虽然和夫余"北有弱水"的记载相符,但和挹娄"北极弱水"的记载不符。《后汉书·夫余传》和《晋书·肃慎传》所说的弱水,决不是仅仅指今黑龙江或东流松花江,而应指今东流松花江和黑龙江下流(即和东流松花江合流后的一段)而言。古代把今嫩江、东流松花江和黑龙江下流看做一条河流,这从北魏时代的难河所包括的河流范围也可得到证实。北魏时代的难河,不仅仅指今嫩江和第一松花江,而且还包括今黑龙江下游。夫余"北有弱水",是指水的西段,即今东流松花江的西段(据《魏书·勿吉传》所载勿吉使臣赴北魏的路线、日程推定约当今黑龙江省的通河以西)。挹娄"北极弱水",是指弱水的东段,约当今通河以东的第一松花江和黑龙江下流。[2]

应该说,李健才的解释是合理的,但是,将东流松花江与黑龙江下

[1]丁谦:《后汉书东夷传地理考证》。干志耿亦支持丁谦的说法,参见《古代橐离研究》,载《民族研究》1984年第2期。

[2]李健才:《夫余的疆域和王城》,载《社会科学战线》1982年第4期;《东北史地考略》,吉林文史出版社1986年版,第20—21页。

流合称为难水,有《魏书》卷100《乌洛侯传》为证,而将之合称为弱水,到目前为止也还没有直接的史料证据。[1] 由此看来,在目前史料残缺的情况下,首先考辨弱水相当于今天的哪条河,而后据以确定夫余北界的研究思路恐怕是行不通的。

但是我们应该注意到,按《三国志》的记载,夫余与高句丽的疆域都是"方可二千里",也就是说,夫余的疆域与高句丽的疆域大体相当,因此,如果我们认为夫余南界在长城以外、与郡县区相邻,那么,其北界无论如果到不了黑龙江。综上思考,本文赞同李健才说,认为夫余北界的弱水应指东流松花江及黑龙江下流。孙进己认为:"既称北有弱水,而非北极弱水,则夫余的疆域当北越松花江。"[2]应是正确的。所以,夫余北界大约西起松嫩合流处一带,沿东流松花江以北向东延伸,达今黑龙江通江一带。

综上,东汉末、三国初期的夫余疆域,自松花江、嫩江合流处,沿今吉林大安一带向南延伸,经吉林长岭,南至东、西辽河汇合处附近,沿辽河南下至今辽宁铁岭一带,东折经辽宁清原,吉林靖宇、抚松一带,向东北沿长白山脉北行,再折向西北沿张广才岭北行,至黑龙江通河一带。其北部边界在松嫩合流处至黑龙江通河之间的东流松花江以北,但止于何处还有待于进一步研究。

金毓黻早已指出:

> 按丁谦谓:"夫余部地,在今吉林以西,凡长春双城五常宾州
> 及伯都钠(今扶余县)阿勒楚克(今阿城县)等城"皆是,又谓:"今

---

[1]张博泉先生认为:"今东流松花江古无弱水之称,因此在史书的记载中找不到今松花江为弱水的依据。在古书的记载中,以今东流松花江的上源概其本流有四种称呼:一是以东流松花江古称粟末水为上源,称粟末水、宋瓦江;二是以今嫩江古称那河为上源,称那河;三是以今洮儿河古称他漏河为上源,称他漏河;四是以今牡丹江古称忽汗河为上源,称忽汗河。前二称呼均以今西流松花江与嫩江合流点为准;忽汗河则以与东流松花江合流点为准,都是以源概流。称今东流松花江为粟末水、那河、他漏河、忽汗河,是由于以其上源的不同水为干流而称谓则有不同。在今东流松花江的上源,没有一条水曾称为弱水。"这种质疑仍旧是持弱水为松花江说的学者所应该进一步研究的问题。参见张博泉:《夫余的地理环境与疆域》,载《北方文物》1998年第2期。

[2]孙进己等:《东北历史地理》(第1卷),黑龙江人民出版社1989年版,第259–260、405页。

吉林长春府地,正在古长城北",此说大略得之。[1]

此说虽然较早,但大体还是准确的。

需要指出的是,上述以《三国志》的记载为依据,对夫余疆域四至所作的考证,反映的是东汉末、三国初的夫余疆域,两汉时的夫余疆域应与此不同。正如孙进己早已指出的,根据《三国志》、《后汉书》的记载考证两汉时的夫余疆域是不正确的,换言之,多数学者静态地看待两汉至三国时期的夫余疆域,这种思考问题的思路是有问题的。

与上述东汉末、三国初的夫余疆域相比较,东汉时的夫余疆域变化比较大的是其西界。学界通常认为,鲜卑兴起后侵蚀夫余疆域,因而在此之前,夫余的西界当更为辽阔。如前所述,在檀石槐的时代,夫余的西界尚能达到今辽宁彰武以北,那么,李健才认为夫余西界在今吉林白城一带,孙进己认为东汉时夫余的西界在今吉林通榆附近,如果我们将之理解为檀石槐兴起以前的情况,都是可能的。

《三国志》卷30《魏书·挹娄传》:"自汉已来,臣属夫余,夫余责其租赋重,以黄初中叛之。夫余数伐之,其人众虽少,所在山险,邻国人畏其弓矢,卒不能服也。"在黄初(220—226)年间以前,挹娄人一直对夫余保持着稳定的臣属关系,证明东汉至三国初,夫余的东部边界基本没有变化。由于夫余一直对东汉保持着稳定的臣属关系,因而其南部疆界也应该变化不大。

关于西汉时的夫余疆域,基本没有史料可以证明。李钟洙认为:

公元前2世纪初从橐离国分离出来的东明集团在吉林市地区建立了夫余国。之后通过合并第二松花江周边地区的小集团势力,逐渐扩大了其势力。根据以上内容大致介绍这一时期夫余的空间范围。中心地为吉林市地区一带,以此地区为中心将势力扩张至第二松花江中游沿岸的永吉、蛟河、九台、舒兰等地。东以张广才岭和威虎岭为界;北以拉林河为界;西至伊通河一带;南以吉

〔1〕金毓黻:《东北通史》上卷,重庆五十年代出版社1944年版,第86页。

林哈达岭为界。[1]

大体而言,就是相对于东汉时的夫余疆域,除东部仍以张广才岭为界外,西部、南部、北部都有一定程度的内缩。李钟洙的观点主要是建立在考古学资料的基础之上,是以泡子沿类型遗址的分布区域来推定夫余早期疆域,对此可以参见李钟洙文章所附"泡子沿类型遗存分布图"。

关于泡子沿类型,考古学界一般认为:

> 泡子沿类型与西团山文化分布在同一地区,又叠压在西团山文化遗存之上,虽然在遗址中不出西团山遗址常见的三足器,但西团山墓葬中最常见的陶壶与泡子沿类型的典型器陶壶之间,表现出明显的先后承袭关系,而这种陶壶也大量见于当地较晚的老河深类型,所以,泡子沿类型上承西团山文化,下启老河深类型,时代应在战国到西汉时期。[2]

而对于西团山文化的分布区,董学增认为:"其东在长白山脉张广才岭南端威虎岭以西,西界在东辽河与伊通河流域,南界在辉发河、饮马河、伊通河上游,北界在拉林河上游右岸。"[3]与李钟洙所论西汉时期的夫余疆域是一致的。张博泉、魏存成主编的《东北古代民族·考古与疆域》一书认为:"该文化以第二松花江中游吉林地区为中心,分布在松花江以南、张广才岭以西、吉林哈达岭以北、农安县至长岭县以东的地区。"对西团山文化分布范围的认识虽然与董学增微有不同,但也认为泡子沿类型的"分布区基本可以同西团山文化相重合","泡子沿类型直接继承西团山"。[4]若按学界通说,西团山文化作为夫余文化源头之一,为当地土著居民的文化,或按有的学者的做法,竟称其为秽人文化,并将泡子沿类型视为两汉夫余文化,那么,由泡子沿类型与西团山文化在空间分布上的关系,必然得出夫余人后来控制了所有秽

---

〔1〕李钟洙:《夫余文化研究》,吉林大学2004年通过答辩的博士学位论文,第7页。

〔2〕郭大顺、张星德:《东北文化与幽燕文明》,江苏教育出版社2004年版,第657页。

〔3〕董学增:《吉林西团山文化六十年研究成果概述》,载《博物馆研究》2009年第1期。另参见董学增:《西团山文化研究》,吉林文史出版社1993年版,第18-47页。

〔4〕张博泉、魏存成:《东北古代民族·考古与疆域》,吉林大学出版社1997年版,第317-318页。

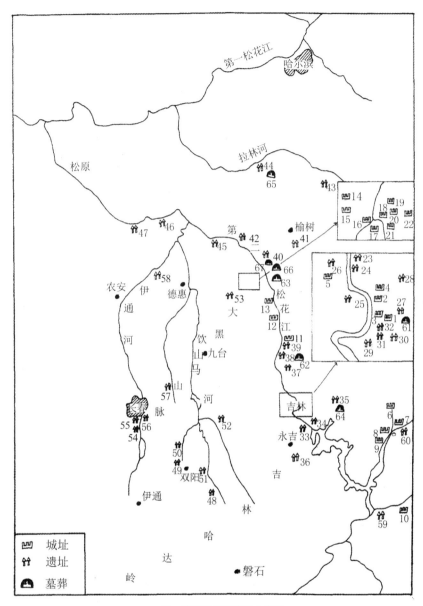

图　泡子沿类型遗址分布图

人分布区的结论。

　　需要注意的是,不论是西团山文化的分布区还是泡子沿类型的分布区,其北界都仅至拉林河,而不是东流松花江,如果我们认为西汉时夫余国北与橐离国相邻,那么,两国的分界线就应该是在拉林河而不是像通常认为的那样,是在东流松花江。

由于史书中没有关于橐离国所在地的记载,学者们都是从夫余的所在地推论橐离国的所在地。张博泉先生认为,橐离国在黑龙江、松花江合流处以北,博朗湖以西,布列亚河以东[1]。王绵厚认为,应限定在"今拉林河和东流松花江之间松江平原东部,张广才岭以西地区",并认为黑龙江省宾县的庆华古城为橐离王城[2]。魏存成认为橐离国当在松嫩平原的北部,不会越过小兴安岭[3]。王禹浪、李彦君认为,哈尔滨市所辖的松花江中游左岸与陵河交汇处的巴彦县王八脖子山遗址,可能就是"北夷橐离国"的所在地[4]。孙进己认为:"在农安的夫余是东汉时的夫余,最初的夫余在今辽宁省西丰县西岔沟等地,这样橐离就应在今西丰以北求之。《辽史·地理志》载:'韩州,本橐离国。'又载:'凤州,橐离国故地……在韩州北二百里,西北至上京九百里。'此韩州在今吉林省梨树县偏脸城,其北二百里之凤州在今吉林省长岭县境。橐离应于此一带求之"[5]。相应地,东明南迁所渡过的掩㴲水,除通说认为东流松花江外,张博泉先生认为是黑龙江,王绵厚认为是拉林河,孙进己认为是东辽河。

若将泡子沿类型视为两汉夫余文化,那么,橐离国的所在地应该如王绵厚说,在今拉林河以北,东明南迁所渡过的掩㴲水为拉林河。只不过,东汉末、三国初的夫余疆域北界已经越过东流松花江,当是夫余征服其北的橐离国之后的情况,因此,橐离国的北界很可能不限于今东流松花江。

有学者认为,白金宝文化为夫余先世的文化,干志耿更直称其为

〔1〕张博泉:《〈魏书·豆莫娄传〉中的几个问题》,载《黑龙江文物丛刊》1982 年第 2 期。

〔2〕王绵厚:《东北古代夫余部的兴衰及王城变迁》,载《辽海文物学刊》1990 年第 2 期;《秦汉东北史》,辽宁人民出版社 1994 年版,第 260 页。张泰湘、邹越华《从考古学材料看历史上的夫余、沃沮人》(《黑龙江民族丛刊》2002 年第 4 期)支持此说。

〔3〕魏存成:《夫余高句丽族源传说考》,载《高句丽渤海研究集成》,哈尔滨出版社 1997 年版。

〔4〕王禹浪、李彦君:《北夷"索离"国及其夫余初期王城新考》,载《黑龙江民族丛刊》2003 年第 1 期。

〔5〕孙进己:《东北民族史研究》,中州古籍出版社 1994 年版,第 172 页。

"橐离文化"。白金宝文化的分布范围,大体在以嫩江中下游和松花江中上游为中心的松嫩平原上,顺松花江东下达哈尔滨、宾县、巴彦县一带,但未越过张广才岭;南过嫩江达其支流洮儿河流域;西至嫩江支流绰尔河下游地区;北经昂昂溪、富裕远达嫩江县境内。[1] 按干志耿的说法,这种文化的分布,"北至小兴安岭南麓,南跨嫩江至吉长地区,西达大兴安岭东麓洮儿河流域,东越东流松花江"[2],若这种观点能够成立,那么,拉林河至东流松花江一带仅是橐离国疆域的东部,换言之,夫余国后来吞并了橐离国的东部,却未能占据橐离国的西部地区,而这与《论衡》称东明"都王夫余"是矛盾的。总之,橐离国可能在今拉林河以北,但由于除东明传说外找不到任何相关的记载,是否可以将白金宝文化视为橐离文化、橐离国四至是否与白金宝文化的分布区相吻合,都是有待于进一步研究的。

论点小结

据《三国志》相关记载考证,东汉末、三国初期的夫余疆域,自松花江、嫩江合流处,沿今吉林大安一带向南延伸,经吉林长岭,南至东、西辽河汇合处附近,沿辽河南下至今辽宁铁岭一带,东折经辽宁清原,吉林靖宇、抚松一带,向东北沿长白山脉北行,再折向西北沿张广才岭北行,至黑龙江通河一带。其北部边界在松嫩合流处至黑龙江通河之间的东流松花江以北,但止于何处还有待于进一步研究。

东汉以前的夫余疆域史书中没有任何记载,若将泡子沿类型视为两汉夫余文化,根据其分布推测,西汉时夫余疆域可能东以张广才岭和威虎岭为界,北以拉林河为界,西至伊通河一带,南以吉林哈达岭为界。橐离国在拉林河以北,可能与白金宝文化有关。但这些推测是否成立还有待于进一步研究。需要强调的是,上述对夫余疆域的叙述,都是中国正史为之立传的夫余,即朝鲜史籍中的北夫余。

---

〔1〕郝思德:《白金宝文化初探》,载《求是学刊》1982 年第 5 期。
〔2〕干志耿:《古代橐离研究》,载《民族研究》1984 年第 2 期。

第六个问题：东夫余考

　　除记载高句丽朱蒙传说时提到的夫余应为朝鲜古籍中的东夫余以外，中国史书中极少有关于东夫余的记载，而朝鲜古籍关于东夫余的记载异说较多，因此造成学界对东夫余的认识存在颇多分歧。

　　首先是关于东夫余族属问题的分歧，朝鲜古籍中即有四种说法：

　　其一，认为东夫余即后来被朱蒙吞并的沸流国。[1] 如：许穆认为，成川是"古沸流之国，亦曰东扶余"。[2]

　　其二，认为东夫余即中国正史为之立传的濊。如：丁若镛认为，夫余有四，"其二曰东扶余。汉初，北扶余王解夫娄徙都东海之滨，其地曰迦叶原。迦叶者，河西之声转，今之江陵，即其地也"，"臣以为濊貊者，北夫余之本名也。其以江陵为濊，春川为貊者，中世之冒名也。盖昔北夫余王解夫娄东徙江陵，遂使江陵谬冒濊貊之名也"。[3] 其立论的主要依据是将高句丽的"河西良"视为"迦叶"的同音异译，因河西良在朝鲜江陵，由此断定东夫余所迁迦叶原在江陵，而江陵历来被视为古代濊人的分布区，因而将东夫余与濊人相等同。[4]

　　其三，认为东夫余即中国正史为之立传的夫余。如：韩致奫称东夫余为高句丽所灭后，"其后复有余种，通使于晋，曰依虑、依罗，至王玄，竟为慕容氏所并。"[5] 洪敬模《大东掌考》卷1《三朝鲜所统诸属国》则直接用《后汉书》卷85《夫余传》中的内容来说明东夫余的疆域，在记

〔1〕关于沸流国的情况最早见于金富轼《三国史记》卷13《高句丽本纪·始祖东明圣王本纪》。
〔2〕〔朝鲜〕许穆：《记言》卷32《东事·地乘》。
〔3〕〔朝鲜〕丁若镛：《与犹堂全集》第一集诗文集《对策·地理策》。
〔4〕丁若镛此说亦见《与犹堂全集》第六集地理集《疆域考·卒本考》。但丁氏对东夫余的看法是自相矛盾的，在《卒本考》中认为"迦叶原者，我邦之江陵也"，在东夫余下自注"已见《濊貊考》"，而《濊貊考》的自注中却称东扶余"未详其地"。
〔5〕〔朝鲜〕韩致奫：《海东绎史》卷4《世纪·夫余》。

载东夫余的王时,在金蛙、带素以下还提到见于中国正史的尉仇台、夫台、依虑、依罗和王玄,也是将东夫余视为中国正史为之立传的夫余。类似的说法也见于李种徽《修山集》卷11《东史·扶余世家》。

其四,认为中国正史为之立传的夫余是北夫余,东夫余是自其中东迁迦叶原的一支,但具体情况不详。如:丁若镛称夫娄为夫余王,自注"即北扶余王",将北夫余等同于夫余,而迁都迦叶原之后的东夫余则称"未详其地"。[1]

关于东夫余国的地理位置,李朝时代的朝鲜古籍中也颇多异说。李种徽《修山集》卷3《环碧亭记》认为"盖马山东数千里,古东扶余之国也",即今朝鲜咸镜南北道和两江道;许穆《记言》卷32《东事·地乘》认为在成川,即今朝鲜平安南道;李德懋(1741—1793)《青庄馆全书》卷26《纪年儿览》(下)认为"在高勾丽北界",则在今中国吉林境内;丁若镛认为在江陵[2],即今朝鲜江原道;洪万宗认为在鸭绿江一带[3],则涉及朝鲜的平安北道和慈江道,以及中国辽宁东部地区。

东夫余为沸流国说,因与《三国史记》卷13《高句丽本纪》有关东夫余和沸流国的记载相矛盾,且没有提出有力的史料证据,已为学术界所抛弃。认为东夫余在成川,是因为成川有沸流江[4],与沸流国立国之地的沸流水重名,因而朝鲜学者误认为沸流国在成川,所以,该说也随东夫余为沸流国说的被抛弃而不再有人赞同。

韩国学者李丙焘受丁若镛影响,提出夫余人的分支"雄踞于东海岸一带,形成联盟社会者,则是临屯国(后日汉之临屯郡),后汉时代便

〔1〕〔朝鲜〕丁若镛:《与犹堂全集》第六集地理集《疆域考·薉貊考》。

〔2〕〔朝鲜〕丁若镛:《与犹堂全集》第六集地理集《疆域考·薉貊考》、第一集诗文集《对策·地理策》。

〔3〕〔朝鲜〕丁若镛:《与犹堂全集》第六集地理集《疆域考·卒本考》:"洪万宗谓东扶余在鸭绿水边。"同书第一集杂纂集《文献备考刊误》:"案:《东史》疑即洪万宗《东国总目》。"另据〔朝鲜〕李德懋《青庄馆全书》卷54《盎叶记·东国史》,洪氏书的全名应为《东国历代总目》,丁若镛所引洪氏说应出自《东国历代总目》。另,〔朝鲜〕李瀷《星湖全集》卷26《答安百顺(丁丑)》:"自东扶余以西,辽沈之间,同称扶余",其所说东夫余也应在鸭绿江一带。

〔4〕〔朝鲜〕李万敷:《息山先生别集》卷4《地行附录·纥骨》称成川:"水自吴江山及大母院洞合流,至纥骨为沸流江。山下有石穴四,水入穴,沸腾而出,故曰沸流。"〔朝鲜〕成海应:《研经斋全集》卷15《沸流水辨》:"考之东史,以成川为卒本者,以有沸流水也。"

在这里出现了沃沮和东濊(东部濊貊)的二联盟体。而高句丽广开土王碑出现的东夫余,便是特别指称此东濊社会的"[1] 这显然是东夫余即中国正史为之立传的濊这一旧说的另一种表述,此说已受到韩国学者卢泰敦的批判。[2] 东夫余位于江陵说依附于此说,自然也一同受到质疑。

更多学者倾向于认为,东夫余即中国正史为之立传的夫余,但并不是将二者简单地相等同,而是认为东夫余是对夫余东部地区的称谓,不是与北夫余并立的两个政权。日本学者白鸟库吉、那珂通世、津田左右吉、池内宏、岛田好、小川裕人、日野开三郎,以及韩国学者卢泰敦、宋镐晸,皆认为,285年夫余受慕容廆打击,"子弟走保沃沮"[3],这部分夫余人就是东夫余。中国学者李健才认为,在337年以后,夫余王城迁往今吉林农安一带以后,旧都吉林市一带被称为东夫余[4],这也一直是中国学者的主流观点。

将东夫余与中国正史中的夫余相等同的学者们,对东夫余所在地说法不一,白鸟库吉认为在今长白山附近;津田左右吉认为在松花江上游;那珂通世认为在鸭绿江流域;李健才、宋镐晸认为在今吉林市一带;池内宏、岛田好、小川裕人认为在北沃沮的分布区,大体包括今中国吉林省东部至朝鲜的咸镜北道、两江道一带。

除对朝鲜李朝以来诸说的继承之外,中国学者近年也提出了一些新的见解。张博泉先生新倡夫余为沃沮说,认为东夫余即东沃沮,北夫余即北沃沮,皆与中国正史为之立传的夫余不同,东夫余在今朝鲜咸镜道。[5] 孙正甲认为东夫余有二,一是夫娄所部,后为高句丽所灭,二是285年以后"走保沃沮"的夫余,这才是《好太王碑》中提到的东夫

---

〔1〕〔韩〕李丙焘:《夫余考》,李云铎译,载《东北亚历史与考古信息》2002年第1期。

〔2〕〔韩〕卢泰敦:《夫余国的境域及其变迁》,尚求实译,载《东北亚历史与考古信息》2002年第1期。

〔3〕《晋书》卷97《四夷传·夫余国》。

〔4〕李健才:《北扶余、东扶余、豆莫娄的由来》,载《东北史研究》1983年第1期。

〔5〕张博泉:《北夫余与东夫余史地考略》,载《史学集刊》1999年第4期。这种观点最早在《东北历代疆域史》(吉林人民出版社1981年版)一书中就有所反映。

余。[1] 关于东夫余的地域,张昌熙认为存在变化,但大体在东至图们江、西至二道江的范围内[2]。

朝鲜李朝时代,已经有一些学者对夫娄东迁传说提出质疑。李瀷(1681—1763)《星湖僿说》卷26《经史门·三圣祠》:

> 檀君为天神子,解慕漱亦天帝子,天有两神乎?檀君为河伯之婿,解慕漱亦为河伯之婿,同一河伯乎?其诞妄不可信如此。大抵东史如金宽毅编年之类,杂采俚俗,尤孟浪,而作史者取焉,其见识之陋如此。

姜再恒《立斋先生遗稿》卷9《东史评证·肃慎三朝鲜高句丽三韩》:

> 解夫娄之迁迦叶原也,托之国相阿难弗之梦,迦叶、阿难皆是佛名,是时佛书犹未入中国,而犹云尔者,亦犹檀君之托桓雄也,是亦不足深究矣。

李德懋《青庄馆全书》卷54《盎叶记》则直接断言,夫娄率部东迁迦叶原为东夫余的传说"是后世僧徒伪撰"。认为朝鲜古籍中有关东夫余的记载多不可靠,这也是现在中国学者中流行的观点[3],因而才将北夫余、东夫余都视为夫余的别称。

对于学界的这些争论,本文的观点是,东夫余是与北夫余不同的另一支夫余,相关论述参见本书第一个问题。这里仅补充一点,对比夫余始祖起源传说与高句丽始祖起源传说可以发现,作为高句丽朱蒙传说重要组成部分的天孙、日子观念,在夫余的东明传说中并不存在,东明的出生是"有气大如鸡子,从天而下"所致[4],夫余东明传说中也没有出现河伯、河伯之女,因此,认为朱蒙传说与东明传说实为同一故事,

---

〔1〕孙正甲:《夫余源流辨析》,载《学习与探索》1984年第6期。

〔2〕张昌熙:《东夫余及其地望初探》,载《延边大学学报》1986年第4期。

〔3〕林沄:《夫余史地再探讨》,载《北方文物》1999年第4期。

〔4〕《论衡》卷2《吉验第九》,上海人民出版社1974年版。《三国志》卷30《东夷传》裴松之注引鱼豢《魏略》以及《后汉书》卷85《东夷传》的记载皆与《论衡》相同。《魏略》所称"旧志",现在学者怀疑可能就是指《论衡》,注《三国志》的裴松之和《后汉书》的作者范晔则都是受《魏略》影响,因此,有关夫余东明传说的史料可能皆出一源。

是高句丽人借用了夫余人的始祖起源传说[1]，恐怕是不能成立的。高句丽小兽林王二年(372)，"秦王符坚遣使及浮屠顺道送佛像、经文"，四年(374)"僧阿道来"，五年(375)"始创肖门寺，以置顺道。又创伊弗兰寺，以置阿道。此海东佛法之始"[2]。立于414年的《好太王碑》中出现了朱蒙传说，标志这一传说此前已成为高句丽王室的正统说法，此时距佛教传入朝鲜半岛尚不到半个世纪，说这种高句丽王室的观念是出自"僧徒伪撰"，恐怕也是不能成立的。

东夫余在朝鲜古籍中最早见于高丽时代李承休(1224—1300)的《帝王韵记》(1278)和僧人一然(1206—1287)的《三国遗事》。《帝王韵记》卷下"于中何者是大国，先以扶余沸流称"两句诗，李承休自注引《东明本纪》谈到北夫余东迁的传说，称阿兰弗"劝王移都，号东扶余"。从文字上来看，其所引《东明本纪》即金富轼《三国史记》卷13《高句丽本纪·始祖东明圣王本纪》，而金富轼依据的是已经失传的《旧三国史·东明王本纪》。《三国遗事》卷1《纪异·东扶余》条的记事未明言出处，从文字上看，也应出自《三国史记》。同卷"北扶余"条："《古记》云：前汉(书)宣帝神爵三年壬戌四月八日，天帝降于讫升骨城在大辽医州界，乘五龙车，立都称王，国号北扶余，自称名解慕漱。生子名扶娄，以解为氏焉。王后因上帝之命，移都于东扶余。"对比《旧三国史·东明王本纪》的相关记事："汉神雀三年壬戌岁，天帝遣太子降游扶余王古都，号解慕漱，从天而下，乘五龙车，从者百余人，皆骑白鹄。彩云浮于上，音乐动云中，止熊心山，经十余日始下。首戴鸟羽之冠，腰带龙光之剑。"《帝王韵记》卷下"高句丽"条的注释文字与此类似，可证《帝王韵记》的相关内容也参考了《旧三国史》。《三国遗事》所引《古记》与《旧三国史·东明王本纪》明显存在出入，前者称自天而降的是天帝解慕漱，后者则认为是天帝之子解慕漱，可证《三国遗事》所引《古记》与《三国史记》、《帝王韵记》所依据的《旧三国史》，存在不同的史料来源。立于

---

〔1〕〔日〕白鸟库吉：《夫余國の始祖東明王の傳説に就いて》，《白鸟庫吉全集》第5卷，岩波書店1970年版。

〔2〕〔高丽〕金富轼：《三国史记》卷18《高句丽本纪·小兽林王本纪》。

公元 414 年的《好太王碑》中已经出现了"北扶余"和"东扶余",由此看来,朝鲜古籍所载关于东夫余的传说可以上溯至公元 5 世纪以前,在朝鲜半岛流传很广并存在不同的版本。应该承认,朱蒙传说包含着高句丽人对自己民族早期发展历程的模糊记忆,并不是纯粹虚构的神话,因此,认为《三国史记》等朝鲜史书所载相关传说绝不可信,从而否认东夫余的存在的做法,也是不够严谨的。

最早提到东夫余的《帝王韵记》一书,将北夫余旧地称为"扶余王古都",将东夫余王金蛙称为"扶余国王",证明北夫余、东夫余都可以省称为夫余,由此看来,东夫余、北夫余是夫余人的不同分支,因此才既可以笼统地皆称夫余,而又有进一步区别的必要。认为东夫余即中国正史中的夫余的学者,常以史籍中"东夫余"可以与"夫余"通用作为自己观点的证据,这种研究思路可能也是有待于进一步完善的。

多数日本学者认为,公元 285 年慕容廆击破夫余国都,"子弟走保沃沮",即东夫余。但正如李健才已经指出的[1],该说的最大问题在于,《晋书》卷 97《四夷传·夫余国》此下还记载:"明年(286),夫余后王依罗遣诣龛,求率见人还复旧国",在晋东夷校尉何龛的支持下,依罗率夫余人复国,《晋书》称"还复旧国",说明依罗所率即当初离开"旧国""走保沃沮"的那部分夫余人,他们并未成为另一支夫余。

该说的另一论据是,视《好太王碑》中提到的味仇娄为见于中国史书的作为北沃沮别名的置沟娄[2],高句丽语沟娄意为城,置沟娄即置城,即后来高句丽的栅城;又因对高句丽栅城所在地存在不同认识而给予东夫余不同的定位,但诸家之说大体不出今吉林东部和朝鲜咸镜北道、两江道的范围[3]。

置沟娄即置城是没有问题的,我们姑且不论城是否可以直接音

---

〔1〕李健才:《三论北夫余、东夫余即夫余的问题》,载《社会科学战线》2000 年第 6 期。

〔2〕《三国志》卷 30《魏书·沃沮传》:"北沃沮,一名置沟娄。"

〔3〕栅城所在地大体上有朝鲜钟城说、庆兴及镜城说、俄国双城子说、我国珲春城墙砬子城说、珲春八连城说、珲春温特赫部城说、珲春萨其城说、延吉一带的三城(城子山山城、兴安土城和河龙古城)说等诸种说法。参见刘子敏:《高句丽疆域沿革考辨》,载《社会科学战线》2001 年第 4 期。

转为栅城，说味仇娄即置沟娄恐怕是有问题的。

其一，《好太王碑》非常明显是以"味仇娄鸭卢"为一词组[1]，在可识读的碑文中，至少存在4个某某"鸭卢"，应该说，这一词组包括"味仇娄"和"鸭卢"两个专有名词。如果将味仇娄解释为置城，则势必将鸭卢理解为首领的称号，而这一点却是无法证明的。事实上，"鸭卢"与"沟娄"的发音也比较接近，很可能"鸭卢"才是城的意思。

其二，《三国志》的记载非常明确，置沟娄是北沃沮的别称，而不是北沃沮境内某城的名称，见于《好太王碑》的东夫余城名不止一处，没有理由将其中的一个视为北沃沮的别称置沟娄。

概言之，这种将城名与族名对接的研究方法，至少从目前来看是缺乏史料证明的。李丙焘认为《三国志》卷28《毌丘俭传》所载高句丽王在遭遇魏军打击时所逃避的"买沟"，应为"买沟娄"，即《好太王碑》的味仇娄，也即置沟娄[2]，但没有任何证据可以证明《三国志》此处有脱字，这种改史求证的方法显然也是不可取的。

此外，如果认为东夫余是"走保沃沮"的夫余人建立的政权，那么还必须解释，为何中国正史称之为沃沮而不是夫余，但持此说的学者却并未作出相关论述。并不赞同此说的张博泉先生曾论证沃沮即夫余，以证明其东沃沮即东夫余、北沃沮即北夫余的观点，但其论证受到质疑[3]，目前还难以视为定论。

大体而言，赞同两夫余说或多夫余说的学者，基本都承认东夫余出自北夫余，二者族源相同；不赞同此说的学者也大多认为，公元285年或346年以后，夫余出现分裂，原夫余的东部被称为东夫余，实际上也承认285年或346年以后有两个夫余人建立的政权并存。诸说最重

〔1〕王健群、朴真奭、耿铁华的释文此处皆同。参见耿铁华：《好太王碑一千五百八十年祭》，中国社会科学出版社2003年版。

〔2〕〔韩〕李丙焘：《临屯郡考》，载《韩国古代史研究》，第203－205页。此说还得到卢泰敦的支持。转引自〔韩〕卢泰敦：《夫余国的境域及其变迁》，尚求实译，《东北亚历史与考古信息》2002年第1期。谭其骧主编《〈中国历史地图集〉释文汇编·东北卷》（中央民族学院出版社1988年版，第29页）也持此观点。

〔3〕林沄：《夫余史地再探讨》，载《北方文物》1999年第4期。

要的分歧在于,在285年以前是否存在东夫余。但是,如果285年以前仅有一个夫余且高句丽出自该夫余,414年立《好太王碑》的高句丽人不可能不了解夫余后来才发生分裂这一史事,那么,高句丽自述始祖朱蒙传说时,称其出自夫余,不仅符合夫余分裂前的传统称呼,也显得高句丽人的历史更为悠久,没有必要像现在的《好太王碑》碑文那样,称朱蒙出自分裂之后的北夫余。从这个角度看,也不应轻易否定记载东夫余的诸朝鲜史籍,认为高句丽建国前已经存在两个夫余才是比较妥当的认识。

高句丽朱蒙传说始见于立于414年的《好太王碑》,但碑文称:"惟昔始祖邹牟王之创基也,出自北夫余天帝之子,母河伯女郎,剖卵降世"[1],称朱蒙出自北夫余,而不是《三国史记》所引《旧三国史》和《三国遗事》所引《古记》所说的东夫余。这一向被否认285年以前存在东夫余的学者用为证明自己观点的论据。同样出自5世纪的《冉牟墓志》也有类似的记载:

[第1行]河泊之孙日月之子邹牟圣王元出北夫余

[第22-23行]河泊之孙日月之子所生之地来自北夫余大兄冉

[第35-36行]北夫余冉牟□□□□□□河泊日月之孙□□□[2]

《旧三国史·东明王本纪》称朱蒙之父是"降游扶余王古都"的天帝之子解慕漱[3],此解慕漱与《三国遗事》卷1《纪异》提到的夫娄之父解慕漱显然不是同一个人。北夫余王夫娄率众东迁后,此解慕漱在夫娄的原居住地建立国家,国号亦为北夫余。《旧三国史》和《三国遗事》所引《古记》,两种版本的朱蒙传说都认为,朱蒙南迁前生活在东迁后

〔1〕《好太王碑》第一面,此据耿铁华释文,下同。耿铁华:《好太王碑一千五百八十年祭》,中国社会科学出版社2003年版,第411页。

〔2〕耿铁华:《好太王碑一千五百八十年祭》,中国社会科学出版社2003年版,第363-365页。

〔3〕[高丽]李奎报:《东国李相国全集》卷3《东明王篇》注引;[高丽]李承休:《帝王韵记》卷下"高句丽"条注引。

改称东夫余的夫娄所部,因而称其出自东夫余,但从其父系血统上讲,自然也可以称其出自北夫余。《好太王碑》记载高句丽曾经讨伐东夫余,并称"东夫余旧是邹牟王属民",不论朱蒙是否曾征服过东夫余,在《好太王碑》和《冉牟墓志》出现的 5 世纪,东夫余肯定已成为高句丽人的属部,因此,高句丽王室自然不愿意承认自己的祖先出自东夫余,因而从父系血统的角度称朱蒙出自北夫余。从这个角度看,《好太王碑》和《冉牟墓志》的说法与《旧三国史》、《三国遗事》所引《古记》等传世文献的记载并不矛盾。

前引《好太王碑》的"出自北夫余天帝之子",就是传说中天帝之子降游夫余王故都、夫娄在阿兰弗的劝说下东迁迦叶原一段的简写;"母河伯女郎"就是传说中解慕漱私柳花和柳花为金蛙所得一段的简写;"剖卵降世"就是传说中朱蒙神异出生的简写。可以说,《好太王碑》碑文内容虽然简略,但对传世文献所载朱蒙传说的主要内容都有所体现,证明《旧三国史》等书所载朱蒙传说不是后代的编造,至晚在 5 世纪初已经存在并成为高句丽王室的官方认识。[1]

由于高句丽王室讳言朱蒙出自东夫余,而改称朱蒙出自北夫余,当初自东夫余随朱蒙南迁的部众的后裔,自然也就要同样称自己的祖先是自北夫余随朱蒙迁徙的,比较典型的例子是《冉牟墓志》第 5 - 6 行:"奴客祖先于□□北夫余随圣王来。"因此,同见于《冉牟墓志》的"北扶余守事"牟头娄所辖地区,应就是从前东夫余活动的地区。联系《好太王碑》所载高句丽广开土王二十年(410)对东夫余的征伐来看,撰写《冉牟墓志》的牟头娄很可能是高句丽重新征服东夫余之后管理该地区的第一任长官"北扶余守事"。

关于东夫余的地望,朝鲜史籍中唯一的线索是"东海之滨有地,号曰迦叶原"。[2]《好太王碑》所载守墓烟户,首列"卖句余民",其次就

---

[1]关于《冉牟墓志》出现的时间,耿铁华认为:"冉牟和牟头娄生当好太王至长寿王初年。冉牟死时,应该是好太王已死,长寿王继位之后不久,约当公元 5 世纪初。"耿铁华:《高句丽考古研究》,吉林文史出版社 2004 年版,第 308 页。

[2]〔高丽〕金富轼:《三国史记》卷 13《高句丽本纪·始祖东明圣王本纪》。

是"东海贾"。与记述征服东夫余一段碑文相印证:

> 廿年庚戌,东夫余旧是邹牟王属民,中叛不贡,王躬率往讨,军
> 到余城,而余举国骇服□□□□□□□□王恩普覆,于是旋还。又
> 其慕化随官来者,味仇娄鸭卢、卑斯麻鸭卢、椯社娄鸭卢、肃斯舍鸭
> 卢□□□鸭卢。[1]

说明"夫余"在碑文中也省称为"余",所谓"余民"即"夫余之民"
的省称,则碑文记载守墓烟户时首先提到的就是好太王征服的东夫
余,其下的"东海贾"应与东夫余有关。"东海贾"的意义存在两种可
能,其一,"贾"指商人,东海才是地名;其二,"贾"是"谷"的同音伪字,
应为"东海谷",但不论是哪一种可能,都与高句丽早期的地方行政建
置东海谷有关。也就是说,高句丽的东海谷就是东夫余旧地,得名于
"东海之滨有地"。

东海谷的位置史书中没有具体记载。但见于《三国史记》的高句
丽早期太守辖区共有6处:新城、栅城、东海谷、海谷、南海(谷)、鸭渌
谷。鸭渌谷在南、新城在西,其他4处都在东部。

关于东海谷等4处太守辖区的位置:

> 栅城通常认为在今吉林珲春,韩国学者余昊奎把海谷首府敦
> 城比定在朝鲜咸镜道的东海岸一带,如果我们认为,东海谷与南
> 海谷都是因海谷而得名,则东海谷应在敦城以东或东北,南海谷
> 应在敦城以南或西南,那么,上述四个行政单位都在高句丽人旧
> 居地以东至海的范围内,由北向南依次为栅城、东海谷、海谷、南
> 海谷。[2]

据中国史书记载,东汉安帝元初五年(118),高句丽"与濊貊寇玄
菟,攻华丽城"[3],高句丽已经开始了对秽人的征服。但安帝建光元年
(121),"幽州刺史冯焕、玄菟太守姚光、辽东太守蔡讽等,将兵出塞击

---

〔1〕《好太王碑》第三面。耿铁华:《好太王碑一千五百八十年祭》,中国社会科学出版社2003
年版,第413页。

〔2〕杨军:《高句丽地方官制研究》,载《社会科学辑刊》2005年第6期。

〔3〕《后汉书》卷85《高句骊传》。

之,捕斩濊貊渠帅"[1],使秽貊重新隶属汉朝。秽人至"汉末更属句丽",但正始六年(245)毌丘俭征高句丽时,曹魏政权又夺回对秽人的统治权。[2] 在设置栅城、东海谷等地方建置时,高句丽人尚未能征服秽貊人,因此,包括东海谷在内的这些地方行政建置只能是置于《三国志》所载东沃沮的分布区。也就是说,朝鲜史籍中所载东夫余在中国史书所载东沃沮的分布区。

在朝鲜古籍所载高句丽朱蒙传说中,柳花被认为是鸭绿江河伯之女[3],其被谪居之处在太白山南优渤水,她也是在此处与东夫余王金蛙相遇的,朱蒙南迁时渡过的淹漉水,被认为在今鸭绿江的东北。[4] 朱蒙传说中与地理相关的信息可证,东夫余西界应至长白山,与北夫余交界,长白山脉以东、以南为东夫余。鸭绿江在今吉林临江以下基本是东北、西南走向,因而,被称为在鸭绿江东北的淹漉水一定是在今吉林临江以上的鸭绿江的某一支流,这也就是《好太王碑》中的"夫余奄利大水",当为东夫余西界大河。换言之,东夫余西界最远不会超过今吉林临江以南的朝鲜半岛北部地区,大约在今长津江至虚川江一带。

汉昭帝始元五年(公元前82年)对四郡进行并省之后,"自单单大领已东,沃沮、濊貊悉属乐浪"[5],则自朝鲜半岛的狼林山脉至虚川江一带的居民应是沃沮人,即东沃沮。

关于毌丘俭征高句丽之役,《三国志》卷28《毌丘俭传》:"六年(245),复征之,宫遂奔买沟。俭遣玄菟太守王颀追之,过沃沮千有余

---

〔1〕《后汉书》卷85《高句骊传》。

〔2〕日本学者池内宏认为,《后汉书》卷85《濊传》所载:"正始六年(245),乐浪太守刘茂、带方太守弓遵以领东秽属句丽,兴师伐之",不是一次独立的战役,而是毌丘俭征高句丽之役的组成部分,是毌丘俭派王颀追击高句丽王并经略沃沮地的同时,派刘茂、弓遵经略岭东秽地。参见〔日〕池内宏:《公孙氏の带方郡设置と曹魏の乐浪・带方二郡》、《曹魏の东方经略(附说:丘俭の高句丽征伐に关する三国史记の记事)》,《满鲜史研究》(上世第一册),东京:吉川弘文馆1979年版,第237 – 293页。

〔3〕〔高丽〕李奎报:《东国李相国集》卷3《东明王篇》"城北有青河,河伯三女美",注:"青河,今鸭绿江也。"

〔4〕〔高丽〕金富轼:《三国史记》卷13《高句丽本纪・始祖东明圣王本纪》自注:"一名盖斯水,在今鸭绿东北。"

〔5〕《后汉书》卷85《濊传》。

里,至肃慎氏南界,刻石纪功。"卷 30《沃沮传》:"毌丘俭讨句丽,句丽王宫奔沃沮,遂进师击之。沃沮邑落皆破之,斩获首虏三千余级,宫奔北沃沮。……王颀别遣追讨宫,尽其东界。"对比两条记载可以看出,高句丽王宫的逃跑路线是:东沃沮—买沟—北沃沮。买沟应是东夫余的地名,在东夫余北部,与北沃沮相邻之处。王颀过"沃沮千有余里",指其经过东沃沮、东夫余、北沃沮而达"肃慎氏南界",共行军千有余里。因东沃沮"其地东西夹,南北长,可折方千里"[1],沃沮分布区周长不过千里左右,若王颀的行军仅经过沃沮地,是无论如何达不到"千有余里"的。如前一章所论,北沃沮的南界约在今图们江,那么,买沟当在今图们江以南,这是东夫余最北的疆域,东夫余北与北沃沮的分界当为图们江。公元 30 年,大武神王在位时,"买沟谷人尚须与其弟尉须及堂弟于刀等来投"[2],应即此买沟,尚须、尉须、于刀应都是东夫余人。此外,颇疑《好太王碑》守墓烟户中提到的"卖句余民",也是指此"买沟"的东夫余人。

夫娄东迁传说中称其所迁之地为"东海迦叶原",则东夫余的东边达海是没有问题的。

《三国志》卷 30《魏书·沃沮传》"北沃沮,一名置沟娄,去南沃沮八百余里",《后汉书》卷 85《沃沮传》称东沃沮"其地东西夹,南北长,可折方千里",东沃沮广义上包括南、北沃沮,狭义上就是指南沃沮,但不管从广义理解还是从狭义理解,东沃沮地仅"可折方千里",则南北沃沮间"八百余里"的距离,指的不会是沃沮人分布区由南至北的距离,而应是说南、北沃沮地域并不相接,中间有八百余里的距离。东夫余以及刚刚自东夫余中迁出的高句丽,应该都活动在此范围内。原本连成一片的沃沮分布区,被后迁入的东夫余与高句丽分为两部分,因而才分为南北二部。高句丽早期的积极东拓,就是在定都今辽宁桓仁一带后,为重新占领其原居住区所进行的努力。如果我们笼统地认为

〔1〕《后汉书》卷 85《沃沮传》。

〔2〕〔高丽〕金富轼:《三国史记》卷 14《高句丽本纪·大武神王本纪》。

东夫余之地南北距离约 800 里,按 1 汉里合 325 米计算[1],那么,东夫余南界当在北距图们江下游 260 公里左右的地方,即不会超过今朝鲜利原一带。

综上,大体说,东夫余的分布区,北达图们江,西沿长白山脉向西南延伸,约至今虚川江一带,南至今朝鲜利原一带,东达大海,包括今朝鲜咸镜北道全部,两江道和咸镜南道的东部,以及长白山脉以东的中国吉林东部地区。长白山脉本是东夫余与北夫余的分界线,在高句丽征服东夫余后,即成为高句丽与北夫余的分界线,因此《三国志》、《后汉书》的《夫余传》才都称北夫余东与高句丽接。

《好太王碑》称朱蒙的迁徙是"命驾巡幸南下",《三国史记》卷 13《高句丽本纪·琉璃明王本纪》载朱蒙妻礼氏对其子说朱蒙"逃归南地",李奎报《东明王篇》也称朱蒙"南行至淹滞",证明《魏书》卷 100《高句丽传》称朱蒙"东南走",可能是中国史家根据自己的理解对高句丽朱蒙传说作了修改。

朱蒙自东夫余南迁,则其所进入的地区不会如通常认为的那样在今浑江流域,而是在朝鲜咸镜南道,靠近咸兴一带,也就是西汉初设玄菟郡时的沃沮城附近。从高句丽王系积年分析,朱蒙南迁应在汉武帝设四郡以前,高句丽最初是活动于玄菟郡首府附近的部族,其居于浑江流域以及定都于今辽宁桓仁,当是昭帝始元五年(公元前 82 年)迁玄菟首府时,对玄菟郡直接控制下的高句丽族进行了强制性迁徙的结果。高句丽兴起后讳言曾受制于西汉,因此叙述其历史时都是直接自定居浑江说起,这才导致史书中将朱蒙迁入地理解为浑江的错误。

但对于高句丽人早期的居住区,《三国史记》的记载中还是留下了一些线索。如:琉璃明王称"寡人僻在海隅";琉璃明王迁都后与朱蒙旧臣陕父发生矛盾,"陕父愤,去之南韩"[2];还有高句丽早期就征服了

---

〔1〕杨宽《中国历代尺度考》认为,汉代 1 里相当于 414 米(商务印书馆 1955 年版)。陈梦家根据对居延地区汉代邮程的考证,认为"1 汉里相当于 325 米的直线距离","用 400 米或 414 米折合则太大"(陈梦家:《汉简考述》,载《考古学报》1963 年第 1 期)。此据陈梦家说。

〔2〕〔高丽〕金富轼:《三国史记》卷 13《高句丽本纪·琉璃明王本纪》。

太白山东南荇人国、北沃沮，都可以证明高句丽早期活动于朝鲜半岛北部的东沃沮分布区，如果认为高句丽此时已经活动于浑江流域，上述记载就都成为无法理解的事情了。

《好太王碑》称东夫余是高句丽始祖朱蒙的属民显然是夸大之词，从《三国史记·高句丽本纪》的记载来看，高句丽立国之初，东夫余的势力远强于高句丽。如，琉璃明王十四年"春正月，扶余王带素遣使来聘，请交质子。王惮扶余强大，欲以太子都切为质"；二十八年，带素遣使责让琉璃明王，称"夫国有大小，人有长幼，以小事大者礼也，以幼事长者顺也，今王若能以礼顺事我，则天必佑之"，都可以证明这一点。

《三国史记》卷15《高句丽本纪》太祖大王四年（56）"伐东沃沮，取其土地为城邑，拓境东至沧海，南至萨水"，参之卷14《高句丽本纪》大武神王二十七年（44）"汉光武帝遣兵渡海伐乐浪，取其地为郡县，萨水以南属汉"，可知此前高句丽南界已至萨水，此次伐东沃沮，只是其疆域的东拓。自此，萨水以北、东至海的地域全部落入高句丽的控制，东夫余被高句丽吞并不会晚于此时。在《三国史记》的记事中，于公元30年，尚出现"买沟谷人尚须与其弟尉须及堂弟于刀等来投"，证明此时东夫余尚存，但东夫余北疆的买沟都已经有人投奔高句丽了，证明在高句丽的进攻下，其控制区不断北缩，已仅存临近图们江的一隅，其灭亡应是此后不久的事了。由此来看，《三国遗事》卷1《纪异·东夫余》"至地皇三年壬午（22），高丽王无恤伐之，杀王带素，国除"，称东夫余灭亡于22年，是不正确的。

在《三国史记·高句丽本纪》中，公元98—245年陆续有关于栅城、东海谷、南海（谷）的记事，245年以后却仅见海谷及其首府新城的记事，分别见于276年、288年、293年、335年、339年，这可能就是《好太王碑》中说的东夫余"中叛不贡"的时期。《三国史记》系毌丘俭征高句丽事于246年，由此推测，东夫余可能是乘高句丽受到曹魏打击、实力大为削弱之机，游离于高句丽政权的统治之外。在此时期，东夫余可能与中国史书所载夫余存在某种联系，因此，在285年夫余受到慕容廆打击时才能"子弟走保沃沮"，也就是投靠东夫余。至好太王时，高句

·欧·亚·历·史·文·化·文·库·

丽才完成了对东夫余的重新征服。

白鸟库吉认为,中国正史为之立传的夫余在 346 年受到慕容皝的打击后亡国,此后见于史书记载的夫余都是指东夫余[1],至 494 年"扶余王及妻孥以国来降"[2],意味着东夫余灭亡。但《魏书》卷 5《高宗本纪》所载大安三年(457)向北魏朝贡的夫余,与其理解为东夫余,不如理解为更靠近中原的以今吉林农安一带为中心的夫余,且诸史书皆未明确记载夫余在受到慕容皝的打击后亡国,因此不取白鸟库吉之说。

论点小结

东夫余的分布区,大体说,北达图们江,西沿长白山脉向西南延伸,约至今虚川江一带,南至今朝鲜利原一带,东达大海。高句丽始祖朱蒙自东夫余分离建国,但在《好太王碑》和《冉牟墓志》出现的 5 世纪,东夫余已成为高句丽人的属部,因此,高句丽王室讳言祖先出自东夫余,而是从父系血统的角度称朱蒙出自北夫余。约于公元 1 世纪 40 年代前后,东夫余为高句丽所灭。可能是在毌丘俭征高句丽之后,东夫余乘高句丽实力大为削弱之机,游离于高句丽政权的统治之外。至好太王在位时期,高句丽又重新征服了东夫余。

---

〔1〕〔日〕白鸟库吉:《夫余國の始祖東明王の傳説に就いて》,《白鳥庫吉全集》第 5 卷,岩波书店 1970 年版。

〔2〕〔高丽〕金富轼:《三国史记》卷 19《高句丽本纪·文咨明王本纪》。

第七个问题:豆莫娄考

最早为豆莫娄立传的《魏书》称:"豆莫娄国,在勿吉国北千里,去洛六千里,旧北扶余也。"[1]豆莫娄也写作达末娄,《新唐书》卷 220《流鬼传》:"达末娄自言北扶余之裔,高丽灭其国,遗人度那河,因居之。"因此学界一般认为,豆莫娄为北扶余的后裔,也就是中国历代正史为之立传的夫余人的后裔。

对于豆莫娄国的所在地,学界存在不同看法。大体来说,存在两种观点。一种观点认为,豆莫娄位于今嫩江以东、松花江以北;另一种观点认为,豆莫娄位于松花江、黑龙江合流处以北的黑龙江下游地区,或者认为在今乌苏里江以东。

最早提出豆莫娄在今乌苏里江以东的是中国学者丁谦:

> 豆莫娄,即《勿吉传》"大莫卢",《唐书》作"达末娄",为北扶余旧壤,今乌苏里江以东地,故东界至海。此等处皆济勒敏奇勒尔赫居、费雅喀喇诸种人所居,风俗谨厚,至今犹然,地气虽寒,五谷均备,见《西伯利亚东偏纪要》。[2]

需要指出的是,丁谦认为豆莫娄"为北扶余旧壤"是错误的,这与《魏书》记载的模糊性有关。参照前引《新唐书》的记载可知,《魏书》称豆莫娄"旧北扶余也",不能理解为豆莫娄所在地"为北扶余旧壤",而是指豆莫娄人为北夫余的后裔。

最早提出豆莫娄在松花江、黑龙江合流处以北的是日本学者白鸟

---

[1]《魏书》卷 100《豆莫娄国传》。
[2]丁谦:《魏书各外国传地理考证》,浙江图书馆丛书第一集第五册,1915 年。

库吉。[1] 日本学者箭内亘、稻叶岩吉、松井等[2]，中国学者张博泉先生[3]，皆沿袭此说。王绵厚、李健才认为："豆莫娄的中心地带，在勿吉中心之北千里，豆莫娄的南界为勿吉。西接失韦，东至海。南北朝时代的失韦在今黑龙江上游的呼玛河流域，则豆莫娄当在今黑龙江中游以东，东到今日本海的北部鞑靼海峡一带，今黑龙江下游地区正当其地。"[4]与白鸟库吉的观点也大致相同。

但正如冯家昇已经指出的，以上两种说法都是"以勿吉在吉林东境，北向千里遂指为豆莫娄之住地"[5]，因为《魏书》称豆莫娄国在"勿吉国北千里"，因而以勿吉居住地为参照物，向北推千里，得出豆莫娄的所在地。这种研究方法固然不错，但问题是，其认为南北朝时勿吉的居住地在今乌苏里江流域或牡丹江流域，对推定豆莫娄所在地的出发点的认识却是错误的。

肃慎系族群的原住地虽然是在今张广才岭和牡丹江流域及其以东地区，但如果我们认为，北夫余的"西徙近燕"主要是因为受到来自肃慎系部族的逼迫，那么可以肯定，不晚于4世纪中叶，勿吉人已由其原居住地开始西迁，最初的迁徙很可能始于公元3、4世纪之交。

《魏书》卷100《勿吉传》记载了勿吉贡使乙力支赴北魏朝贡所经道路："乙力支称，初发其国，乘船泝难河西上，至太沵河，沉船于水，南出陆行，渡洛孤水，从契丹西界达和龙。"对比同传开头部分所载北魏和龙至勿吉的交通路线："自和龙北二百余里有善玉山，山北行十三日至祁黎山，又北行七日至如洛环水，水广里余。又北行十五日至太鲁水，又东北行十八日到其国。国有大水，阔三里余，名速末水。"诚如贾敬颜所说，两段记载，"一者北往，一者南来，实际上只是一条道路"。

〔1〕白鸟库吉：《东胡民族考》，方壮猷译，商务印书馆1934年版。

〔2〕〔日〕箭内亘、稻叶岩吉、松井等所著《满洲历史地理》（第1卷）支持白鸟库吉说，但是，书中所附"隋代及唐初满洲图"、"渤海时代满洲图"两幅地图中，都是将达末娄置于黑龙江与乌苏里江合流处以北的黑龙江下流地区。参见《满洲历史地理》（第1卷），丸善株式会社1940年版。

〔3〕张博泉等：《东北历代疆域史》，吉林人民出版社1981年版，第71页。

〔4〕王绵厚、李健才：《东北古代交通》，沈阳出版社1990年版，第113页。

〔5〕冯家昇：《豆莫娄国考》，载《禹贡》第7卷，第一、二、三合期。

和龙在今辽宁朝阳市,善玉山为今大青山,祁黎山为今努鲁儿虎山麓,太泺河与太鲁水系一水两译,指今洮儿河,如洛环水即洛孤水,后者脱"如"字,指今敖来河,难河指今嫩江。贾敬颜因而认为,勿吉人当时的中心地约在今松花江中下游的黑龙江省依兰县一带,由此出发,勿吉贡使逆东流松花江西上,于今大安县以南溯嫩江北上,更出洮儿河而改行陆路,经过约15日的草地里程,约在今通宁市以西渡过敖来河,东南行越努鲁儿虎山北段和大青山东坡,然后抵达和龙城。[1]

《旧唐书》卷199下《乌罗浑传》:"乌罗浑国,盖后魏之乌洛侯也,今亦谓之乌罗护。……东与靺鞨、西与突厥、南与契丹、北与乌丸接,风俗与靺鞨同。"同卷《室韦传》则将乌罗护载入室韦诸部中,参之《新唐书》卷219《室韦传》称"其语言,靺鞨也",可以肯定,部分靺鞨人后来融入室韦人之中,至少东邻靺鞨的室韦乌罗护部即明显受到靺鞨人的影响。乌罗护部的居住地现在尚难以确定,但大体在嫩江以西[2],因此,靺鞨人沿松花江河谷的西迁,最远处已达今嫩江以西。

勿吉人的分布区虽然未必能如后代的靺鞨人那样达到嫩江以西,但参照勿吉人已进入第二松花江流域的史实,可以肯定,此时勿吉人的分布区向西至少已经达到松花江与嫩江合流处一带,因而其向中原朝贡才会选取如此的行程。既然北魏时期勿吉人的分布区已经沿东流松花江河谷达到松花江与嫩江合流处一带,那么,若是从《魏书》称豆莫娄国在"勿吉国北千里"出发去寻找豆莫娄的所在地,就不能狭隘地理解为在肃慎系故地的牡丹江流域以北,或乌苏里江流域以北,而是包括东流松花江以北地区。

关于《魏书》卷100《勿吉传》所载勿吉人的活动区域,有3点值得我们注意:其一,"勿吉国,在高句丽北";其二,"国有大水,阔三里余,名速末水";其三,"国南有徒太山,魏言太白"。此速末水通常认为指

〔1〕贾敬颜:《东北古地理古民族丛考(续)》,载《北方文物》1983年第2期;亦见贾敬颜:《东北古代民族古代地理丛考》,中国社会科学出版社1994年版,第15-16页。
〔2〕谭其骧主编:《〈中国历史地图集〉释名汇编·东北卷》,中央民族学院出版社1988年版,第56-58页。

今第二松花江,恐怕不一定准确。

《北蕃风俗记》:"粟末靺鞨与高丽战,不胜,有厥稽部渠长突地稽者,率忽使来部、窟突始部、悦稽蒙部、越羽部、步护赖部、破奚部、步步括利部,凡八部,胜兵数千人,自扶余城西北举部落向关内附。"[1]高句丽的扶余城在今吉林市一带[2],这些被统称为粟末靺鞨的靺鞨人部落,居住地在"扶余城"西北,说明其活动地域在今第二松花江流域。发现于今吉林市西北第二松花江北岸永吉县乌拉街镇杨屯大海猛的靺鞨遗址,南距吉林市仅30公里[3],证明这些靺鞨部落与高句丽的分界线大体在今吉林市一带[4]。而《魏书》记载勿吉国周边还有大莫卢国、覆钟国、莫多回国、库娄国、素和国、具弗伏国、匹黎尔国、拔大何国、郁羽陵国、库伏真国、鲁娄国、羽真侯国。与《北蕃风俗记》所载粟末靺鞨各部名称无一相同,如果我们可以确定粟末靺鞨各部活动于第二松花江流域,则《魏书》所载各部当活动于东流松花江流域。由此看来,《魏书》所称速末水可能包括第二松花江与东流松花江。也只有如此,才与《魏书》称其"国有大水"的说法相符,若认为仅指第二松花江,这显然并不是勿吉人活动区域内的第一大水,《魏书》不可能将第二松花江称为勿吉国的"大水",却完全不提东流松花江。

由此我们就可以确定,《魏书》所指勿吉,活动地域在高句丽和长白山以北,第二松花江和东流松花江流域。《魏书》称豆莫娄国在"勿吉国北千里",是指今东流松花江以北,不会东至松花江与黑龙江合流处以北,更不可能指乌苏里江与黑龙江合流处以北。

《魏书》卷100《勿吉传》:

> 勿吉国,在高句丽北,旧肃慎国也。邑落各自有长,不相总一。其人劲悍,于东夷最强,言语独异。常轻豆莫娄等国,诸国亦患之。

可以证明,豆莫娄为勿吉紧邻。或认为,"勿吉附近之大莫卢,当

---

〔1〕《太平寰宇记》卷71"河北道燕州"条引。

〔2〕此从李健才说。参见李健才:《唐代高丽长城和扶余城》,载《民族研究》1991年第4期。

〔3〕魏存成:《第二松花江中游地区的靺鞨、渤海墓葬》,载《北方文物》1998年第1期。

〔4〕李健才:《唐代高丽长城和扶余城》,载《民族研究》1991年第4期。

即《魏书》之豆莫娄,亦称达末娄"[1],视豆莫娄即《魏书》所载勿吉旁国中的大莫卢国。《魏书》所载之勿吉即在第二松花江和东流松花江流域,那么,豆莫娄自然不可能远至松花江与黑龙江合流处以北,或乌苏里江与黑龙江合流处以北。

《新唐书》卷220《流鬼传》:"达末娄自言北扶余之裔,高丽灭其国,遗人度那河,因居之。"此那河学界看法不一,或认为指东流松花江,或认为指黑龙江,由上述分析来看,应指东流松花江。"那"与"难"音近,"那河"应即"难河",指嫩江,将东流松花江也称为那河或难河,是以源概流,《中国历史地图集》认为,难河指今嫩江与东流松花江[2],无疑是正确的。

如本书所考,东汉末、三国初的北夫余,其北部疆域在松花江、嫩江合流处至今黑龙江省通河之间的东流松花江以北,由于勿吉人沿东流松花江河谷西进,原夫余国疆域被勿吉人隔断,分为南北两部分,北部与西迁至今吉林农安一带的夫余本部失去联系,渐独立发展,在农安一带的夫余国灭亡之后仍旧存在,即成为后代之豆莫娄国。也是由于受到勿吉人的侵逼,原活动在东流松花江以南的夫余人纷纷北撤至东流松花江以北,这就是《新唐书》所说的"遗人度那河,因居之"。

由隋唐时期靺鞨七部的分布情况来看,伯咄靺鞨约在今吉林榆树、夫余至黑龙江双城、五常一带[3],安车骨靺鞨在今黑龙江阿什河流域[4],其分布地域肯定都已经包括东流松花江以北的部分地区。说明肃慎系各部在沿东流松花江河谷西进、将夫余国分割为两部分之后,又继续向南、北两个方向扩展,向南进入第二松花江流域,向北则逐渐越过东流松花江。由此看来,南北朝时期,豆莫娄与勿吉人之间,最初

---

[1]《满洲源流考》卷9《疆域》"勿吉旁国",辽宁民族出版社1988年版。冯家昇、魏国忠亦持此说。参见冯家昇:《豆莫娄国考》,载《禹贡》第7卷,第一、二、三合期;魏国忠:《豆莫娄考》,载《学习与探索》1982年第3期。

[2]谭其骧主编:《〈中国历史地图集〉释名汇编·东北卷》,中央民族学院出版社1988年版,第60页。

[3]马一虹:《靺鞨部族分布地域考》,《中国文化研究》2004年夏之卷。

[4]谭其骧主编:《〈中国历史地图集〉释名汇编·东北卷》,中央民族学院出版社1988年版,第52页。

可能是以东流松花江即那河为界,随后勿吉逐渐越过东流松花江北进,而豆莫娄的南界也随之北缩,但具体北缩至何位置却已无从考究了。

关于豆莫娄国的西界,《魏书》卷100《豆莫娄国传》称其"在失韦之东",同卷《失韦传》记载:

> 路出和龙北千余里,入契丹国。又北行十日至啜水。又北行三日有盖水。又北行三日有犊了山,其山高大,周回三百余里。又北行三日有大水名屈利,又北行三日至刃水。又北行五日到其国。有大水从北来,广四里余,名榝。

通常认为,啜水为今绰尔河,盖水为今黑龙江省伊敏河的支流海拉尔河,犊了山为今大兴安岭中部的雅克山,屈利水为今嫩江支流雅鲁河,刃水为今嫩江支流阿伦河,榝水为今嫩江上游。[1] 则《魏书》所载失韦活动于嫩江上游是没有问题的,也就是说,豆莫娄的西界达不到嫩江上游。

《新唐书》卷220《流鬼传》:

> 开元十一年,又有达末娄、达姤二部首领朝贡。达末娄自言北扶余之裔,高丽灭其国,遗人度那河,因居之。或曰他漏河,东北流入黑水。达姤,室韦种也,在那河阴,冻末河之东,西接黄头室韦,东北距达末娄云。

那河指嫩江及东流松花江,他漏河指洮儿河和其流入后的嫩江,及嫩江流入后的东流松花江[2],都是以源概流的叫法。此称"或曰",证明所谓"他漏河"为"那河"之别称,则此记载中的"那河"和"他漏河"都是指今东流松花江,因而才称他漏河"东北流入黑水",即今黑龙

---

〔1〕谭其骧主编:《〈中国历史地图集〉释名汇编·东北卷》,中央民族学院出版社1988年版,第59—61页。关于《魏书》所载失韦至和龙的交通路线,学界存在不同认识。贾敬颜认为,啜水为今呼林河,盖水为今交流河,屈利大水为今归流河,刃水为今绰尔河,犊了山为犊子山之误,为今大兴安岭的老头山(贾敬颜:《东北古地理古民族丛考(续)》,载《北方文物》1983年第2期)。张博泉先生认为,盖水为今雅鲁河,犊了山为今雅鲁河北、嫩江西的特特库勒山,刃水为今音河,屈利水为今诺敏河(张博泉等:《东北历代疆域史》,吉林人民出版社1981年版,第72页)。但认为《魏书》所载失韦活动于今嫩江上游这一点却是相同的。

〔2〕林沄:《夫余史地再探讨》,载《北方文物》1999年第4期。

江。既然指称豆莫娄初居地时涉及连带洮儿河的称谓,那么,豆莫娄早期分布区应至嫩江下游,接近洮儿河与嫩江交汇处。通常认为,嫩江东侧的乌裕尔河,即因夫余遗民北上定居于此而得名,金代于此设蒲与路,乌裕尔、蒲与都是夫余的音转。[1] 豆莫娄人的居住地包括乌裕尔河流域。

综上,南北朝时期豆莫娄的西界,西南可达洮儿河与嫩江交汇处附近,自此逐渐向北偏东方向延伸,至乌裕尔河流域,但未达到嫩江上游。

学者大多认为,《魏书》说豆莫娄"东至于海"是夸大之词,豆莫娄显然不可能占据肃慎系民族的故地,从而东达大海。如果我们考虑到,豆莫娄的疆域达"方二千里"[2],那么,冯家昇认为豆莫娄"东至于海"的"海"指今黑龙江[3],应是正确的认识。

豆莫娄的北界已不可考,但应在小兴安岭至黑龙江一带。就整体而言,豆莫娄的疆域呈东北—西南走向。有学者认为,"豆莫娄的南界为通肯河口以上的呼兰河一线及青冈至安达之间,西与勿吉、达姤为邻;北界抵纳漠尔河流域,与失韦相接;东界在小兴安岭天然屏障;西与乌洛侯接壤,中心地为乌裕尔河流域"[4],可能失之略狭。

前引《新唐书》提到,达姤室韦"在那河阴,冻末河之东",学界基本认定,"冻"为"涑"之误[5],则达姤室韦的居住地在"那河"之北、"涑末河"之东,那河指嫩江及东流松花江,则涑末河指今第二松花江,也就是说,达姤部分布于第二松花江以东的东流松花江南北。由此看来,自

---

〔1〕谭其骧主编:《〈中国历史地图集〉释名汇编·东北卷》,中央民族学院出版社 1988 年版,第 56 页。

〔2〕《魏书》卷 100《豆莫娄国传》。冯家昇认为,《魏书》此记载抄自《三国志·夫余传》,是仅从文字相同出发得出的结论,并没有提出其他证据。参见冯家昇:《豆莫娄国考》,载《禹贡》第 7 卷,第一、二、三合期。

〔3〕冯家昇:《豆莫娄国考》,载《禹贡》第 7 卷,第一、二、三合期。

〔4〕魏国忠:《豆莫娄考》,载《学习与探索》1982 年第 3 期。

〔5〕冯家昇认为"冻末河或系今洮儿河",但这与其"那河阴当在今嫩江西"的认识是相连带的。古人以山南水北为"阴",那河既然指嫩江及东流松花江,则"那河阴"应指东流松花江以北、嫩江以东,不应指嫩江以西,故冻末河即使不是涑末河之误,也不应指洮儿河。参见冯家昇:《豆莫娄国考》,载《禹贡》第 7 卷,第一、二、三合期。

南北朝始,室韦人逐渐沿嫩江南下,至唐代,其分布最东的部落已经占据松嫩合流处以东的松花江南北地区。固然,达姤室韦的居地更多的是从前勿吉人的分布区[1],但也包括从前豆莫娄分布区的西南部分地区,说明自南北朝以后,豆莫娄的西南疆域在逐渐北缩。

关于豆莫娄的得名,冯家昇认为:

> 余疑系"对卢"之异译。按"对卢"系急读,"达末娄"系缓读。豆莫,大莫,或达末急读为"对";娄仝卢。史不载夫余有"对卢"之官;惟高句丽有"对卢"则不置"沛者",有"沛者"则不置"对卢"(见《后汉书》,《魏志》,《魏书》本传)。顾夫余为高句丽母国,而高句丽之官制必出自夫余,检《后书》《魏志》二部多有相同,便为证例;夫余传之不载,或为史之阙文。然则,豆莫娄而果为"对卢"之急读,何以夫余遗人以为部名乎?曰古人以官号为国名,曷可胜数?……盖夫余为勿吉、高句丽灭亡,有官"对卢"者渡那河居之,因以为部名,后复讹为豆莫娄,大莫卢,达末娄焉。[2]

《三国志》卷30《高句丽传》:"其官有相加、对卢、沛者、古雏加、主簿、优台、丞、使者、皂衣、先人,尊卑各有等级。"其对卢、沛者、古雏加诸官称确实可能承自夫余,但这些在同卷《夫余传》中却绝无提及,《三国志》卷30《夫余传》记载夫余人的官制为:"以六畜名官,有马加、牛加、猪加、狗加、大使、大使者、使者。"如果我们考虑到高句丽自夫余分裂南下的时间,以及《三国志》记事的时间,那么,更为可能的情况是,夫余早期官制中存在对卢一名,并为高句丽人所继承,但此官名在三国时期以后,在夫余人中已不存在了。因此,没有证据可以证明,至公元5世纪末北夫余灭亡前后,夫余人中还存在对卢的称号,而由《三国志》称夫余人"以六畜名官"的记载来看,这种可能性基本是不存在的。

关于豆莫娄名称的来源,张博泉先生认为:

> 豆莫娄,在北朝以前以"索离"等不同的写法出现。《后汉书·夫

---

[1]《魏书》卷100《失韦国传》称其"在勿吉北千里",则室韦人沿嫩江南下,必然侵占从前勿吉人的分布区。

[2]冯家昇:《豆莫娄国考》,载《禹贡》第7卷,第一、二、三合期。

余传》有"北夷索离国",王充《论衡·吉验篇》作"橐离",《魏略》作"槁离"。岑仲勉以为突厥文中的"Bö kuli"(莫离)即高离,貊为"Bö kuli"的音省。《后汉书》李贤注:"索或作橐,音度洛反。"《后汉书·郡国志》唐县有都山,一名豆山,今关东人读豆为渡。洛与貉字皆从各,貉即貊,读音为莫。因之度洛与豆莫为同音字,索或橐是豆莫(度洛)的合音。离与娄为对音,豆莫娄实由度洛离音转而来。[1]

说"豆莫"同"度洛",而"索"或"橐"是其合音,与作为"Bö kuli"音省的"貊"相通,似过于迂曲,不如径直认为"豆莫娄"之"莫",即"貊"。在汉字上古音中,"夫"字的读音近貊,"余"字的读音与"娄"相近,"豆莫娄"即"豆夫余"的异写。[2]"豆"作为一个独立的音节,其内涵虽然不得而知,但其作为"夫余"的定语或者用来形容"夫余"的形容词的作用是显而易见的,换言之,"豆莫娄"是用"豆"这一音节限定的夫余人的一支。

豆莫娄亦写作达末娄,此为学界定论。丁谦首倡豆莫娄即寇漫汗之说[3],冯家昇虽然早已认定"二者音韵不符,说非"[4],林树山并有专文考辨[5],但学者赞同此说者仍然很多。

《晋书》卷97《裨离等十国传》:

> 裨离国,在肃慎西北,马行可二百日,领户二万。养云国,去裨离马行又五十日,领户二万。寇莫汗国,去养云国又百日行,领户五万余。一群国,去莫汗又百五十日,计去肃慎五万余里,其风俗土壤并未详。

关于裨离国、养云国、一群国,不见于其他史籍记载,而《晋书》的上述记载,仅由里程和方位来看,恐怕皆为传说中事,不足为据。《晋书》也称对这些国"风俗土壤并未详",则上述方位、里程不过得自传

〔1〕张博泉:《〈魏书·豆莫娄传〉中的几个问题》,载《黑龙江文物丛刊》1982年第2期。
〔2〕关于此问题的讨论见本书下一个问题。
〔3〕丁谦:《晋书四夷传地理考证》,浙江图书馆丛书第一集第四册,1915年。
〔4〕冯家昇:《豆莫娄国考》,载《禹贡》第7卷,第一、二、三合期。
〔5〕林树山:《寇漫汗国与豆莫娄国试辨》,载《黑河学刊》1988年第2期。

闻,那么,夹在其中的寇莫汗国自然也很难认为是信史。《晋书》称"一群国"最远,"去肃慎五万余里",是根据其所述马行需 500 日左右,按一日马行百里计算出来的结果,依此推算,自然可以得出"寇莫汗国"距肃慎35000 余里的结论。《晋书》卷97《肃慎传》:"在不咸山北,去夫余可六十日行,东滨大海,西接寇漫汗国,北极弱水。"又认为肃慎西接"寇漫汗",两处记载显然相矛盾。换言之,认为《晋书·肃慎传》中的"寇漫汗"即同卷《裨离等十国传》中的"寇莫汗国"的说法是不能成立的,许多传统观点皆由将二者等同而致误,"寇漫汗"即豆莫娄,论证详后,但认为《裨离等十国传》中的"寇莫汗国"为豆莫娄却是错误的。

《满洲源流考》卷8《疆域》"肃慎四至":

> 谨案:肃慎疆域,仅见于《后汉书》、《晋书》。其国界南包长白,北抵弱水,东极大海,广袤数千里。约而计之,正在今吉林、宁古塔、黑龙江境。史云西接寇漫汗国。考《晋书》有寇莫汗国,去养云国马行百日,养云国去裨离国五十日,裨离国在肃慎西北可二百日。莫与漫音实相同,汗当为王称。计去肃慎三百五十程矣。又考《辽史》,集州古裨离郡地,金属贵德州,今为抚顺和屯。裨与裨音亦相同,抚顺正在长白山西北,然则《后汉书》言肃慎在夫余东北者,指宁古塔、黑龙江诸境而言,《晋书》谓裨离国在肃慎西北者,指不咸山而言。其程邮第约略计之,未为确据耳。

丁谦《晋书四夷传地理考证》:

> 此十国,除寇莫汗即《北魏书》之豆莫娄外,其它均无可考,但大约总在黑龙江及俄属阿模尔等地。所云马行百日、二百日,及去肃慎五万余里,殊不足信。盖由东三省至北冰海不过万余里,马行亦不过百日,安得如传所言耶!

上述两书虽然都认为《晋书·裨离等十国传》中所载里程"未为确据"、"殊不足信",但却都认为,《裨离等十国传》中的"寇莫汗国"就是豆莫娄,因而导致其认识的混乱。

在《晋书》所载肃慎族居地的四至中,南界与东界分别"在不咸山北"、"东滨大海",就是肃慎族故地的边界。"北极弱水",按李健才的解释,弱水"指今东流松花江和黑龙江下游(和东流松花江合流后的一段)而言","'北极弱水',是指弱水的东段,约当今通河以东的第一松花江和黑龙江下游"[1] 此时夫余受到勿吉人的侵逼,王城已经西迁至今吉林农安,由此向东北至今黑龙江下游,说肃慎"去夫余可六十日行",也基本是可信的。既然《晋书》所载肃慎族居地的四至,其他方向都基本是可信的,我们没有理由唯独对其"西接寇漫汗"的记载表示怀疑。而在勿吉西进,豆莫娄渡过松花江向北发展之后,肃慎故地之西就是豆莫娄,因此,就方位而言,说《晋书·肃慎传》中提到的"寇漫汗"即豆莫娄的传统说法应是正确的,但问题是,认为此"寇漫汗"即《晋书·裨离等十国传》中的"寇莫汗国"却是不正确的。

按《新唐书》卷220《流鬼传》的记载,豆莫娄国的出现是"高丽灭其国"之后的事。《三国史记》系夫余国灭亡于494年[2],贾敬颜认为这是出于朝鲜史书对记年推算的失误,实际应是504—505年之事[3]。但豆莫娄的出现显然不会如此之晚,《新唐书》所载豆莫娄人对其历史的追述,所说的"高丽灭其国",应是指在今吉林市一带的夫余早期王城的失陷。夫余早期王城最初究竟是陷于勿吉还是陷于高句丽,史无明文,但夫余王城的西迁不会晚于346年,更为可能的是公元4世纪初,其东部王城的失陷应在此时或稍后,概言之,约为公元4世纪中叶的事。因此,豆莫娄国的出现约为4世纪中叶。

豆莫娄国的灭亡,史书也没有相关记载,诚如林沄所说,《册府元龟》卷969载,唐开元十二年(724),"达莫娄大首领诺皆诸来朝,并授折冲,放还藩",是豆莫娄人最后见于史册[4]。那么,豆莫娄国的灭亡应不会早于公元8世纪中叶,这支夫余人活动于东流松花江以北前后长达4个多世纪。

最后需要指出的是,冯家昇认为,《魏书·豆莫娄国传》除开头5

---

〔1〕李健才:《东北史地考略》,吉林文史出版社1986年版,第20-21页。

〔2〕〔高丽〕金富轼:《三国史记》卷19《高句丽本纪·文咨明王本纪》。

〔3〕贾敬颜:《东北古代民族古代地理丛考》,中国社会科学出版社1994年版,第19-20页。

〔4〕林沄:《夫余史地再探讨》,载《北方文物》1999年第4期。

句外,皆抄自《三国志·夫余传》,不具有史料价值,不能据之研究豆莫娄史[1],这种观点恐怕并不合适。对此张博泉先生已有考辨[2],魏国忠并据《魏书·豆莫娄国传》对豆莫娄人的社会形态做了详尽的研究[3],此不赘。

论点小结

豆莫娄,也写作达末娄、大莫卢、达莫娄、寇漫汗。北夫余王城西迁前后,部分夫余人渡过松花江向北发展,其后裔即豆莫娄,前后存在约4个世纪之久。豆莫娄的疆域南未及东流松花江,西北不到嫩江上游,西南约至松嫩合流处一带,包括乌裕尔河流域,东至黑龙江,北及小兴安岭和黑龙江一带。但《晋书·裨离等十国传》中的"寇莫汗国"恐怕出自传闻,与豆莫娄无关。

〔1〕冯家昇:《豆莫娄国考》,载《禹贡》第7卷,第一、二、三合期。
〔2〕张博泉:《〈魏书·豆莫娄传〉中的几个问题》,《黑龙江文物丛刊》1982年第2期。
〔3〕魏国忠:《豆莫娄考》,载《学习与探索》1982年第3期。

第八个问题：
夫余的名义与族源

关于夫余之名的来历，朝鲜李朝时代的李种徽认为：

> 扶余之先出自檀君。盖檀君封支子于余地，后世因自号曰扶余。或曰：扶余，其始封君之名，其国在鸭江之北，地方二千里，历檀箕之除，或存或亡，皆臣属朝鲜云。传世二千余年，至王解夫娄，迁都迦叶原，在东海滨，是谓东扶余。[1]

这里记载了朝鲜李朝时代流传的两种说法，其一，认为夫余得名于"檀君封支子于余地"，其二，认为夫余国名源于其开国君主的名字。

前一种说法显然是将夫余视为汉语语辞，并依此对其意义加以解释。这当然是不能成立的。李朝文人形成这种错误认识的原因，在相关记载中还有线索可寻。李圭景曾提到："吴太子夫概王奔楚，余子在吴，以夫余为氏。"[2]其所引据的《风俗通》原文见于《通志》卷29《氏族略·诸方复姓》"夫余氏"条：

> 《风俗通》：吴太子夫概王奔楚，余子在吴，以夫余为氏。百济国王夫余宽生璋，号带方郡王；生义兹，唐拜带方郡王、金紫光禄大夫；生隆，熊州都督、带方郡王；生文宣，司膳卿、左卫大将军、乐浪郡公。

显然，《通志》引《风俗通》是说明吴地夫余姓的起源，因百济国王也姓夫余，故将之附于同一姓氏条目之下，并没有明确指出，这也是百济国夫余姓的起源。由于行文相连，导致朝鲜李朝文人由此生发想象，并结合朝鲜半岛的传说，将夫余的起源解释为"檀君封支子于余地"。

后一种说法也是认为，夫余的"始封君"为檀君之子。见于赵汝籍《青鹤集》的传说可能是有关檀君之子传说的最完整版本：

---

[1]〔朝鲜〕李种徽：《修山集》卷11《东史·扶余世家》。
[2]〔朝鲜〕李圭景：《五洲衍文长笺散稿》之天地篇地理类《人种·夫余凫臾辨证说》引《风俗通》。

·欧·亚·历·史·文·化·文·库·

　　檀君有才子四人,曰夫娄、夫苏、夫虞、夫余。夏后会诸侯于涂山,夫娄奉使入朝。九夷狁獝之乱,夫余会集中外国讨平之。国有疾病,夫虞医而活之。山多猛兽,夫苏火猎而攘之。是四王子,功冠当世、业垂后辟者也。

　　从其内容上看,这些内容都出现得比较晚,恐怕是形成于朝鲜李朝时代的传说,是不足为据的。

　　《三国遗事》卷1《纪异·高句丽》引《坛君记》:"君与西河河伯之女要亲,有产子,名曰夫娄。今据此记,则解慕漱私河伯之女而后产朱蒙。《坛君记》云产子名曰夫娄,夫娄与朱蒙异母兄弟也。"将东夫余始祖夫娄视为檀君之子,这是所有后来朝鲜古籍致误的根源之所在。

　　朝鲜李朝学者李万运早已对此进行过批判:"檀君曾孙、东扶余王带素,为大武王所杀。大武王即当汉光武之世,则自檀君子解夫娄至带素,不过三世;自武丁至光武,则历殷、周、秦、西汉,合为一千三百三十九年,恐无是理。"[1]但更多的李朝文人却试图调和檀君神话、朱蒙神话这两种不同源的神话,为解决李万运所批判的矛盾,他们不再认为夫娄是檀君之子,但却要将夫娄与檀君扯上关系,因此才有夫娄所属的东夫余,其始封者为檀君之子的说法。

　　夫余作为少数民族语辞,在中朝古籍中都存在不同的汉字译写方式,最为常见的是"扶余",在朝鲜古籍中,这种译写方式比"夫余"更为常见。有的学者根据《字汇补》"凫臾,东方国名,即夫余也",认为夫余的另一种译写是"凫臾"。[2] 在《旧唐书》中,夫余也写作"浮渝"。[3]

　　王应麟《周书王会补注》认为,《逸周书·王会篇》附《伊尹朝献商书》中提到的"符娄"的"符",就是"扶余",何秋涛也认为:"符即夫余,王会之秽人也。疾言曰符,徐言曰夫余,秽即夫余二字之合音"[4],是以"符"为夫余的另一种译写。受其影响,朱右曾《逸周书集训校释》也认为符指夫余。还有学者由音韵学的角度给此说寻找证据:

――――――――

〔1〕〔朝鲜〕李万运:《纪年儿览》卷5《檀君朝鲜·考异》。
〔2〕张博泉:《夫余史地丛说》,载《社会科学辑刊》1981 年第 6 期。
〔3〕《旧唐书》卷 39《地理志》。
〔4〕转引自张博泉:《夫余史地丛说》,载《社会科学辑刊》1981 年第 6 期。

鹿山之"鹿"，应读为 fu，读如夫余之夫。从鹿得声的字，比如"郿"，就读如夫 fu，郿县在陕西，郿从邑鹿声。又鹿字在上古音里，与粟末江之"粟"同归屋部韵，粟末即是濊貊，音近而字异。另《魏书》作速末水。"速"亦归屋部韵，同是"濊"的异字，"粟"是《新唐书》的用字，"速"是《魏书》的用字。通过上面有关"鹿"字的音训分析，"鹿山"即是"夫山"，系夫余之山的简称。

上面说到"鹿"字在上古音里与粟、速同韵，"粟"或"速"又是"濊"的晚期（四世纪以后）音标，从而我们又可以知道"鹿山"又是"粟山"、"速山"亦即是"濊山"了。"濊山"当然在古"濊地"，至于"濊地"之"国"、之"都"，当然就是古"濊城"了。[1]

《三国志》称夫余"国有故城名濊城，盖本濊貊之地，而夫余王其中"[2]，明显将秽与夫余区分为两族。再者，李德山已指出："'濊'古隶祭部，读如赖、厉，不读今音，故夫余不可能是'濊'的徐读。"[3]因而，认为夫余是秽的不同译写的说法是不能成立的。

朝鲜学者李趾麟认为，夫余也可以译写为"不与"，此说是依据《山海经》卷17《大荒北经》："有胡不与之国，烈姓黍食。"

"夫余"和"不与"作为胡（夫余）和夷（古朝鲜、辰国等）的词语是彼此相通的。因此，该"不与之国"便应认为就是与"夫余"同一的国名。那么，此"不与之国"是哪一个国家？我认为没有根据说除古朝鲜外，还存在另外的"不与"国家。夫余是在"濊"地建国的。"濊"是汉音的"huyi"（用汉语拼音方案的字母和声母注音——译者），而"不与"则是"buwei"，两者作为汉音是相同的名称。并且从不曾写作"不与国"，而是写作"不与之国"来看，"不与之国"便可解释为"濊之国"。因此，"不与之国"便意味着"濊人之国"的古朝鲜，便可具体地解释成意味着古朝鲜的一部分地区。[4]

但《山海经》此国名下有郭璞注："一国复名耳，今胡夷语皆通然。"

[1]武国勋：《夫余王城新考——前期夫余王城的发现》，载《北方文物》1983 年第 4 期。
[2]《三国志》卷 30《魏书·夫余传》。
[3]李德山：《夫余起源新论》，载《社会科学战线》1991 年第 2 期。
[4]〔朝鲜〕李趾麟：《夫余考》，文一介译，载《东北亚历史与考古信息》2002 年第 1 期。

是将"胡不与"视为一个词的,将之拆分解释的做法恐怕不符合《山海经》的本义。李趾麟称郭璞"注释的意思可解释为,夫余还称作'不与'",实在有些莫名其妙,在郭注中无论如何也读不出这层含义。

持类似观点的周向永认为,"胡不与"即"夫不余",亦即夫余,"夫不音通互转,二字急读如'不',所以夫即不,反之亦然"[1]。但其论证想象的成分多一些,证据仍显不足。因而,认为"不与"是夫余的不同译写的说法也是不能成立的。

也有学者认为,夫余也译写为夫租[2],此说林沄已批之甚详[3],此不赘。

何光岳认为"於余"为夫余的另一种译写方式。於人发源于於陵,以乌鸟为图腾,后成为国名,于周朝时建国于於馀丘,称於馀,其地在今山东临沂市北。后来有一支於人迁至河南内乡的於中,一支则北迁至东北建立夫余国,是为北夫余。[4] 据《左传》昭公二年"夏,公子庆父师师伐于余丘",春秋时山东确有这样一个小国,后为邾国吞并。但说其遗民北上建立夫余国却没有任何证据,不过是由於、乌、凫音相通而得出的结论,这种说法是不能成立的。

金岳认为,见于先秦古籍的发人,其"发"读音为泼,其族最初活动于嫩江流域,昂昂溪文化即其人的文化遗存。[5] 到西周中期以后改称貊,《山海经》:"貊国在汉水东北,地近于燕,灭之。"此汉水指今辽河,貊人立国于辽河东北,后为燕将秦开所灭。"貊国被灭后,貊人余族被击散,其中一部分逃入夫余山,改名夫余,即周末汉初所见的夫余族(详后);另一部分部[6]东南逃散进入浑江、富尔江下游一带。于浑江

〔1〕周向永:《夫余名义考释》,载《社会科学战线》1996年第1期。
〔2〕张博泉:《北夫余与东夫余史地考略》,载《史学集刊》1999年第4期;马德骞:《夫余丛说》,载《博物馆研究》1994年第3期。
〔3〕林沄:《夫余史地再探讨》,载《北方文物》1999年第4期。
〔4〕何光岳:《东夷源流史》,江西教育出版社1990年版,第398、415页。
〔5〕张碧波也认为,发人最初活动于嫩江流域,"发"应读泼,也是以昂昂溪文化为发人文化,但认为发人后来与挹娄、于夷相融合。参见张碧波:《说"北发"》,载《昭乌达蒙族师专学报》1999年第5期,后收入张碧波:《东北古族古国古文化研究》(上),黑龙江教育出版社2000年版;《再说北发族》,载《黑龙江社会科学》2002年第5期。
〔6〕原文为"部",恐为"向"字之误。

的称为'小水貊';于富尔江下游的称为'梁貊'。"[1]《山海经》中的"附禺"即夫余,"是附禺山,或又称之为夫余山,今为哈达岭,夫余族之名即因此山而得","夫余族在夫余山(今哈达岭)力量虽开始壮大起来,但对西南的燕国仍存戒惧之心,她们中的一部分族人便向北挺进,于今吉林市地区赶走了秽族,夺得了秽族的都城'秽城'……她们于此立国,号称'北夫余'"。[2]

"发"在汉字上古音中应读泼,或拨(bō)[3],是没有问题的。多数学者也认同,"发"因读音与貊相近,应为貊人的一支[4]。但金岳认为貊、发的后裔发展为夫余人,却没有提出有力的证据。持类似观点的还有阎忠,认为秽貊原居辽东半岛,战国时,由于燕国攻朝鲜,导致秽貊人外迁,一部分北迁到今嫩江中游东侧及松花江大曲折处一带,因这里有乌裕尔河,所以渐被称为夫余[5],但同样没有提出有说服力的证据。说《山海经》中的貊国在辽河东北,固然也是一说[6],但称貊人后裔由此逃入夫余山,或发展为小水貊、梁貊,却都没有任何证据。

附禺山,见于《山海经》卷17《大荒北经》:"东北海之外,大荒之中,河水之间,附禺之山,帝颛顼与九嫔葬焉。"所有提到附禺山的古籍皆本于此,鉴于《山海经》一书的性质,在没有其他资料可以借鉴的情况下,仅由对音推断附禺山即夫余山,恐怕也是不能成立的。

此外,说夫余族在夫余山,即今吉林哈达岭一带,发展起来之后,北迁至今吉林市一带,赶走秽族并于此立国,这显然于《论衡》中东明南

〔1〕金岳:《东北貊族源流研究》,载《辽海文物学刊》1994年第2期。后收入金岳:《北方民族方国历史研究》,中州古籍出版社1994年版。此见《北方民族方国历史研究》,第266页。

〔2〕金岳:《北方民族方国历史研究》,中州古籍出版社1994年版,第268页。原文存在倒误,一仍其旧。

〔3〕张碧波:《说"北發"》,载《昭乌达蒙族师专学报》1999年第5期。

〔4〕孙进己、王绵厚主编:《东北历史地理》(第1卷),黑龙江人民出版社1989年版,第194页。

〔5〕阎忠:《西周春秋时期燕国境内及其周边各族考略》,载《北京建城3040年暨燕文明国际学术研讨会会议专辑》,北京燕山出版社1997年版。

〔6〕《山海经》此处的辽河指今天的哪条河,除辽河说之外,尚有滦河说、辉发河说、浑河说和朝鲜清川江说。参见刘子敏、金荣国:《〈山海经〉貊国考》,载《北方文物》1995年第4期。还有朝鲜大宁江(博川江)说,参见阎忠:《西周春秋时期燕国境内及其周边各族考略》,载《北京建城3040年暨燕文明国际学术研讨会会议专辑》,北京燕山出版社1997年版。

迁建国的记载相矛盾。

总之,认为附禺为夫余的另一种译写方式,现在看证据还是不充分的。

此外,武国勋提出:

> "夫"在上古音里又读如不 bu,"夫余"朝鲜语读如 bulou,bu-lou 的合音音近貊、发、亳、霸(回霸即濊貊)、薄,以上各字在古文献里,都是"貊"字或标,因此,朝鲜语之"夫"bu、"余"lou,是夫余二字的上古音读[1]

认为夫余的上古音应读作 bulou,貊、发、亳等音都是对夫余的促读。但是,用朝鲜语的发音来证明汉字的上古音,这种研究方法本身就存在一定的不确定性,更何况今日朝鲜语中夫余读音为 puyo,夫余的英文译名即是对朝鲜语夫余读音的音译,而不是武国勋文中所说的bulou。至少就目前的研究来看,说"余"字在汉字上古音中读为 lou,在语言学上找不到相关的证据。

关于夫余之"夫"的读音,李德山的观点值得我们重视:

> 夫余之"夫"有两音,①甫无切,非母;②防无切,奉母。但上古没有"非敷奉微"等轻唇音,轻唇音是后来从重唇音"帮滂并明"分化出来的。"帮滂并明"四个声母演变到现在普通话中的声母,除并母小有变化外,其它三个基本上都保留了原来的音值。据此推知,"夫"字古必读如蒲如薄[2]

可以肯定,在汉字的上古音中,夫余之"夫"读音如蒲、如薄,与发(读如泼或拨)、貊、亳等字读音确实可通,而亳则与番通。《左传》昭公九年"肃慎燕亳,吾北土也"的"燕亳",即"燕貊"[3]。"夫"既然与发、貊、亳相通,则不必如武国勋那样,将发、貊、亳解释为"夫余"的促读。

关于东夫余始祖夫娄的"娄"字在汉字上古音中的读音,周向永认为:

<hr>

〔1〕武国勋:《夫余王城新考——前期夫余王城的发现》,载《北方文物》1983 年第 4 期。
〔2〕李德山:《夫余起源新论》,载《社会科学战线》1991 年第 2 期。
〔3〕张博泉:《肃慎、燕亳考》,载《东北考古与历史(丛刊)》,文物出版社 1982 年版;林沄:《"燕亳"和"燕亳邦"小议》,载《史学集刊》1994 年第 2 期。

娄,古读余,段玉裁将"娄"列在虞字韵目下。《诗·山有枢》:
"山有枢,隰有榆,子有衣裳,弗曳弗娄",可证娄读余音不误[1]。

张博泉先生的观点与此类似,认为《逸周书》中提到的符娄,其
"娄"字的读音应为"闾",与余同韵,"符娄"即是夫余的同音异写[2]。
不论"娄"字在汉字上古音中读如"闾"还是读如"余",在其与"余"可
以相通这一点上,张博泉先生与周向永的观点应该说是一致的。

如果以上论述不误,在汉字上古音中,"夫"字的读音近貊,"余"字
的读音与"娄"相近,那么,作为北夫余后裔的豆莫娄[3],其族名读音即
与"豆夫余"相通。"豆"作为一个独立的音节,其内涵虽然不得而知,
但其作为"夫余"的定语或者用来形容"夫余"的形容词的作用是显而
易见的,换言之,豆莫娄是用"豆"这一音节限定的夫余人的一支。这
与《魏书》称豆莫娄"为旧北扶余"的记载是一致的。[4]

另外,"离"字与"娄"字同属虞韵,在朝鲜语中,高句丽的"丽"与
夫余的"余"读音完全相同,由朝鲜语转译的英语仍保有两词语尾相同
的特点,高句丽译为 Koguryo,夫余译为 Puyo,其语尾都是 yo。由此推
测,在汉字的上古音系中,离、丽、余、娄是对同一少数民族语词或语尾
发音的不同汉字译写。那么,橐离、高句丽、夫余、豆莫娄,以及作为北
沃沮别称的置沟娄[5],其语尾发音都是一样的。夫余出自橐离,高句
丽又是"夫余别种"[6],豆莫娄是"旧北扶余",北沃沮也与夫余有着极
其特殊的关系,我们可以认为,这些族称语尾读音相同的族,族源相同,
或者说在族源方面有着共生的关系,那么,其族称中读音相同的语尾,
应该就是其共同族源的标识。

---

〔1〕周向永:《夫余名义考释》,《社会科学战线》1996 年第 1 期。

〔2〕张博泉:《夫余史地丛说》,载《社会科学辑刊》1981 年第 6 期。

〔3〕学界通常认为,见于《晋书》卷 97《肃慎传》的"寇漫汗国",与见于同卷《裨离等十国传》
的"寇莫汗国",就是《魏书》卷 100《豆莫娄国传》中的"豆莫娄国"。但林树山认为,寇漫汗或寇
莫汗应为后世的库莫奚,与豆莫娄无关。参见林树山:《寇漫汗国与豆莫娄国试辨》,载《黑河学
刊》1988 年第 2 期。

〔4〕《魏书》卷 100《豆莫娄国传》。

〔5〕《三国志》卷 30《魏书·沃沮传》。

〔6〕《三国志》卷 30《魏书·高句丽传》。

唐德刚认为：

> 汉字中的奴（nu）、虏（lu）、娄（lou）、努（nu）、弩（nu）等字，除它们的本身字义之外，很多都是对东北部落民族口语的音译。aleu 一辞，在阿留族语言里的原义只泛指"人"而已矣，并非专用族名也。在古阿尔泰语系中，nu（奴）、lu（虏）、lou（娄）等音义可能也是泛指"人"而已矣，汉人但译其音，初无恶意也。[1]

如此说成立，那么，夫余等族的族称中读音相同的语尾，在其本族语中，最初都是人的意思。因此，夫余一词也可以理解为是貊人的另一种译写方式。史称"句骊一名貊耳"[2]也当具有相同的意义。

一般认为，夫余族世居乌裕尔河，夫余之称是因河得名[3]。但从夫余族名的读音考虑，也许这一族称最初就是称其为貊人而已，恐怕不是夫余得名于乌裕尔河，而是乌裕尔河得名于夫余了。

关于夫余的族源，吕思勉首倡东夷说，何光岳进一步细化，认为夫余出自《尔雅·释地》和邢昺《论语注疏》所载九夷之一的凫臾[4]。傅斯年首倡东胡说[5]，刘高潮、姚东玉也认为夫余出自东胡族系[6]，杨军则认为夫余有可能是鲜卑人的一支[7]。何秋涛认为夫余人出自秽，金岳认为夫余人出自貊，是在被燕击散后败走夫余山（今哈达岭），因山得名[8]。周向永认为，夫余为发源于燕山南北的佳夷的一支[9]。李德山认为，夫余是一复合族名，夫余之"夫"为"番"，"余"即为"徐"，夫余实即"番徐"，其族众由源自炎帝的番族和徐族等民族为主所组

---

〔1〕〔美〕唐德刚：《从挹娄、阿留、阿伊努之史迹看一个中日亚美民族文化圈之兴亡》，转引自张碧波：《说"北发"》，载《昭乌达蒙族师专学报》1999 年第 5 期。

〔2〕《后汉书》卷 85《高句丽传》。

〔3〕佟冬：《中国东北史》，吉林文史出版社 1987 年版，第 337 页。

〔4〕何光岳：《东夷源流史》，江西教育出版社 1990 年版，第 398 页。

〔5〕傅斯年：《东北史纲（初稿）》，国立中央研究院历史语言研究所 1932 年版，第 114 页。

〔6〕刘高潮、姚东玉：《"日种"说与匈奴之族源——兼论夫余王族属东胡系统》，载《求是学刊》1988 年第 4 期。

〔7〕杨军：《夫余族源考》，载《东北史研究动态》2001 年第 1 期。

〔8〕金岳：《东北貊族源流研究》，载《辽海文物学刊》1994 年第 2 期。

〔9〕周向永：《夫余名义考释》，载《社会科学战线》1996 年第 1 期。

成，番族入居东北较早，徐族入居东北约当商末周初。[1] 朝鲜李朝时期的文人多主张，夫余出自檀君朝鲜[2]，该说目前在朝鲜、韩国学者中仍有支持者[3]。孙进己认为夫余有两个主要来源，其一是统治民族貊人，其二是被统治民族秽人[4]；韩国学者宋镐晟的观点与之类似。[5]但总体看来，认为夫余是秽貊族系的一支的观点，目前在各国学者中都是占主导地位的看法。

《三国志》卷30《魏书·夫余传》："其印文言'濊王之印'，国有故城名濊城，盖本濊貊之地，而夫余王其中，自谓'亡人'，抑有以也。"《后汉书》卷85《夫余传》多抄自《三国志》，但直称夫余国"本濊地"。由此看来，夫余国内的被统治民族是当地的原住民濊人，而统治民族则是后迁来的夫余人，也就是貊人。孙进己的看法应是正确的。

貊人最初的分布区主要是在北方蒙古草原，在南及秦、晋、燕等国的边境，北至极远的广大范围内，都分布着貊人。貊系民族种类很多，《墨子·兼爱》提到"丑貊"，按孙诒让的解释："丑貊者，九貊类众多，《尔雅·释诂》：'丑，众也。'"他们是在上述的广大范围内与其他民族杂居。[6]

《搜神记》："羌煮、貊炙，翟之食也"，《释名·释饮食》："貊炙，全体炙之，各自以刀割，出于胡貊之为也"，这种饮食风俗显然是游牧民族的习惯，而其被命名为貊炙，说明貊人原本是游牧民族。因此，从族属上讲，《逸周书·职方》注："貊，狄之别"，应是正确的，貊人属于北狄，最初并不属于东夷。

《魏书》卷100《失韦传》记载，室韦人"语与库莫奚、契丹、豆莫娄

〔1〕李德山：《夫余起源新论》，载《社会科学战线》1991年第2期。

〔2〕〔朝鲜〕李种徽：《修山集》卷11《东史本纪》："扶余之先，出自檀君。盖檀君封支子于余地，后世因自号扶余。"类似说法也见于〔朝鲜〕许穆：《记言》卷32《东事·檀君世家》；〔朝鲜〕李德懋：《青庄馆全书》卷26《纪年儿览》（下）。

〔3〕〔朝鲜〕金炳龙：《夫余侯国的成立及其从古朝鲜的分立》，李云铎译，载《东北亚历史与考古信息》2002年第1期。

〔4〕孙进己：《东北民族源流》，黑龙江人民出版社1987年版，第129页。

〔5〕〔韩〕宋镐晟：《夫余研究》，常白衫译，载《东北亚历史与考古信息》2002年第1期。

〔6〕杨军：《秽与貊》，载《烟台师范学院学报》1996年4期。

国同",其所提到的与夫余后裔豆莫娄人语言相同的民族,室韦、奚、契丹,都属于东胡族系,其语言属阿尔泰语系的蒙古语族,因此,貊人也好,夫余人也好,可能最初出自东胡族系,其语言应属于蒙古语族。

《诗经·大雅·韩奕》郑笺:"其后追也、貊也为猃狁所逼,稍稍东迁",《史记·匈奴列传》《集解》引晋灼云:"尧时曰荤粥,周曰猃狁,秦曰匈奴",参之《盐铁论·伐功》:"周衰,诸侯力征,蛮貊分散,各有聚党,莫能相一",可知貊系各族东迁的时间是在周代,夫余人可能是最后一支东迁进入东北腹地的貊人。

大体上说,《三国志》、《后汉书》中所载后世夫余、沃沮、高句丽等族的居住地都是古秽国的势力范围,所以这一区域内的东夷人都被称为秽人。[1] 在夫余人进入该区域以后,才出现出自东胡的貊人和出自东夷的秽人相融合的情况,最终形成秽貊族系这一混血族群。

论点小结

夫余作为少数民族语词,也译写为扶余、凫臾、浮渝。但认为符、不与、夫租、於余、附禺为夫余不同译写形式的说法恐怕是不能成立的。在汉字上古音中,夫余之"夫"读音如蒲、如薄,与发(读如泼或拨)、貊、亳等字读音可通,其意义很可能是"貊人"。由此分析,夫余人从族源上讲可能是貊人的一支,貊人可能与东胡族系有关。

---

〔1〕杨军:《秽国考》,载《黑龙江民族丛刊》2004 年第 1 期。

第九个问题:夫余王考

见于中朝史籍的夫余王的名字不多,其在位时间也基本不详,只能根据文献记载略为梳理如下。先考北夫余,也就是中国正史为之立传的夫余。

《后汉书》卷85《夫余传》:

> 永宁元年(120),乃遣嗣子尉仇台诣阙贡献,天子赐尉仇台印绶金彩。顺帝永和元年(136),其王来朝京师,帝作黄门鼓吹角抵戏以遣之。桓帝延熹四年(161),遣使朝贺贡献。永康元年(167),王夫台将二万余人寇玄菟,玄菟太守公孙域击破之,斩首千余级。

尉仇台诣阙贡献,与夫余王夫台率兵侵玄菟,前后相距47年。《后汉书》卷85《高句骊传》记载,建光元年(121):"秋[1],宫遂率马韩、濊貊数千骑围玄菟,夫余王遣子尉仇台,将二万余人,与州郡并力讨破之,斩首五百余级。"公元120—121年期间,尉仇台不仅能独立出使,还能统兵作战,其年纪至少应在20岁左右,则其父此时年纪至少亦接近40岁了。若夫台为尉仇台之父、永宁元年(120)已经在位的话,那么至永康元年(167)至少已80多岁,即使其还在世,也绝不可能"将二万余人寇玄菟"。因此可以肯定,夫台是后来即位的夫余王,那么仅存在两种可能,其一种可能是,尉仇台在120年以后即位,并于167年以前去世,夫台是继承尉仇台;另一种可能是,尉仇台虽然曾被立为"嗣子",但实际上未能继位,在其父去世后,即位的是夫台。

《三国志》卷30《魏书·夫余传》:

> 汉末,公孙度雄张海东,威服外夷,夫余王尉仇台更属辽东。时句丽、鲜卑强,度以夫余在二房之间,妻以宗女。尉仇台死,简位

---

[1]《资治通鉴》卷50《汉纪四十二》系此事于建光元年十二月。

·欧·亚·历·史·文·化·文·库·

居立,无适子,有孽子麻余,位居死,诸加共立麻余。牛加兄子名位居,为大使,轻财善施,国人附之,岁岁遣使诣京都贡献。正始中(240—249),幽州刺史毌丘俭讨句丽,遣玄菟太守王颀诣夫余,位居遣犬加郊迎,供军粮。季父牛加有二心,位居杀季父父子,籍没财物,遣使簿敛送官。……麻余死,其子依虑年六岁,立以为王。

《三国志》卷8《魏书·公孙度传》:

> 东伐高句骊,西击乌丸,威行海外。初平元年(190),度知中国扰攘,语所亲吏柳毅、阳仪等曰:"汉祚将绝,当与诸卿图王耳。"

《资治通鉴》卷59《汉纪五十一》也有类似的记载,并于卷60《汉纪五十二》在初平二年(191)中提到:"公孙度威行海外,中国人士避乱者多归之。"由此可证,《三国志》所说"汉末,公孙度雄张海东,威服外夷",不晚于汉献帝初平元年,即公元190年。此时在位的夫余王尉仇台如果与前引《后汉书》所载,于120年赴汉朝贡、于121年统兵作战的夫余嗣子尉仇台为同一人,那么,其年纪至少亦在90岁上下,公孙度似不可能将宗女嫁给如此高龄的老翁。

综上,合理的解释只有一个,即《后汉书》所载夫余嗣子尉仇台与《三国志》所载夫余王尉仇台非一人,夫余共有两个同名尉仇台的王见于历史记载。若是,前一尉仇台曾于120年以夫余嗣子的身份赴东汉朝贡,于121年率夫余部队协同汉兵击退高句丽王宫对玄菟郡的围攻,其即夫余王位当在121年以后,136年赴东汉朝贡的夫余王也应该是他,在167年以前去世,在位不超过45年。后一尉仇台即位的时间不晚于190年。如果夫台在位20年左右的话,那么很可能两位同名尉仇台的夫余王中间仅隔了一位名叫夫台的夫余王。

根据《三国志》的记载,在后一尉仇台之后的夫余王分别是简位居、麻余、依虑,四世父子相承。依虑也见于《晋书》卷97《四夷传·夫余国》,"太康六年(285),为慕容廆所袭破,其王依虑自杀"。由《三国志》的记载来看,麻余当在毌丘俭讨高句丽之后不久去世,依虑的即位不早于245年,其在位约近40年,其即位时年仅6岁,自杀时还不到50岁。

《晋书》卷 97《四夷传·夫余国》:

> 明年(286),夫余后王依罗遣诣龛,求率见人还复旧国,仍请援。龛上列,遣都邮贾沉以兵送之。廆又要之于路,沉与战,大败之;廆众还,罗得复国。

《资治通鉴》卷 81《晋纪三》载此事作:"故扶余王依虑子依罗,求帅见人还复旧国,请援于东夷校尉何龛",《十六国春秋》卷 23《前燕录·慕容廆》的记载与此相同,证明依罗为依虑之子。

此外,《资治通鉴》卷 97《晋纪十九》永和二年正月条:"燕王皝遣世子俊帅慕容军、慕容恪、慕舆根三将军,万七千骑,袭夫余。俊居中指授,军事皆以任恪,遂拔夫余,虏其王玄及部落五万余口而还。皝以玄为镇军将军,妻以女。"这里提到的夫余王玄,不知其何时即位,但是在 346 年成为前燕的俘虏,此后被封为前燕的"镇军将军"并娶慕容皝之女为妻,应是生活在前燕了。由此看来,此后夫余国虽然仍旧存在,却已经是前燕的附属国。此夫余王玄与 286 年复国的夫余王依罗是何关系,没有史料可以说明,而从依罗即位至王玄被俘,共历 60 年,两者不是直接继承关系的可能性应该更大一些。

此后中国史书中虽然还出现过夫余王余蔚,但其活动地域已与夫余国没有任何关系,这个所谓的"夫余王",应是中原政权封给他的爵位或头衔而已,与夫余国无关。但其人姓"余",联系百济国王室姓夫余,也可以简称姓"余"来看,此人应是夫余人的后裔,或许就是 346 年被虏的夫余王玄与慕容氏的后裔,因而才被封为夫余王。

《后汉书》卷 85《夫余传》记载:"至安帝永初五年(111),夫余王始将步骑七八千人寇钞乐浪,杀伤吏民,后复归附。"有学者依据《太平寰宇记》:"至汉末,公孙度雄张海东,威服外夷。其王始死,子尉仇台立,更属辽东",将"始"理解为夫余王名,认为是我们所说的尉仇台(甲)之父。[1] 但根据《太平寰宇记》的上述说法,"始"如果是夫余王名,也应该是我们所说的尉仇台(乙)之父,也就是说,这种说法是在夫台和尉

---

〔1〕明学、中澍:《夫余漫笔——以考释简位居为中心》,载《学术研究丛刊》1984 年第 4 期。

仇台(乙)之间加入了一代夫余王"始",则其在位时间上限不能早于167年,下限不能晚于190年,这与《后汉书》"夫余王始"在永初五年(111)寇乐浪的记载明显是矛盾的。《太平寰宇记》晚出,且其记载存在混乱,因而本文不取其说,还是按通常观点,将《后汉书》中的"夫余王始将步骑七八千人寇钞乐浪"的"始"理解为开始。

据此,我们可以排出2世纪上半叶至3世纪下半叶在位的夫余王的王系:尉仇台(甲)—夫台—尉仇台(乙)—简位居—麻余—依虑—依罗。除依罗外,前6位夫余王共在位约160年,其中尉仇台(甲)和依虑在位都在40年左右,那么,其他4位夫余王平均在位20年左右。参考此估计时间,我们可以将上述各夫余王的在位时间列如表3,前面加"?"号的是我的估计:

表3　诸夫余王在位时间

夫余王名	即位时间	去世时间	肯定在位之年
尉仇台(甲)	?2世纪20年代	?2世纪60年代	
夫台	?2世纪60年代	?2世纪80年代	167年
尉仇台(乙)	?2世纪80年代	?3世纪初	190年
简位居	?3世纪初	?3世纪20年代	
麻余	?3世纪20年代	?3世纪40年代	244—245年
依虑	?3世纪40年代	285年	265—286年
依罗	286年		286年

《通志》卷194《四夷传·百济》:"百济,即后汉末夫余王尉仇台之后",同样的记载也见于《通典》和《太平寰宇记》。《三国史记》卷23《百济本纪·始祖温祚王本纪》:"一云,始祖沸流王,其父优台,北扶余王解扶娄庶孙。"卷32《杂志·祭祀》:"按《海东古记》,或云始祖东明,或云始祖优台,《北史》及《隋书》皆云:东明之后有仇台,立国于带方。"可证,"尉仇台"即"优台"的另一种译写形式。

《三国志》卷30《高句丽传》:"其官有相加、对卢、沛者、古雏加、主簿、优台、丞、使者、皂衣、先人,尊卑各有等级。"优台为高句丽早期官称,即《三国史记》所载"于台",最初应是浑江流域的土著居民对部落

122

首领的称呼,在高句丽五部形成之后,转变为对五部部长的一种称呼[1]。这也应是夫余人早期对部落首领的称呼。

由此看来,尉仇台、优台、于台,都是同一夫余语人名的不同音译,最初可能是夫余人中一位杰出的部落首领的名字,后来演变为夫余人对部落首领的敬称,在高句丽人中,此名字后来由部落首领的敬称发展为早期的官名,而在夫余人中,却更多地保留着其作为人名的原始用法,一直是夫余人中非常流行的男性人名,因而才会出现前后两个夫余王同名尉仇台的现象。

顾铭学认为,"仇台"即"优台","'尉仇台'的'尉'字,既不是他的姓,也不是他的名的组成部分。他的本名应是'仇台','尉'字是后加上去。也许他与后汉关系密切,助汉有功,后汉皇帝便赏赐给他以'尉'的官职"[2]。但考虑到史籍中尉仇台通仇台,而仇台又等同于于台,那么,最可能的情况是,尉仇台是完整的音译,仇台的译法是省略了首音节"尉",于台的译法是省略了第二个音节"仇"。

也有学者认为,"位"与"尉"音近,所以,夫余王"尉仇台"应即"位仇台",按高句丽语,"位"的意思是相似,前一夫余王尉仇台应是记载衍"尉"字,其名字就是仇台,后一个夫余王尉仇台就是"位仇台",加"位"字,指其与前王"仇台"相似,其事与高句丽王"宫"和"位宫"的关系类似[3]。但在汉语上古音中,"尉"字也读如"郁",并没有证据可以证明,在"尉仇台"这一人名中一定读如"位"。

此外还需要说明的是简位居。因为《三国志》既提到"尉仇台死,简位居立","位居死,诸加共立麻余",又提到"牛加兄子名位居","位居遣大加郊迎","位居杀季父父子",因而有学者认为,位居即简位居

[1]杨军:《高句丽地方官制研究》,载《社会科学辑刊》2005年第6期;《高句丽早期五部考》,载《西北第二民族学院学报》2008年5月。

[2]顾铭学:《魏志夫余传中的三个费解句——夫余漫笔之二》,载《学术研究丛刊》1987年第4期。

[3]〔韩〕李丙焘:《韩国古代史研究》,汉城博英社1983年版,第213-221页;转引自朴真奭:《高句丽好太王碑研究》,李东源译,延边大学出版社1999年版,第170页。

的省称。[1] 前引《三国志》卷30《魏书·夫余传》的记载,是在"诸加共立麻余"之后,插入了一段对简位居在位情况的记述,应当作如下的分段才更为清晰:

> 尉仇台死,简位居立,无适子,有孽子麻余,位居死,诸加共立麻余。

> 牛加兄子名位居,为大使,轻财善施,国人附之,岁岁遣使诣京都贡献。正始中(240—249),幽州刺史毌丘俭讨句丽,遣玄菟太守王颀诣夫余,位居遣大加郊迎,供军粮。季父牛加有二心,位居杀季父父子,籍没财物,遣使簿敛送官。……

> 麻余死,其子依虑年六岁,立以为王。

但这种观点存在3个问题。第一,如果将"牛加兄子名位居,为大使"视为对简位居即位前经历的追述,那么,在尉仇台去世之后,是"牛加兄子"简位居而不是尉仇台之子继承了王位。参照下文"简位居立,无适子,有孽子麻余,位居死,诸加共立麻余"的记载,《三国志》对简位居之后不是嫡子继承王位一事还作了说明,如果简位居不是尉仇台之子而是"牛加兄子"的话,对于其得以即位的特殊原因,《三国志》不应该不作任何说明。第二,如果杀季父牛加父子的位居就是夫余王简位居的话,那么,"籍没财物"自然由夫余王处理,似不应"遣使簿敛送官"。第三,持此观点的学者认为,位居夺得夫余王位当在其处死牛加父子之后[2],按《三国志》的行文次序,位居杀牛加父子是在遣大加郊迎王颀之后,就是说,位居即位应不早于245年。依虑之子依罗能够在286年率夫余遗民复国,年纪自然不会很轻,认为当时依罗20多岁应是比较保守的估计,依罗至晚也应生于260年左右;假如依罗出生时其父依虑年纪在20岁左右,则依虑的生年似应在240年前后。其6岁即位,则其即位很可能是在245年左右。如此推测不误的话,那么在简位居与依虑之间就不存在麻余任夫余王的时间段了。

---

〔1〕明学、中澍:《夫余漫笔——以考释简位居为中心》,载《学术研究丛刊》1984年第4期;顾铭学:《魏志夫余传中的三个费解句——夫余漫笔之二》,载《学术研究丛刊》1987年第4期。

〔2〕明学、中澍:《夫余漫笔——以考释简位居为中心》,载《学术研究丛刊》1984年第4期。

还有学者认为:"扶余王简位居逝世,无嫡长子,诸加共立孽子麻余。牛加兄子名位居,任大使职,收买国人,并年年派人向东汉朝廷进贡,夺得了王位。"[1]这是将夫余王简位居与大使位居视为两人。其所说诸点均与《三国志》的记载相符合,唯独最后一句,称位居"夺得了王位",却没有史料依据。按其行文,大使位居应在麻余手中"夺得了王位",而这明显与《三国志》"麻余死,其子依虑年六岁,立以为王"的记载相矛盾。

因此,本文仍尊传统观点,认为《三国志》所载夫余王简位居与大使位居是两个人。后者是"牛加兄子",夫余王麻余在位时的实际执政者,后来也是他杀死了其"季父牛加"父子。位居之所以得以大权独揽,实际上掌握夫余政权,恐怕与夫余王麻余是"孽子",得不到夫余诸权贵的认同有关。简位居与位居可能为两人同名,这与前边论述的两个夫余王同名尉仇台的情况非常相似。

其次略说见于史籍的东夫余王。

中国史籍中绝少涉及东夫余的史料。据《三国史记》等朝鲜古籍,东夫余的开国君主为解夫娄,其父为解慕漱。解夫娄之后,其养子金蛙嗣位。金蛙有6子,长子带素嗣位,后死于与高句丽的战争。《三国史记》卷14《高句丽本纪·大武神王本纪》载大武神王称:"孤以不德,轻伐扶余,虽杀其王,未灭其国",带素死后,东夫余并未因此而灭亡,但何人继带素之后即位,朝鲜古籍中也没有任何线索可寻。

《三国史记》卷14《高句丽本纪·大武神王本纪》还提到金蛙小儿子的一些事情:

> 扶余王带素弟至曷思水滨立国称王。是扶余王金蛙季子,史失其名。初,带素之见杀也,知国之将亡,与从者百余人至鸭绿谷,见海头王出猎,遂杀之,取其百姓,至此始都,是为曷思王。

高句丽大武神王的"次妃",就是"曷思王孙女",生王子好童。朱蒙实为金蛙养子,则大武神王与其次妃的婚姻及行辈关系可以图示

〔1〕傅朗云、杨旸:《东北民族史略》,吉林人民出版社1983年版,第39页。

如下：

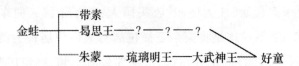

关于曷思国，朝鲜李朝文人亦多异说。赵挺《东史补遗》卷1《三国》称其为"金蛙第三子"，与前引《三国史记》的说法相矛盾，不知何据。许穆《记言》卷32《东事·檀君世家》："金蛙传带素，带素恃其强大，与句丽争攻伐，卒为所击杀。其弟曷思代立，至孙都头降句丽，东扶余亡"，则是将曷思王视为带素之后的东夫余王，明显是对《三国史记》记载的误解。李焕模《斗室寱言》卷3《东语·檀君纪（附扶余）》："带素立，恃其强大，数侵句丽。王莽天凤五年壬午，卒为句丽所击杀。其弟代立于曷思水（疑在鸭绿北）为王，至孙都头降句丽。"也存在着同样的对《三国史记》的误解。出于这种误解，有的李朝文人误将曷思王孙都头降高句丽之年作为东夫余国的灭亡之年，这无疑是错误的。还有的将东夫余诸王、曷思王，以及北夫余诸王混为一谈，视为同一夫余政权的前后诸王，如：韩致奫《海东绎史》卷4《夫余》："金蛙之末，当汉成帝时，后传带素，为高句丽大武神王所击杀，当新莽地皇三年也。带素之弟奔曷思水自立，是为曷思王，至孙都头以国降于高句丽太祖王，东夫余亡。即汉明帝永平十一年也。其后复有余种，通使于晋，曰依虑、依罗，至王玄，竟为慕容氏所并。"这种错误是显而易见的，亦不足深辩。

曷思王立国的曷思水不知为今何水，但应与"鸭绿谷"相距不远，很可能是今鸭绿江的某一支流。曷思王最初仅有"从者百余人"，其国显然实力不强，由其孙女与大武神王的婚姻关系来看，曷思王可能从一开始就是高句丽的属国。至高句丽太祖大王在位时，"曷思王孙都头以国来降，以都头为于台"[1]。曷思国正式灭亡，此后这一支夫余人也不见于史书记载。

---

[1]《三国史记》卷15《高句丽本纪·太祖大王本纪》。

论点小结

　　有两位夫余王同名尉仇台,此人名与见于《三国志》的优台、见于《三国史记》的于台应为同名异译。2 世纪上半叶至 3 世纪下半叶在位的北夫余王依次为:尉仇台(甲)、夫台、尉仇台(乙)、简位居、麻余、依虑、依罗。见于朝鲜古籍的东夫余王仅有解夫娄、金蛙、带素等 3 代。

第十个问题：
北夫余的社会结构

北夫余，即中国正史为之立传的夫余，其国内社会阶层的构成，学界通常存在两种理解。一种观点认为，夫余国分为贵族阶级、豪民阶级、下户阶级和奴隶阶级 4 个社会阶层，前两者为统治阶级，下户为平民，但"地位极不稳定，很少上升为豪民阶级，绝大部分在逐渐或已经沦为奴仆"。[1] 另一种观点认为，夫余国可以分为贵族、豪民、平民、下户、奴隶 5 个社会阶层，下户的地位等同于奴隶。[2] 两种观点都是建立在视夫余国为奴隶制政权的前提和基础之上的，区别在于对其"下户"性质的理解。

从现存史料来看，夫余国内最基本的社会单位无疑是"邑落"，《三国志》卷 30《魏书·夫余传》："邑落有豪民，名下户皆为奴仆。"参之《三国志》卷 11《魏书·邴原传》裴松之注引《原别传》："辽东多虎，原之邑落独无虎患。"可知，《三国志》所说"邑落"通常是指村落。高句丽人"国中邑落暮夜男女群聚，相就歌戏"[3]，其"邑落"显然也是指村落。夫余人的风俗与高句丽人类似，且"其民土著"，"土地宜五谷"[4]，与高句丽人一样也是从事农耕的，因而其"邑落"也应是指村落无疑。

但是，对于前引《三国志》记载的"名下户皆为奴仆"如何理解，学界却存在分歧。

刘凤翥认为：

---

〔1〕顾铭学：《魏志夫余传中的三个费解句——夫余漫笔之二》，载《学术研究丛刊》1987 年第 4 期。

〔2〕张博泉：《夫余社会与一体结构》，载《史学集刊》1997 年第 4 期。

〔3〕《三国志》卷 30《魏书·高句丽传》。

〔4〕《三国志》卷 30《魏书·夫余传》。

"名下户"是一个词组,它是由"名下"和"户"两部分组成,而不是由"名"和"下户"组成。"名下"与上半句中的"豪民"联系,即豪民名下。联系上下理解,"名下户"即沦为豪民名下之户。这种人不管他们以前是上户、中户还是下户,一旦沦为豪民名下,都会成为奴仆也就是奴隶。……"名下户"是与夫余政权的"编户"相对而言。在"名下户"之前有"户八百"[1],这就是夫余政府的编户。"名下户"之后有"诸加自战,下户俱担粮饮食之"。这里的"下户"与"名下户"不是一个意思。这里是指夫余政权的下层编户[2]。

　　但是,似乎在《三国志》的同一篇传记中,陈寿同时使用"下户"、"名下户"这样两个极易混淆的概念的可能性是比较小的,因此,学界通常还是将"下户"作为一个特定词语来加以理解,认为"名下户皆为奴仆"中的"下户",与"有敌,诸加自战,下户俱担粮饮食之"中的"下户",其内涵是相同的。

　　朝鲜学者李趾麟根据毛本、宋本《三国志》"名下户皆为奴仆"中的"名"字皆作"民"字,认为《三国志》此处原文应以"民"字为准,应标点为:"邑落有豪民、民,下户皆为奴仆。"[3]诚如顾铭学所说,《三国志》此处的记载,"是古人写记事文,不是今人在划成分,决不会在豪民与下户之间再加一个民。这是粗通古汉语的人也会感觉到的"[4] 即使《三国志》在此是要表明,夫余人的邑落中存在3个社会阶层,也完全可以采用其他概念,而不必使用"豪民民"这种极易混淆的行文。因此,中华书局点校本《三国志》将此处订正为"名"字无疑是正确的。

　　对于下户的身份,学者多认为是奴隶。如:张博泉先生认为,"名下户,皆为奴仆",即"占有下户为奴仆","下户是诸加、豪民占有的奴

---

〔1〕"户八百",应为"户八万"之误。参见《三国志》卷30《魏书·夫余传》。

〔2〕刘凤翥:《也谈〈三国志·夫余传〉中的"名下户"》,载《社会科学战线》1989年第2期。

〔3〕转引自顾铭学:《魏志夫余传中的三个费解句——夫余漫笔之二》,载《学术研究丛刊》1987年第4期。

〔4〕顾铭学:《魏志夫余传中的三个费解句——夫余漫笔之二》,载《学术研究丛刊》1987年第4期。

仆,语言非常清晰,无需再作别解"〔1〕"下户当即加户(家户),家是一般平民,下户(加户、家户)是属于诸家的生产奴隶,在邑落诸家中的富有者——豪民也名下户(加户、家户)为奴隶。"〔2〕顾铭学指出:"名下户者,即被豪民和贵族所占有之下户也(首先是豪民),而被豪民或贵族所占有的下户,都得给他们去当奴隶。"他认为下户存在一个沦为奴隶的过程。〔3〕就这一点而言,其观点与前引刘凤翥的观点是一致的。朴灿奎虽然认为,下户是泛指作为东夷各族社会生产主要承担者的社会基层居民,其性质为自耕农或佃农组成的自由民,但却认为:"夫余的'下户'在夫余的对外战争中只能承担后勤输送等事宜,并不能直接参加战斗,其身份显然应排除在可服兵役的'民'或'百姓'行列之中。从这一点来看,夫余的'下户'应有别于自由民,而不能服兵役。此记载进一步表明了夫余之'下户'的奴隶身份。"〔4〕

赵红梅认为:

> 分析其"下户"的阶级地位,"邑落有豪民,名下户皆为奴仆"这条史料是很重要的,对后一句,笔者认为是个判断句,其中主语部分省略了一个"者"字,如果把它补上,就是"名下户者,皆为奴仆",译为现代汉语,即是"称作下户的人,都被视为奴仆"。但是,夫余的"下户"不同于普通的奴婢,他们虽然没有服兵役的权力,但他们能够参与"担粮"负责后勤运输,并占有一定剩余的农产品,说明他们在社会中还是有一定地位的。……因此,夫余的"下户"也不单纯是"份地耕奴",其中有一部分应属平民阶层,他们的社会地位虽比奴隶要好一些,但实际上也是处于被剥削被压迫境地,因此也被看成是奴仆那样的人。……邪马台国的"下户"有似于夫余,即其中包括平民与奴隶,并非单纯都是奴隶〔5〕

〔1〕张博泉:《夫余社会与一体结构》,载《史学集刊》1997年第4期。
〔2〕张博泉:《夫余的地理环境与疆域》,载《北方文物》1998年第2期。
〔3〕顾铭学:《魏志夫余传中的三个费解句——夫余漫笔之二》,载《学术研究丛刊》1987年第4期。
〔4〕朴灿奎:《高句丽之"下户"性质考》,载《东疆学刊》2003年第3期。
〔5〕赵红梅:《夫余、马韩、邪马台三国"下户"之比较》,载《东疆学刊》2001年第1期。

这是试图调和下户的奴隶说与平民说,认为夫余下户的身份不宜一概而论,其中既包括奴隶也包括平民。对《三国志》记载中的"名"字的理解也存在明显的差异,或认为应解释为"占有",或认为应解释为"称作"。

在《三国志》卷30《魏书·东夷传》中,"下户"一词共出现8次,除前引见于《夫余传》的两次之外,现将其他6次摘引如下:

《高句丽传》:其国中大家不佃作,坐食者万余口,下户远担米粮鱼盐供给之。

《高句丽传》:建安中,公孙康出军击之,破其国,焚烧邑落。拔奇怨为兄而不得立,与涓奴加各将下户三万余口诣康降,还住沸流水。

《濊传》:其官有侯、邑君、三老,统主下户。

《韩传》:其俗好衣帻,下户诣郡朝谒,皆假衣帻,自服印绶衣帻千有余人。

《倭传》:其俗,国大人皆四五妇,下户或二三妇。

《倭传》:下户与大人相逢道路,逡巡入草;传辞说事,或蹲或跪,两手据地为之恭敬。

其中,《濊传》中提到的下户意义比较明显,就是指百姓。《韩传》中的下户既然能够"诣郡朝谒",显然不是奴隶,而是应具有较高的社会地位。《倭传》中提到的下户,就其与"大人"的关系而言,似乎地位极为低下,但其既然能有"二三妇",可见也不会是奴隶。

《三国志》卷30《魏书·沃沮传》:"国小,迫于大国之间,遂臣属句丽。句丽复置其中大人为使者,使相主领,又使大加统责其租税,貊布、鱼、盐、海中食物,千里担负致之,又送其美女以为婢妾,遇之如奴仆。"将此记载与前引同卷《高句丽传》"下户远担米粮鱼盐供给之"相对照,可证高句丽人的下户包括被其征服的沃沮人。学界或认为沃沮人是隶属于高句丽的"民"或"百姓"[1],或认为其是高句丽人的"份地耕

---

[1]朴灿奎:《高句丽之"下户"性质考》,载《东疆学刊》2003年第3期。

· 欧 · 亚 · 历 · 史 · 文 · 化 · 文 · 库 ·

奴"类型的奴隶[1]。

据《三国志》卷30《魏书·高句丽传》可知,高句丽人"户三万",分为5部,若以1户5口计,则每部平均人口约3万口。如此看来,拔奇与涓奴加"各将下户三万余口",前者统率的是王部桂娄部的全部人口,后者统率的是涓奴部的全部人口,那么,下户在这里,用法与《濊传》完全相同,就是指普通百姓。由此推断,《高句丽传》中"下户远担米粮鱼盐供给之"的下户也是指普通百姓,当然,也包括被高句丽人征服的其他民族的普通百姓。

既然《三国志》卷30《魏书·东夷传》在其他民族的传记中出现的下户都是指普通百姓,那么,《夫余传》中的下户自然也不应该另有其他意义,当也是指普通百姓,而不会是指奴隶。正如有的学者已经指出的,《三国志》卷30《魏书·夫余传》"杀人者死,没其家人为奴婢",这个"奴婢",才指夫余人中的奴隶,这可以从另一个角度证明,《夫余传》中的下户其身份不是奴隶。

综上,夫余人最基层的社会组织是村落,生活在村落中的主要是夫余国的平民、普通百姓,而不是奴隶。夫余人的"下户"既然不是奴隶,将与之相对称的豪民理解为奴隶主、说夫余国处于奴隶制社会就都显得牵强了。

关于如何理解夫余下户与豪民之间的关系,我们应该从夫余国内的民族构成入手。

《三国志》卷30《夫余传》:"其印文言'濊王之印',国有故城名濊城,盖本濊貊之地,而夫余王其中,自谓'亡人',抑有以也。"《后汉书》卷85《夫余传》也称夫余国"本濊地",而后引王充《论衡·吉验》所载夫余神话来说明夫余国的起源,裴松之注《三国志》时也引用了《魏略》记载的同一神话。可见,夫余国内的民族分成两大系统,一是土著的濊人,或者称濊貊,一是后迁入的夫余人。夫余人不仅是后来进入这一地区的征服民族,也是夫余国的统治民族。濊貊人则是被夫余征服的民

〔1〕张博泉:《东北地方史稿》,吉林大学出版社1985年版,第12页。

族,是夫余国内的被统治民族。

《旧三国史》的神话提到朱蒙与乌伊、摩离、陕父等3人为友,一起南迁[1]。这个内容也包含在各种版本的朱蒙神话中。据《三国史记》卷13《高句丽本纪·琉璃明王本纪》,乌伊与摩离在公元14年"领兵二万西伐梁貊,灭其国,进兵袭取汉高句丽县",此时距朱蒙南迁已51年,乌伊、摩离即使与朱蒙迁徙时仅20岁,至此也已70多岁了。高句丽前3位王中,朱蒙享年40岁,其子琉璃明王约56岁,大武神王最高寿,也只61岁。乌伊、摩离70多岁仍健在,并能领兵远征,是很令人怀疑的事情。此3人名字也不见于中国史书,《魏书》卷100《高句丽传》称"朱蒙乃与乌引、乌违等二人,弃夫余,东南走",而未提到乌伊。则乌伊、摩离可能是随朱蒙迁徙的部族的名称。乌伊,《三国史记》中也作鸟伊,伊字《东国史略》作夷,则乌伊也可以写成鸟夷。《尚书·禹贡》"岛夷皮服",岛字原作鸟,唐人改为岛[2],王肃注:"鸟夷,东北夷国名也。"鸟夷是东北古部族,应属于秽系部族,乌伊即是鸟夷的代名词[3]。高句丽一词《阙特勤碑》作"Bokli",以汉字标音,正是摩离[4]。《后汉书》卷85《高句骊传》"句骊一名貊耳",摩离即貊,应是出自貊系。也就是说,随朱蒙自夫余国南迁的部众中,不仅有夫余人,还有大量秽系民族与貊系民族。所以夫余王带素才说朱蒙:"诱我臣逃至此,欲完聚以成国家。"[5]朱蒙所部的民族构成也可以证明,夫余国内存在着不同的族群。

《三国志》卷30《魏书·夫余传》中另一条有关下户的记载:"有敌,诸加自战,下户俱担粮饮食之",证明下户不直接参与战斗,也就是不具备当兵的权利。与敌人作战的显然不仅仅是"诸加",这里也应涵

---

[1][高丽]李奎报:《东国李相国全集》卷3《东明王篇》注引。

[2]金景芳、吕绍纲:《〈尚书·虞夏书〉新解》,辽宁古籍出版社1996年版,第314页。

[3]秽人为东北土著民族,貊人原生活在蒙古草原,后迁入东北地区。鸟夷是东北见于记载的最古的居民,秽人是其继承者。参见杨军:《秽与貊》,载《烟台师范学院学报》1996年4期。

[4]岑仲勉注释突厥文的《阙特勤碑》,将此词标音为"莫离",与"摩离"完全相同。参见岑仲勉:《突厥集史》,中华书局1958年版,第892页。

[5]《三国史记》卷13《高句丽本纪·琉璃明王本纪》。

盖"诸加"指挥下的部队。由此看来,"诸加"指挥下的部队应由夫余国的统治民族夫余人构成。而不直接参加战斗,仅"担粮饮食之",即负责军需后勤的"下户",应由夫余国内的被统治民族濊貊人构成。

参之《三国志》卷 30《魏书·高句丽传》中称高句丽人为"国人"[1],可能在夫余国内,夫余人也是被称为国人的,而称另一族群濊貊人的平民为"下户",夫余国邑落中的豪民,应是受命管理被征服者濊貊人村落的夫余人头领,作为征服者,在他们看来,被他们征服的濊貊人,也就是下户,都是他们的奴仆,这才是"邑落有豪民,名下户皆为奴仆"的真正含义。

《三国志》卷 30《魏书·夫余传》:"用刑严急,杀人者死,没其家人为奴婢",刑法使用的对象应不只是针对濊貊人,当也用于夫余人,这说明当时夫余人中已出现沦为"奴婢"者。由此来看,至少在《三国志》的史料所反映的时代,普通夫余人除了拥有当兵的权利之外,其社会地位与从事农耕经济的土著濊貊人"下户"之间已经不存在明显的区别。至晋代,下述史料也反映出,夫余国内已不存在征服民族与被征服民族的界线,而是全部被认为是夫余种人,或称夫余之口。

> 尔后每为(慕容)廆掠其种人,卖于中国。帝愍之,又发诏以官物赎还,下司、冀二州,禁市夫余之口[2]

至晚在东汉时代[3],夫余国内征服民族与被征服者民族间的区别正在消失,社会分层开始取代征服者与被征服者之间的界线。也就是说,被征服者濊貊人"下户"开始与征服者夫余人中的平民一同构成占

---

〔1〕《三国志》卷 30《魏书·高句丽传》"国人有气力,习战斗,沃沮、东濊皆属焉",明显是指高句丽人。

〔2〕《晋书》卷 97《四夷传·夫余国》。

〔3〕陈寿在《三国志》卷 30《东夷传》的"序"中说:"故撰次其国,列其同异,以接前史之所未备焉。"表明《东夷传》不是严格遵照全书的断代,记载三国时期的史事,而是有相当多的追溯内容,以补两汉断代史之阙。《高句丽传》的编年叙事从王莽朝开始,《沃沮传》的叙事更是上溯至西汉武帝征卫氏朝鲜,都是这种体例的最好表现。《夫余传》中首列对夫余人风俗的记载,说明这些内容并不是三国时期夫余人的情况,最晚也是东汉时期的史事。因此,我们认为,《三国志》的记载中所反映的夫余人的社会状况,当是东汉时期夫余人的情况,或者说,大约是公元1—2世纪的情况。也是因为这个原因,范晔著《后汉书》时,其《夫余传》才大量照录《三国志·夫余传》的这部分内容。

社会人口大多数的平民阶层。

夫余人的葬俗是:"其死,夏月皆用冰。杀人殉葬,多者百数"[1],如果我们把"殉葬"者理解为奴隶的话,那么可以肯定,夫余国内存在大量的奴隶。奴隶的来源,其一是因犯罪而罚没的奴隶,即"没其家人为奴婢";其二很可能是战争中的俘虏,这也是奴隶的通常来源。但是,夫余人在征服秽貊人立国以后,很少进行大规模的战争,因犯罪而罚没的奴隶其数量自然有限,因此,对夫余国内奴隶的数量似乎不可以作过高的估计。再者,就目前可见的史料而言,也没有证据可以证明,奴隶是夫余社会的主要生产者,因此,视夫余国为奴隶制政权的传统观点恐怕是有待于进一步研究的。

《三国志》卷30《魏书·夫余传》:"皆以六畜名官,有马加、牛加、猪加、狗加、大使、大使者、使者",夫余人的官员可以划分为两种类型。其一,"诸加"类,包括马加、牛加、猪加、狗加等。参照"其邑落皆主属诸加"的记载,可见"诸加"是占有采邑的贵族。其二,使者类,前引《三国志》的记载中提到的有大使、大使者、使者等。见于《三国志》的任"大使"一职的有位居,是"牛加兄子",在麻余在位期间执政,玄菟太守王颀赴夫余时,"位居遣大加郊迎",后来他还杀掉了其"季父牛加",由此我们至少可以肯定,"大使"一职在夫余政权中的权力和地位并不次于"诸加"。由此推测,"诸加"类官员与使者类官员的主要区别可能在于是否占有采邑。"诸加"类官员与使者类官员共同构成夫余统治阶级的上层。

《三国志》卷30《魏书·夫余传》:"诸加别主四出,道大者主数千家,小者数百家",所谓"别主",即由"诸加"任命的负责管理其采邑的家臣,这构成夫余统治阶级的下层。具体管理各村落的"豪民"应该是"别主"的下级,但由《三国志》称其为"民"来看,恐怕其并不具备政府官员或者采邑主领地上官员的正式身份,而只是临时性负责处理具体事务的夫余人平民而已,其社会阶层应属于平民,而不是统治者。换言

---

〔1〕《三国志》卷30《魏书·夫余传》。

之,虽然其视下户如奴仆,但实际上其与下户处于同一社会阶层。

夫余人"其民土著,有宫室、仓库、牢狱","作城栅皆员"[1],证明夫余人有城。夫余人的城中有作为贵族居所和政府办公地点的"宫室",也有"牢狱",证明夫余人的城是统治的中心,也是重要的地方政府的所在地。从其有"仓库"来看,夫余人的城也是粮食储备中心,自然同样也是地区的经济贸易中心。作为区域政治、经济中心的城,连同其周围的村落一起,构成夫余人的一个地方统治单位,也许这就是"别主"所管辖的区域,而"别主"或者"诸加"是居住在城中的。规模最大、最重要的城,无疑是被称为"国"的夫余人的都城[2],学界习惯称之为夫余王城。但现有的史料还无法证明,作为征服者的夫余人,是全部居住在城中,还是在豪民管理的被征服民族濊貊人的村落之外有着自己聚居的村落。

综上所述,夫余国内的统治者包括占有采邑的贵族、执政官员,及其家臣,其被统治者主要是平民,奴隶数量较少,认为夫余是奴隶制政权的传统观点恐怕是不能成立的。夫余国内的社会阶层主要是3个,统治者阶层或者说贵族阶层,以下户为代表的平民阶层,还有奴隶。下户即平民,豪民应是平民的上层,二者都不构成另外的社会阶层。

论点小结

史书所载夫余人的"下户",当与《三国志·东夷传》中所载其他民族的"下户"性质相同,为夫余国内的平民阶层,而非奴隶。夫余国社会阶层共分3种,统治者阶层或者说贵族阶层,包括占有采邑的贵族、执政官员,及其家臣;平民阶层,包括史书所载豪民与下户,还有奴隶阶层。

---

[1]《三国志》卷30《魏书·夫余传》。
[2]《三国志》卷30《魏书·夫余传》:"尤憎妒,已杀,尸之国南山上",这个"国"显然就是指夫余王城。

第十一个问题：北夫余的官制

《三国志》卷 30《魏书·夫余传》记载："其民土著，有宫室、仓库、牢狱"，"以殷正月祭天，国中大会，连日饮食歌舞，名曰迎鼓，于是时断刑狱，解囚徒"，虽然"断刑狱"的不一定是专职法官，也不一定存在特殊的机构，但是，宫室的建筑，仓库、监狱的管理，却已需要专门的官员和机构，这一切都可以证明，北夫余政权已经存在一套比较复杂和完善的官制。

《三国志》记载了一则"旧夫余俗"，就是夫余人从前的习惯，"旧夫余俗，水旱不调，五谷不熟，辄归咎于王，或言当易，或言当杀"，可以证明，在这种旧俗盛行的时代，夫余社会发展阶段尚未步入成熟国家阶段，所谓的夫余王，实际上还不过是酋邦或部落联盟的首领，并不具有王的权力。[1] 但臣服于汉政权以后，"夫余王葬用玉匣。常豫以付玄菟郡，王死则迎取以葬"[2]，这无疑巩固了夫余王的地位，对夫余王权的加强起到了促进作用。

现在我们可以找到与夫余王位继承有关的 3 则史料：

1. 永宁元年（120），乃遣嗣子尉仇台诣阙贡献，天子赐尉仇台印绶金彩。[3]

2. 尉仇台死，简位居立。无适子，有孽子麻余。位居死，诸加共立麻余。

3. 麻余死，其子依虑年六岁，立以为王。[4]

史料 1 证明夫余已存在王位的继承制度，在王生前就已经确立了继承者，即"嗣子"。史料 2 证明，夫余王位的继承制度受中原汉王朝

---

[1]相关论述参见本书第四个问题"东明传说解析"中的讨论。

[2]《三国志》卷 30《魏书·夫余传》。

[3]《后汉书》卷 85《夫余传》。

[4]《三国志》卷 30《魏书·夫余传》。

·欧·亚·历·史·文·化·文·库·

的影响,已经存在立嫡原则,只有在没有嫡子的情况下,才可以由庶子继承王位。史料 3 证明,在立嫡原则下,未成年人可以继承王位,这在酋邦或部落联盟时期是绝对不可能的。可以肯定,至晚在公元 120 年前后,夫余已形成王位继承制度,其王权已经形成并得到初步发展,夫余已步入成熟国家的发展阶段。

《三国志》卷 30《魏书·夫余传》:"皆以六畜名官,有马加、牛加、猪加、狗加、大使、大使者、使者。"在夫余王麻余在位期间,执政的是任"大使"的位居,说明上述官员都属于夫余政权内的中央官系统。换言之,夫余政权的中央官可以分为两种类型:"诸加"类、使者类。

夫余人发明的"诸加"官制后来还为高句丽人所继承,对于"加"的内涵,学者理解不一。一说此词出于夫余语,加即官,当是夫余人读官为加;一说源自古代朝鲜语,与汗、加汗、干、韩一样,都是对尊贵者、长辈人的一种尊称;一说源自蒙古语,因为加与蒙古语族中的"可寒"音近,并且都是官名;一说源自中国,"加"又作"家",甲骨文中即有"牛家"、"告牛家";一说源自中原,本意是一种标明身份和地位的兽形玉饰。[1]

以"加"为"家"之说在中国学者中流传较广,实源自乾隆皇帝的《夫余国传订讹》:

> 所谓诸加者,何所取义乎?史称夫余善养牲,则畜牧必蕃盛,当各有官以主之。犹今蒙古谓典羊之官曰和尼齐,和尼者,羊也;典马者曰摩哩齐,摩哩者,马也;典驼者曰特默齐,特默者,驼也。皆因所牧之物以名其职,特百官中之一二。志夫余者必当时有知夫余语之人,译其司马、司牛者为马家、牛家,遂讹为马加、牛加。正如《周礼》之有羊人、犬人,汉之有狗监耳。……蔚宗辈既讹家为加,又求其说而不得,乃强为之辞,诚不值一噱。总由晋宋间人与外域道里辽阻,于一切音译素所不通,遂若越人视秦人之肥瘠,

---

[1]姜维东、刘矩:《从夫余、高句丽官制中的"加"看夫余玉文化与红山文化的关系》,载《东北地方民族史证》,吉林大学出版社 2005 年版。

率凭耳食为傅会,甚至借恶词丑字以曲肆其诋毁之私,可鄙孰甚。[1]

此说的核心在于,"加"本应是"家",是对夫余官名的一种汉译,后误为"加"。张博泉先生对此说作了进一步阐释,直接从汉字音义入手,对上述夫余官名的起源进行分析,并认为其受到殷制的影响,即,不是认为《三国志》所载夫余官名是其本族语官名的汉译,而是认为其官名源自汉语。

诸加的"加"字亦写作"家"。家字在甲骨文中从豕,亦从犬。《正字通》:"宀,俗家字,《六字通》,家或作宀,从宀从犬,大篆与豕同义。"《说文》:"家,居也,从宀瑕省声。"在甲骨文中有"牛加","告牛家",此牛家与夫余牛加义当同。契丹族的头下(投下),金朝时为"头段"。下、段可读"遐"字的上声或去声,可知下、段都是"家"的协音。其初,在饲养家畜时,人与畜同居在一处,其主畜牛者称牛家,主马者为马家,主畜猪为猪家,主畜狗者为狗家。故其初"家"字从豕、从犬不定。后来"家"又演为贵族官名,或以世家称之,或直以大家、头下(家)称之,都具有头目、贵族之意。夫余的诸加制度可能受殷制的影响。在夫余社会中的大加、小加即指大小贵族。[2]

《三国志》提到,高句丽的官名"有相加、对卢、沛者、古雏加、主簿、优台、丞、使者、皂衣、先人"[3],大体可以分为 3 类:其一,对卢、沛者、古雏加、优台、皂衣、先人为一类,明显不是汉语;其二,主簿、丞为一类,明显是借自中原王朝的官称;其三,相加、使者为一类,是否出自汉语不易确定。除古雏加之外,《三国志》卷30《魏书·高句丽传》中还出现过"涓奴加",很明显,"加"在这里是固定称号的语尾,是高句丽语辞,而不会是汉语。高句丽官制中又有所谓"大加"、"小加"之分,"大加、

[1]《御制文二集》卷25《夫余国传订讹》。
[2]张博泉:《夫余社会与一体结构》,载《史学集刊》1997 年第 4 期。
[3]《三国志》卷30《魏书·高句丽传》。

主簿头著帻,如帻而无余,其小加著折风,形如弁"[1],这里的大加、小加明显就是指大官、小官,是"加"已被用作"官"的通称,但这应是"加"后起的用法,是因为高句丽官制中以"加"结尾的官称比较多,因而渐用"加"来代指官。

将夫余官制与高句丽官制相比较,可见,夫余官名中的马加、牛加、猪加、狗加,都是汉语与夫余语的合成词,马、牛、猪、狗为汉语词汇,后缀的"加"则出自夫余语。因此,乾隆认为这些官名是汉语译名,可以说他只说对了一半,前半部分确实是汉语译名,但后半部分却不是。乾隆举例对比的蒙古语官名,和尼齐、摩哩齐、特默齐,也是和尼译为羊、摩哩译为马、特默译为驼,但乾隆却未提到,其共同的词尾"齐"如何译为汉语。如果保留共同的词尾,那么,和尼齐、摩哩齐、特默齐即可以改写为羊齐、马齐、驼齐,这就与夫余人的诸加官名非常类似了。

概言之,《三国志》所载夫余诸加的名称可以拆分为两部分,都是某种动物名+"加"的模式,后面的"加"是保留了夫余语官名的原音,不是汉译,而前半部分在陈寿的记载中之所以改译为汉语,是为了体现夫余官制中"以六畜名官"的特点。认为"加"为"家"之误,或是直接从汉字音义入手分析这些夫余官名,恐怕都是不正确的。

《三国志》卷30《魏书·夫余传》:"诸加别主四出,道大者主数千家,小者数百家。"在当时的条件下,显然不可能存在达到"数百家"的村落,也就是说,每一位"别主"负责管理若干个村落。"别主"管辖的区域构成自然村之上的行政单位,作为此行政单位长官的"别主",与负责管理自然村的"豪民"是不同的,换言之,"豪民"应是隶属于"别主"的。"别主"由"诸加"任命,但"豪民"是否由"别主"任命则不得而知。

《后汉书》卷85《夫余传》"其邑落皆主属诸加",证明村落虽然由"别主"具体管理,但却是属于"诸加"的,也就是说,夫余国实行采邑制度,属于"诸加"的村落构成了"诸加"的采邑,"别主"是采邑主"诸加"

---

〔1〕《三国志》卷30《魏书·高句丽传》。

委任的家臣,负责管理其采邑。因此,"诸加"的采邑构成"别主"管辖区之上的行政单位。

学界通常将前引《三国志》的内容标点为:"诸加别主四出道,大者主数千家,小者数百家",将"主"理解为掌管,将"出道"理解为一种地方行政单位,"诸加别主四出道",即诸加不仅在中央担任最高官职,还另外掌管着四个"出道"。如张博泉先生认为:"诸大加全国为四:牛加、马加、猪加、狗家,即是国家最高的官职,也是'主四出道'的地方大贵族。"[1]

顾铭学认为:

> 上述马、牛、猪、狗各加,又"别主四出道",即魏志夫余传中所谓"诸加别主四出道,大者主数千家,小者数百家"(此处标点,笔者从历代各族传记会编本,不赞同中华书局标点本,应是"诸加别主四出道",而不是"诸加别主四出"。所谓"四出道"即夫余国家的四个"出道",相当于今天我们所说的"大区"。即当时夫余国家的行政区划,应是上有王畿,中有出道,下有邑落。当然,邑落还可分为邑镇和村落。因此,其行政区划可以是三级,也可以是四级)。[2]

由这种观点出发,必然得出夫余国共有王畿和 4 个"出道",共 5 个地方行政区的结论,但据《三国志》记载,夫余国人口达 8 万户,如果 5 个行政区平均分配,每个行政区平均下辖 16000 户,与《三国志》"大者主数千家,小者主数百家"的记载相矛盾,因而自然要得出如下的结论:

> 全国可能划分五个行政区,"诸加别主四出道",即分别管理四个行政区,另设中央直辖区。四个行政区管辖的户数,"大者主数千家,小者主数百家"。全国户八万(实际户数不只此),人口主

---

〔1〕张博泉:《夫余社会与一体结构》,载《史学集刊》1997 年第 4 期。
〔2〕顾铭学:《魏志夫余传中的三个费解句——夫余漫笔之二》,载《学术研究丛刊》1987 年第 4 期。

要集中在国都及中央直辖区。[1]

但依此结论,4个"出道",多者数千家,小者数百家,总计不过万户上下,其他近7万户都在王畿,或者是由夫余王直辖,则王畿内必然有其他的行政建置,其管辖的人口远多于"四出道",其重要意义自然非"四出道"可比,那么,陈寿应涉及甚至是重点介绍这种更为重要的行政设置,而不是像现在这样,仅提到所谓"四出道",而对于其他地方管理体制只字未提。

持上述观点者的论述,都与《三国志》此前对夫余官制的记载相结合,认为马加、牛加、猪加、狗加这4"加"或称4"家",就是4个"出道"的最高统治者。而《三国志》的记载为:"皆以六畜名官,有马加、牛加、猪加、狗加、大使、大使者、使者",如果认为这里提到的官称的任职者都是唯一的,而且此处的记载不是摘要而言,而是全部列举的话,岂不会得出夫余国的中央官仅有7人的不合理结论。事实情况应该是,陈寿此处的记载,仅是举出了夫余国最重要的官名,夫余国的官职不止于此,每种官名的任职者也不一定仅为1人。

《三国志》的记载表明,夫余国内存在1个贵族阶层,即"诸加","诸加"的数量虽然不止4人,但是,占有采邑的诸加的数量也是不多的。"别主"所辖,"道大者主数千家,小者主数百家",假设平均每位"别主"辖2000户[2],那么,夫余国内至少存在40位"别主",若夫余王直辖区的人口占夫余国总人口的三分之一左右,再可能存在1位大加下设不止1位"别主"的情况,估计夫余国内占有采邑的所谓"诸加",总数不会超过20位。

由于夫余"邑落皆主属诸加"[3],"诸加"拥有属于自己的大量村

---

〔1〕董万仑:《东北史纲要》,黑龙江人民出版社1987年版,第62页。

〔2〕《三国志》卷30《魏书·东夷传》裴松之注引鱼豢《魏略》称,在卫氏朝鲜末期,历黔卿离国出走时,随其出走的人民有2000余户,说明在其统治下的邑落至少包括2000余户。《三国志》卷30《魏书·韩传》、《后汉书》卷85《韩传》记载马韩:"凡五十余国,大国万余家,小国数千家,总十余万户",平均每国是2000户左右。"弁、辰韩合二十四国,大国四五千家,小国六七百家,总四五万户",平均也是每国2000户左右。可见,在当时东北少数民族的邑落体制下,最大的地方单位平均包括2000户左右。

〔3〕《后汉书》卷85《夫余传》。

落,在其属下"别主"、"豪民"的管理之下,其采邑内的村落可以为其提供大量人力、物力,使"诸加"具有较强的经济实力与军事实力。《三国志》称"有敌,诸加自战",说明"诸加"拥有自己的军队。因此,为数不多的"诸加"在夫余国内的政治生活中发挥着极其重要的任用。"尉仇台死,简位居立。无适子,有孽子麻余。位居死,诸加共立麻余。"正是"诸加"在王位更迭之际起着决定性作用。"麻余死,其子依虑年六岁,立以为王",拥立年仅 6 岁的依虑的,也应该是"诸加"。所谓"旧夫余俗,水旱不调,五谷不熟,辄归咎于王,或言当易,或言当杀"[1],在这种情况下,"或言当易,或言当杀"的应该也是"诸加",证明他们从前的势力更为强大,甚至可以在一定程度上左右夫余王的命运。

由于夫余王麻余不是前王的嫡子,在其在位时,"牛加有二心",说明势力强大的"诸加"一直能够对夫余王位构成威胁。如果从这个角度去理解夫娄的东迁,其原因很可能即是,在夫余国内政治斗争中失败的某位大"加",率自己采邑内的属民脱离夫余国另谋发展。

《三国志》中共提到 3 种夫余的使者类官名,即大使、大使者、使者,其名称极为相似。高句丽也存在使者类官称,其晚期的情况如下:

太大使者,比正三品,亦名谒奢。……次大使者,比正四品,一名大奢。……次拔位使者,比从五品,一名儒奢。次上位使者,比正六品,一名契达奢。次小使者,比从六品,一名乙奢[2]。

将高句丽使者类官名与其别称相对照,可以发现,太大使者、大使者、拔位使者、上位使者、小使者应是其汉语译名,谒奢、大奢、儒奢、契达奢、乙奢才是高句丽语的官名。"奢"与"使者"发音相近,恐怕就是"使者"的促读,换言之,高句丽使者类官名的汉语译名也不是将高句丽语的官名完全译为汉语,而只是将其官名的前半部分译为汉语,却保留了其共同的高句丽语词尾"奢","使者"就是"奢"的不同汉字译

---

[1]《三国志》卷 30《魏书·夫余传》。

[2] 陈大德:《奉使高丽记》,转引自高福顺等:《〈高丽记〉研究》,吉林文史出版社 2003 年版,第 93 页。

写方式。高句丽"言语诸事多与夫余同"[1],其使者类官名的本族语名称可能也相同或相近,由此推测,夫余官名中的大使、大使者、使者,也都是汉语译名,大使者的本名应为"大奢",使者的本名应为"奢"。而大使,顾铭学怀疑是太大使者的简称[2],是颇有道理的。

夫余的使者类官员有事迹可考的仅有位居 1 人。据《三国志》卷30《魏书·夫余传》:

> 牛加兄子名位居,为大使,轻财善施,国人附之,岁岁遣使诣京
> 都贡献。正始中,幽州刺史毌丘俭讨句丽,遣玄菟太守王颀诣夫
> 余,位居遣大加郊迎,供军粮。季父牛加有二心,位居杀季父父子,
> 籍没财物,遣使簿敛送官。

位居的"季父"为牛加,如果夫余"诸加"的采邑是不可以分割的话,那么,是位居的"季父"继承了其家族的采邑,成为"诸加",而位居的父亲未能成为"诸加",在夫余国的地位并不显赫,因而不见于史书记载。由此推测,夫余的使者类官员,就是未能得到采邑而在政府中任职的"诸加"子弟。通过个人努力,他们也可以在夫余政权中拥有极大的权力,甚至像位居那样,地位凌驾于"诸加"之上,可以指挥"诸加",并处死有二心的"诸加"。应该说,恰恰是由于没有自己的采邑,使者类官员不能成为制衡王权的力量,而是成为王权的附庸,并成为加强王权的力量。位居与其"季父牛加"的斗争,从这个意义上也可以视为制衡王权的"诸加"与支持王权的使者类官员之间的斗争,而牛加父子的被杀,无疑意味着夫余国内旧的采邑主贵族势力的衰落,以及王权的加强,这是夫余政权内部一场极为深刻的变革,因而才被陈寿详细载入史册。

论点小结

至晚在公元 120 年前后,夫余已形成王位继承制度,其王权已经形

---

〔1〕《三国志》卷30《魏书·高句丽传》。

〔2〕顾铭学:《魏志夫余传中的三个费解句——夫余漫笔之二》,载《学术研究丛刊》1987 年第 4 期。

成并得到初步发展。《三国志》所载夫余官名都不是完整的汉语译名,而是保留了夫余语的词尾。夫余中央官可以分为两类:"诸加"类和使者类,前者是拥有采邑的贵族,后者是未能得到采邑而在政府中任职的"诸加"子弟。"诸加"在夫余国内拥有极大的权力,但在三国末期,其势力受到依附王权的使者类官员的挑战,处于衰落之中,与之相并行的是夫余王权的加强。

第十二个问题：北夫余的经济

《三国志》卷30《魏书·夫余传》指出，北夫余"其民土著"，"土地宜五谷"，在发生战争时，"诸加自战，下户俱担粮饮食之"，证明农业是北夫余的经济支柱。正是因为如此，农业的歉收对夫余国来说是一件至关重要的大事，因而才会归咎于国王，"旧夫余俗，水旱不调，五谷不熟，辄归咎于王，或言当易，可言当杀"[1]。

在有关夫余始祖东明的传说中，东明出生后曾被抛弃于马圈、猪圈之中[2]，可以证明，在橐离国，马、猪等牲畜都是圈养的，而这种圈养牲畜的家畜饲养业，一般都是作为农业的补充形式存在的，既为农业社会提供必要的畜力，也保证农业社会可以拥有稳定的肉类供应。由此推测，早在北夫余建国以前，在北夫余从中分出的橐离国，农业已经是其主要的经济类型了。换言之，在南迁建国之前，夫余人的先世就已经是农耕民族，就现有史料来看，他们从来也不是游牧民族。就其语言归属分析，夫余人很可能出自东胡族系，但从很早的时期开始，其经济类型就不同于主要从事游牧业的东胡系其他民族。

陈全家通过对白金宝遗址1986年发掘出土的动物骨骼遗存的研究，认为：

> 从遗址内出土的生产工具观察，不见农业工具，主要是骨制的日常生活用具和渔猎工具。尤其是用于捕捞的织网工具梭和挡板以及网坠和鱼镖的大量出现，说明捕捞业在当时的生业中占有非常的重要位置。而用于狩猎并被加工成精美的骨镞大量出现说明狩猎业也是非常重要的。从渔猎生产工具的大量出现，可

〔1〕《三国志》卷30《魏书·夫余传》。
〔2〕《三国志》卷30《魏书·夫余传》裴松之注引鱼豢《魏略》称"马闲"、"溷"，《后汉书》卷85《夫余传》称"马栏"、"豕牢"，表述方式虽不一致，其意义是相同的。

以看出当时人们的主要生业是渔猎。除此之外,还应有少量的家畜畜养,可以确定为饲养对象的是狗(因狗的材料多,并与现代狗特征相同),其他尚无确定。[1]

朱永刚认为,黑龙江肇源的第三期白金宝文化,"其中很难确认哪些是农业生产工具,而各种精致的骨镖、骨矛、骨镞、蚌刀、石镞和大量的陶制网坠等渔猎工具却十分发达。本期遗存的灰坑往往含有很厚的鱼骨、蚌壳堆积,房址及周围堆积中发现有较多兽骨。对陶器上压印的各种动物纹饰分析,也反映当时人们的生产活动是以渔猎型生业为主的"。[2] 如果我们认为白金宝文化为夫余先世的文化,那么,通过考古学的研究可以肯定,夫余人的先世最初是从事渔猎采集经济的,而且捕捞业在其生业中占有最为重要的地位,因而其早期的居住地一定临近大江或大的湖泊。

夫余人的先世是自渔猎采集经济为主要经济类型逐渐发展为以原始农业为主要经济类型,这种经济类型方面的变化使夫余人的祖先得以脱离江湖的局限,向远离大江大湖的更为广阔的空间扩散,由此带来了夫余人发展的新阶段,这也是后来东明得以南迁立国的经济方面的坚实基础。

在前引《三国志》的记载中,两次提到夫余人有"五谷"。关于五谷是哪5种作物,古人看法不一,或认为指黍、稷、菽、麦、麻,或认为指黍、稷、菽、麦、稻,但在北夫余所处的高纬度地带,迄今为止,还找不到在夫余人活动的历史时期里已经存在水稻种植的证据,因而,《三国志》所载夫余人种植的"五谷",应是指黍、稷、菽、麦、麻,这是北夫余主要的农作物品种。

《逸周书》所载东北各古族的贡物,除戎人的贡物为戎菽之外,其他各族的贡物皆为动物,而戎人的活动区与后世夫余人的活动区绝不相关,上述《三国志》的记载,不仅是今吉林省境内出现黍、稷、菽、麦、

〔1〕陈全家:《白金宝遗址(1986年)出土的动物遗存研究》,载《北方文物》2004年第4期。
〔2〕朱永刚:《从肇源白金宝遗址看松嫩平原的青铜时代》,载《吉林大学社会科学学报》2008年第1期。

麻的最早文献记载,可能也标志着上述作物在今吉林省境内得到广泛种植的最早时代。就此而言,夫余人农业的发展,使今吉林省境内的古代农业进入了一个新的发展阶段。

黍、稷指今天何种作物,学者长期争辩不休。但在白金宝文化的汉书二期文化的房址中,在灶旁发现了糜子的碳化物[1],可证《三国志》所载夫余人的"五谷"中,黍当是指糜子,那么稷应按通说指粟,即谷子[2]。传统说法中,麦即包括大麦、小麦。由此可以断定,北夫余的农作物主要是糜子、谷子、大麦、小麦、豆类以及麻,夫余人的主食主要包括黄米、小米、面、豆子以及麻籽。除麻籽后代不再食用,因而麻被排斥出五谷之外,其他几种主食后来也一直是东北各族人民的主要粮食。

就汉书二期房址中发现糜子的碳化物来看,夫余人的祖先最早种植的谷物也许是糜子。在西团山石棺墓的陶器中所发现的金色狗尾草籽和野黍等,属于原始状态的一种粟和黍。[3] 在大海猛的房址中还出土有大豆的碳化物,经同位素碳14测定距今2590±70年,是迄今为止我国发现的最早的栽培型的大豆标本。[4] 这些考古材料也都可以证明,上述作物一直是当地主要的农作物品种。

在《三国志》的记载中还提到,北夫余"不生五果",五果指梅、杏、李、桃、栗。在《三国志》卷30《魏书·东夷传》的记载中,没有提到东夷其他民族是否有"五果"的问题,而唯独于《夫余传》中有如上的记载,证明"不生五果"实为北夫余的特殊之处,因此才引起陈寿的关注,东北亚其他地区应该是存在"五果"的,或至少有"五果"的一两种,只有北夫余境内完全没有这5种人工培植的果树。

夫余人已经使用铁制农具[5],刘景文认为:"这些铁制农业生产工具与中原汉代的农业生产工具完全相同。其中的铁镬与满城汉墓出土的形式基本相同。铁镰同洛阳烧沟汉墓出土的形式、铁锸同洛阳中

〔1〕刘景文:《古夫余农牧业探索》,载《农业考古》1991年第3期。
〔2〕游修龄:《论黍和稷》,载《农业考古》1984年第2期。
〔3〕董学增:《关于西团山文化的新资料》,载《北方文物》1983年第4期。
〔4〕魏国忠:《东北民族史研究》(二),中州古籍出版社1995年版,第119页。
〔5〕王侠:《松花江畔的古墓群》,载《吉林画报》1981年第1期。

州路出土的形制完全一致。"[1]这证明夫余人的农业已经发展到相当
高的水平,可能不会比中原地区的农业落后很多。《三国志》称夫余人
有"仓库",在王颀率军征高句丽路过夫余时,"位居遣大加郊迎,供军
粮"[2],鱼豢《魏略》称"其国殷富"[3],也都可以证明,夫余人的农业已
经达到比较高的水平,拥有很多剩余粮食。

《三国志·东夷传》所载各族疆域与人口如表4:

表4 《三国志》所载各族疆域与人口

族属	夫余	高句丽	沃沮	濊	韩
疆域	方可二千里	方可二千里	可千里	?	方可四千里
人口	户八万	户三万	户五千	户二万	总十余万户

由上表可见,在当时的东北亚诸族中,北夫余的人口密度是最大
的。在《三国志》的记载中,夫余和高句丽疆域数字相同,而夫余的户
数却是高句丽的2.67倍,可见夫余国的人口密度比高句丽要大得多。
这也可以从另一个角度证明夫余农业经济的发达。事实上,在三国时
期以前,北夫余控制区可能是东北亚经济文化最为发达的地区。

《三国志》对高句丽地理环境的综述是:"多大山深谷,无原泽,随
山谷以为居,食涧水。无良田,虽力佃作,不足以实口腹。"而对北夫余
的地理环境的评价则是:"多山陵、广泽,于东夷之域最平敞。土地宜
五谷。"夫余人的农业发展水平以及人口密度超过高句丽人,与其居住
区内较为优越的地理环境有着直接的关系。由此分析,夫余国的经济
重心区应在其控制下的平原地带,而不在不利于开展农业的山区。大
体而言,夫余国东部以山区为主,西部以平原为主,也就是说,夫余国的
经济重心区应在其西部地区。如果学界认为夫余前期王城在今吉林

---

〔1〕刘景文:《古夫余农牧业探索》,载《农业考古》1991 年第 3 期。

〔2〕《三国志》卷 30《魏书·夫余传》。

〔3〕《三国志》卷 30《魏书·夫余传》裴松之注引鱼豢《魏略》。

市一带的通说是正确的话[1]，那么，作为夫余政治中心的王城在夫余国的东部、在山区，夫余国的政治中心并不在经济重心区之内。

除农业外，北夫余的家畜饲养业也比较发达。就考古发现而言，我们至少可以肯定，北夫余人的祖先已经驯养了狗。[2]从东明传说来看，夫余人的祖先还饲养马和猪。《三国志》称夫余"其国善养牲"，证明其家畜饲养业是比较发达的。北夫余"以六畜名官，有马加、牛加、猪加、狗加"，证明其家畜至少包括马、牛、猪、狗。其中最重要的是马和牛，"出名马"，"有军事亦祭天，杀牛观蹄以占吉凶"，在夫余人的司法中，"尤憎妒，已杀，尸之国南山上，至腐烂。女家欲得，输牛马乃与之"。[3]牛马作为赎罪之物，不仅证明其价值较高、较为常见，也证明其在一定意义上可以作为等价物使用。

与东北其他古族一样，夫余人也属于农耕、畜牧、渔猎采集并举的复合型经济。[4]夫余国"多山陵、广泽"，使其渔猎采集经济的传统得以延续。《三国志》在记载夫余国的特产时提到"貂、狖、美珠"，前两者显然是狩猎所得，后者显然是捕捞业的产品。在记载夫余人的服饰时提到"大人加狐狸、狖、白黑貂之裘"[5]，证明狐狸、狖、白貂、黑貂，是夫余人的主要狩猎对象。但是，由上述记载来看，夫余人从事渔猎的主要动机是获得制作衣服的毛皮和制作饰物的珍珠，也就是为其手工业生产提供原材料，将此作为获取食物方式的目的已经退居次要地位，这是其与依靠渔猎提供主要食物来源的祖先的本质差异。

夫余人的手工业，最为发达的可能是制陶业。夫余人"食饮皆用俎豆"，从考古发现来看，其早期的饮食器具已有陶制的碗、杯、钵、盅、

---

[1]对此通说学界也存在不同认识，如张博泉先生即认为，夫余前期王城应在乌裕尔河一带（张博泉：《夫余的地理环境与疆域》，载《北方文物》1998年第2期）。如果我们考虑到，目前在今吉林市一带并未发现夫余王葬用的玉匣，应该说，这个问题还是有待于进一步研究的。若是夫余王城处于其经济重心区之内，那么，王城位于以今伊通河流域为中心的平原地带的可能性似乎更大一些。

[2]陈全家：《白金宝遗址（1986年）出土的动物遗存研究》，载《北方文物》2004年第4期。

[3]《三国志》卷30《魏书·夫余传》。

[4]杨军：《古代东北经济与建置》，载《吉林大学社会科学学报》1996年3期。

[5]《三国志》卷30《魏书·夫余传》。

盆、壶、罐、瓶等[1]，无论是种类、式样还是质量，都超过了其先民。

夫余人的服饰，"在国衣尚白，白布大袂、袍、袴，履革鞜；出国则尚缯、绣、锦、罽；大人加狐狸、狖、白黑貂之裘，以金银饰帽"[2]，可以证明，夫余人的纺织业、皮革制造业、金银加工业都已经达到了较高的水平。在猴石山墓群出土的青铜刀、斧、矛以及饰件上发现有麻布或布纹的痕迹[3]，经专家鉴定，都是麻纤维纺织品，由此可知，夫余人裁衣时用的布料就是麻纤维织成的麻布[4]，夫余人的纺织业主要是麻纺织，前面提到的夫余人的农作物中包括麻，其功用除作为食物之外，当是为麻纺织业提供原材料。此外，上引史料还提到"罽"，即毛纺织品，证明夫余人的毛纺织业也是比较发达的，这当与夫余人存在比较发达的家畜饲养业有关。"罽"除作为毛纺织品的通称之外，也指羊毛织品，由此看来，夫余人饲养的家畜也应该包括羊。《三国志》说夫余国"以六畜名官"，而后只提到"马加、牛加、猪加、狗加"，应是存在省略，其畜牧业或家畜饲养业真是六畜俱全的，即包括马、牛、羊、猪、狗、鸡，夫余人的诸加应不止上述4种。

夫余妇女比较普遍的饰物是"环珮"[5]，联系夫余的特产中包括"赤玉"来看，这种"环珮"应该与中原地区一样，属于玉制的饰物，故《晋书》径称之为"玉佩"[6]，其原材料就是作为夫余特产的"赤玉"，这证明夫余人的玉器制造业已具有相当高的水平。

据《三国志》卷30《魏书·挹娄传》记载，挹娄"出赤玉、好貂"，"自汉已来，臣属夫余，夫余责其租赋重，以黄初中叛之"。挹娄人的社会发展水平远低于夫余，"其俗好养豕，食其肉，衣其皮。冬以豕膏涂身，厚数分，以御风寒，夏则裸袒，以尺布隐其前后，以蔽形体"[7]，考虑到

〔1〕刘振华：《试论吉林西团山文化晚期遗存》，载《东北考古与历史》1982年第1期。
〔2〕《三国志》卷30《魏书·夫余传》。
〔3〕刘景文：《西团山文化的农牧业发展探索》，载《北方文物》1991年第2期。
〔4〕魏国忠：《东北民族史研究》（二），中州古籍出版社1995年版，第119页。
〔5〕《三国志》卷30《魏书·夫余传》裴松之注引鱼豢《魏略》。
〔6〕《晋书》卷97《四夷传·夫余国》。
〔7〕《三国志》卷30《魏书·挹娄传》。

·欧·亚·历·史·文·化·文·库·

挹娄人这种经济状况,夫余人向其征收的所谓"租赋",最大可能是其地特产的"赤玉、好貂"。而赤玉、貂,在《三国志》和《后汉书》的记载中,也是夫余的特产,可证,作为夫余国特产的赤玉、貂皮,相当一部分来自挹娄人。

由出土的铁器以及铜勺来看[1],夫余国已经存在冶铁业、冶铜业以及铁器、铜器制造业。《三国志》称夫余"以弓矢刀矛为兵,家家自有铠仗",夫余人比较普遍地拥有武器,证明其冶铁业、冶铜业以及兵器制造业都是比较发达的。

还应该提到的是,夫余人的葬俗,"其俗停丧五月,以久为荣","丧主不欲速而他人强之,常诤引以此为节"[2],由于存在长期停丧的风俗,因而"夏月皆用冰"[3],即在夏季,要用冰来保存死者的遗体以防止腐烂。在夫余国内并无夏季仍能留存冰雪的高山,其丧葬活动所需之冰必然是冬季在河中凿采并加以保存的。这证明夫余人不仅掌握由河中采冰的方法,并一定存在不见于史书记载的冰窖,以将冬季所采之冰保存至夏季备用。

关于夫余人的居住状况,史书记载,夫余人为了防御外来侵略和野兽伤人,聚居村落多"以圆栅为城"[4],从这个意义上,有学者称夫余是城栅国家。夫余人已经进入了稳定的定居阶段。夫余人早期居半地穴式的木结构房屋。[5] 随着夫余族的不断发展,其住屋已相当讲究,并进一步向地面上发展。[6] 为适应当地的气候与自然条件,夫余人发展出独具特色的建筑业。

夫余国与周边地区保持着密切的联系,具有固定的交通路线,这也应该就是其对外贸易的路线。

在东部,夫余主要与挹娄和沃沮保持着联系。挹娄人曾经长期"臣属夫余",并向夫余提供赤玉、貂皮等特产作为贡赋,其与夫余间的

〔1〕刘振华:《试论吉林西团山文化晚期遗存》,载《东北考古与历史》1982 年第 1 期。

〔2〕《三国志》卷 30《魏书·夫余传》裴松之注引鱼豢《魏略》。

〔3〕《三国志》卷 30《魏书·夫余传》。

〔4〕《通志》卷 194《东夷·夫余》,中华书局 1987 年版。

〔5〕李殿福:《汉代夫余文化刍议》,载《北方文物》1985 年第 3 期。

〔6〕魏国忠:《东北民族史研究》(二),中州古籍出版社 1995 年版,第 122 页。

交通路线可能有两条,一是通过松花江的水路交通线,一是穿越张广才岭的陆路交通线。由挹娄"便乘船寇盗,邻国患之"[1]的记载来看,夫余与挹娄间的交通路线,当以通过松花江的水路交通线最为重要,后世靺鞨人的西进,也是沿松花江河谷进行的。唐代大祚荣自营州出奔,渡辽水后,进入张广才岭以西、第二松花江流域,而后越过今张广才岭,"保挹娄之东牟山"[2]建国,走的就是穿越张广才岭的陆路交通线。[3]

据《晋书》卷97《四夷传·夫余国》,在慕容廆攻破其都城后,夫余"子弟走保沃沮",证明夫余与沃沮间有着方便的交通路线。此时的夫余都城可能是在今吉林省吉林市一带,也就是说,当存在一条自今吉林市一带穿越长白山脉连接朝鲜半岛北部地区的交通路线。

公元3世纪后,夫余国与东方的联系逐渐衰落下去。曹魏黄初年间(220—226),挹娄人摆脱夫余国的统治,此后一直与夫余人处于战争状态,"夫余数伐之",夫余与挹娄间的贸易联系当因此而趋于衰微。而在高句丽人征服沃沮人之后,夫余国与沃沮人的联系当也受到阻碍。与东方各地联系的衰落,可能是夫余王城西迁的原因之一。

夫余国的西线交通,由后代的事件推测,可能存在两条路线。

其一是先走水路,逆东流松花江西上,于今大安县以南溯嫩江北上,更出洮儿河而改行陆路,经过约15日的草地里程,约在今通宁市以西渡过敖来河,东南行越努鲁儿虎山北段和大青山东坡,然后抵达今辽宁朝阳一带。《魏书》卷100《勿吉传》所载后代勿吉贡使乙力支赴北魏朝贡所走路线,就是此道。[4]

另一条则是陆路,可能是自今吉林市一带、第二松花江流域,向东南方向而行,终点也是今辽宁朝阳一带。《北蕃风俗记》所载粟末靺鞨

〔1〕《三国志》卷30《魏书·挹娄传》。
〔2〕《新唐书》卷219《渤海传》。
〔3〕杨军:《靺鞨诸部与渤海建国集团》,载《民族研究》2006第2期。
〔4〕贾敬颜:《东北古地理古民族丛考(续)》,载《北方文物》1983年第2期;亦见贾敬颜:《东北古代民族古代地理丛考》,中国社会科学出版社1994年版,第15-16页。

在首领突地稽的率领下，"自扶余城西北举部落向关内附"[1]，走的应该就是这条路线。此条交通路线当也可以抵达当时的玄菟郡，"永康元年(167)，王夫台将二万余人寇玄菟"，就可以证明这一点。关于此时的玄菟郡，即第三玄菟郡的所在地，学界存在争议，较为流行的说法有两种，一是将第三玄菟郡治所比定在今辽宁省抚顺市劳动公园内的古城址，一是将之比定为辽宁省沈阳城东上柏官屯汉代古城[2]，也就是说，当存在自今吉林市至辽宁沈阳、抚顺一带的陆路交通线。"夫余本属玄菟"[3]，夫余王下葬用的玉匣也是存放于玄菟郡，证明夫余通过此路线与今辽宁沈阳、抚顺一带的联系还是较为密切的。公元285年，慕容廆进攻夫余王城，当也是走的这条陆路交通路线。不论是经由水路还是陆路，至今辽宁朝阳一带后，就可以通过这里的传统交通路线，与中原地区相联系了。永宁元年(120)，夫余嗣子尉仇台"诣阙贡献"，永和元年(136)，"其王来朝京师"[4]，显然都是通过这一交通路线。

就整体而言，夫余国东西向的交通路线最为重要，松花江水系在夫余国内及对外交通中发挥着特殊作用，这说明夫余国东西向的贸易较为发达，但具体情况已不可考了。

论点小结

以家畜饲养为补充的农业是夫余国的经济基础，渔猎业更多是为其手工业生产提供原材料，而不是提供食物。夫余国最发达的手工业部门是制陶业和毛、麻纺织业，冶铁业、冶铜业以及铁器、铜器制造业，玉器制造业也都具有相当水平。夫余国东方、西方各存在两条比较重要的交通路线，证明夫余国的对外贸易也有一定程度的发展。

---

〔1〕《太平寰宇记》卷71"河北道燕州"条引。

〔2〕谭其骧主编：《〈中国历史地图集〉释文汇编·东北卷》，中央民族学院出版社1988年版，第20页。

〔3〕《后汉书》卷85《夫余传》。

〔4〕《后汉书》卷85《夫余传》。

第十三个问题：
北夫余遗民流向及渤海扶余府

北夫余立国之后,在相当长的时间里,一直是东北地区势力最强的地方政权。《三国志》、《后汉书》都是将"夫余传"列为"东夷传"之首。《魏略》在形容高句丽的强大时,称"夫余不能臣也"[1],可见在鱼豢的时代,北夫余仍旧是东北最强大的地方势力。也是因此,面对日益强大的高句丽和鲜卑,割据辽东的公孙度才将宗女嫁给北夫余王尉仇台,以期联合北夫余遏制高句丽和鲜卑的发展。

但自公元3世纪起,北夫余开始衰落,先是黄初年间(220—226)原本臣属于北夫余的挹娄诸部脱离夫余国,并开始与北夫余处于战争状态,接下来,在太康六年(285)又被慕容廆攻克其都城,"其国殷富,自先世以来未尝破坏"[2]的北夫余,第一次遭受沉重打击。《晋书》卷97《四夷传·夫余国》在记载此次战役时称"为慕容廆所袭破",证明慕容廆此次得以攻克北夫余都城,实具有袭击的性质,可能是乘北夫余人在东线与挹娄作战之机,从西方对其都城发起突然袭击,因而一击得手。虽然在晋王朝的支持下,北夫余遗民于次年"还复旧国"[3],但其国力却再也未能恢复。由于无力抵御来自东方的肃慎系诸部以及高句丽人的侵逼,在公元346年以前,北夫余就已经迁都至今吉林农安一带,以避其兵锋。

从《魏书》卷100《勿吉传》的记载来看,北魏延兴年间(471—476),活动于第二松花江流域的已经是勿吉各部,这里已没有夫余人

---

〔1〕《太平御览》(中华书局1960年版)卷783《四夷部·东夷》引鱼豢《魏略》。

〔2〕《三国志》卷30《魏书·夫余传》裴松之注引鱼豢《魏略》。

〔3〕《晋书》卷97《四夷传·夫余国》。

的踪迹,证明勿吉人占据该地区已经有相当一段时间了。由此推测,不晚于 5 世纪初,也就是北夫余迁都约半个世纪之后,北夫余即完全丧失了第二松花江流域的东部疆域,这里为勿吉和高句丽所瓜分,并由此引发了勿吉—靺鞨诸部与高句丽对该地区的争夺。

进入北夫余故地的靺鞨诸部与高句丽的分界线,大体上在今吉林市一带。[1] 发现于今吉林市西北第二松花江北岸永吉县乌拉街镇杨屯大海猛的靺鞨遗址,南距吉林市仅 30 公里。[2] 而李健才考定,今吉林市龙潭山山城就是高句丽的扶余城。[3] 从考古发现来看,这部分靺鞨人虽然文化上受到夫余与高句丽的影响,但其自身的特点仍是十分明显的[4],由此来看,在勿吉—靺鞨诸部控制的北夫余故地,是留居当地的夫余人逐渐靺鞨化,融入靺鞨人之中,而不是靺鞨人逐渐夫余化。而在高句丽人控制的北夫余故地,此后也不见有关夫余遗民的记载,估计这里的夫余人应是融入高句丽人之中。由于这种变化,才使原本都是北夫余人分布区的第二松花江流域,以今吉林市附近为界,分为靺鞨、高句丽两个文化区。

《旧唐书》卷 39《地理志》"黎州"条:"载初二年,析慎州置,处浮渝靺鞨乌素固部落。"同卷"慎州"条:"武德初置,隶营州,领涑沫靺鞨乌

---

[1]李健才:《唐代高丽长城和扶余城》,载《民族研究》1991 年第 4 期;张泰湘:《勿吉—靺鞨文化研究》,载《东北考古研究》(三),中州古籍出版社 1994 年,第 258 页。

[2]魏存成:《第二松花江中游地区的靺鞨、渤海墓葬》,载《北方文物》1998 年第 1 期。

[3]学术界通常认为,高句丽扶余城在今吉林农安。此从李健才说。参见李健才:《唐代高丽长城和扶余城》,载《民族研究》1991 年第 4 期;《再论唐代高丽的扶余城和千里长城》,载《北方文物》2000 年第 1 期。

[4]魏存成:《第二松花江中游地区的靺鞨、渤海墓葬》,载《北方文物》1998 年第 1 期。韩国学者宋基豪认为,这一带的"大海猛上层(第三层)古墓群、查里巴古墓群、老河深上层古墓群皆属于粟末靺鞨人的葬地",并将其与六顶山渤海古墓群相比较,可见其也承认这里的靺鞨文化具有自身的特点。但是,宋基豪认为:"六顶山古墓群中明显地反映了高句丽和靺鞨文化相结合的特征,而且地位越高反映出的高句丽文化因素越多。靺鞨系高句丽人和原高句丽人,主导了渤海最高阶层,越到下层靺鞨人的数量占多数。"(参见〔韩〕宋基豪著,金太顺译:《六顶山古墓群的性质与渤海建国集团》,杨志军主编《东北亚考古资料译文集》第四辑,北方文物杂志社 2002 年版)而中国学者刘振华对六顶山墓葬的研究却得出与此相反的结论,认为这批考古材料恰能证明渤海大氏出自靺鞨(参见刘振华:《渤海大氏王室族属新证——从考古材料出发的考察》,载《社会科学战线》1981 年第 3 期)。

素固部落。"两相对照,可见"浮渝靺鞨"即"涑沫靺鞨",也就是粟末靺鞨。粟末靺鞨无疑指活动于粟末水即第二松花江流域的靺鞨人,他们也被称为"浮渝靺鞨",可见有一定数量的夫余人融入其中,这也可以证明靺鞨控制下的北夫余故地的夫余人最终是融入靺鞨人之中。后来降隋的粟末靺鞨首领突地稽被封为"扶余侯"[1],当也出于这个原因。

《新唐书》卷220《流鬼传》:"达末娄自言北扶余之裔,高丽灭其国,遗人度那河,因居之。"大约是在丧失第二松花江流域的同时,由于靺鞨诸部沿东流松花江河谷西进,一部分北夫余人渡东流松花江北上,其后裔发展为后世的豆莫娄。

迁都后"西徙近燕"[2]的北夫余再次受到慕容氏的进攻,346年,慕容皝"东袭扶余,克之,虏其王及部众五万余口以还"。[3]《三国志》卷30《魏书·夫余传》称夫余国有8万户,按每户5口计,则为40万人,如果我们认为西徙后的北夫余仍保有原夫余国的一半人口的话,那么,此次为慕容氏所掠的人口已达其控制总人口数的四分之一。大量夫余人进入前燕,此后的北夫余当是作为前燕的属国继续存在,在末代夫余王投奔高句丽以前,北夫余国还存在了1个半世纪。

据《新唐书》卷219《渤海传》:"高丽故地为西京,曰鸭渌府,领神、桓、丰、正四州;曰长岭府,领瑕、河二州。"认为在渤海五京十五府中,西京鸭渌府和长岭府属于高句丽故地。而朝鲜史书《三国史记》则记载:"渤海国南海、鸭渌、扶余、栅城四府,并是高句丽旧地也。"[4]与《新唐书》的记载存在较大分歧。《新唐书》与《三国史记》的记载共涉及渤海的5个府:南海、鸭渌、扶余、栅城、长岭。从《新唐书》卷219《渤海传》记载中我们可以找到对这些府的更详细的记载:

> 秽貊故地为东京,曰龙原府,亦曰栅城府,领庆、盐、穆、贺四

---

[1]《册府元龟》卷970《外臣部·朝贡第三》,中华书局1961年版。
[2]《资治通鉴》卷97《晋纪十九》。
[3]《晋书》卷107《慕容皝载记》。
[4]《三国史记》卷37《杂志》引贾耽《古今郡国志》。

157

欧·亚·历·史·文·化·文·库

州。沃沮故地为南京,曰南海府,领沃、晴、椒三州。高丽故地为西京,曰鸭渌府,领神、桓、丰、正四州;曰长岭府,领瑕、河二州。扶余故地为扶余府,常屯劲兵扞契丹,领扶、仙二州;鄭颉府领鄭、高二州。

《三国史记》中认为是高句丽故地的东京栅城府、南京南海府和扶余府,《新唐书》认为分别是秽貊故地、沃沮故地和夫余故地。有关《三国史记》和《新唐书》记载的差异我们可以参见表5:

表5 《三国史记》和《新唐书》各族故地记载的差异

	《三国史记》	《新唐书》
高句丽故地	南海府、鸭渌府、扶余府、栅城府	鸭渌府、长岭府
秽貊故地		栅城府
沃沮故地		南海府
夫余故地		扶余府
其他	长岭府	

从前引《新唐书》卷219《渤海传》的记载来看,渤海国在夫余故地分设二府:扶余府、鄭颉府。《三国史记》仅称扶余府是高句丽旧地,却未提到鄭颉府。可证鄭颉府是曾为靺鞨各部所占据的夫余故地,扶余府所辖是从前高句丽人所占据的夫余故地。由此推测,《三国史记》与《新唐书》认定高句丽故地的标准不一样。《三国史记》是将高句丽灭亡前所辖的领土都看成是高句丽故地,如果从时间上断限的话,这种对高句丽故地的认识是基于7世纪的高句丽统治区而言的;而《新唐书》的高句丽故地则是指高句丽族的原居住地,不包括高句丽政权后期征服的其他民族的居住地,如秽貊、沃沮、夫余等族的居住地,如果从时间上断限的话,这种对高句丽故地的认识是基于3世纪以前高句丽的统治区而言,即高句丽人尚未统治秽貊人、沃沮人与夫余人以前。

在渤海国五京15府62州中,设于北夫余故地的共2府5州,即扶余府及所辖扶、仙2州,鄭颉府及所辖鄭、高2州,以及独奏州涑州。《新唐书》卷219《渤海传》:“郿、铜、涑三州为独奏州。涑州以其近涑沫江,盖所谓粟末水也。”可知涑州辖区在第二松花江流域。由此看来,渤海在北夫余故地的东部,即以北夫余前期王城为中心的第二松花江流域,设涞州,那么,扶余府应设在北夫余故地的西部,即以北夫余后期王城为中心的今吉林农安一带,而郏颉府位于二者之北。

关于渤海扶余府的所在地,学界较为流行两种说法,一是认为在今吉林农安,一是认为在今吉林四平市西一面城。《中国历史地图集》编者的态度出现过变化,最初在《〈中国历史地图集〉东北地区资料汇编》一书中,认为渤海扶余府在今吉林四平市西一面城[1],而在后来出版的《〈中国历史地图集〉释文汇编·东北卷》一书中,则认为渤海扶余府在今吉林农安,并有详细考辨[2]。由上述分析来看,应以吉林农安说为正。如前所述,郏颉府当在扶余府之北,金毓黻也认为,郏颉府"似应在扶余府之北"[3],那么,认为郏颉府治在今辽宁省昌图县八面城东南 2 里之古城址的说法就是应该修正的[4],反而是将之定在今黑龙江省阿城县的旧说更为可信[5]。

关于西迁今吉林农安的北夫余亡于何时,除按《三国史记》的记载定于公元 494 年的通说以外[6],或说于太和十五年(491),或说于太和八年(484),而贾敬颜认为:"最大的可能性,乃是正始元年(504 年)或正始二年(505 年)。"[7]但诸说时间差异不大。大体而言,自 346 年以前迁都今吉林农安一带以后,北夫余残部还在这里活动了 1 个半世纪之久。由于北夫余的精英阶层当都随迁都而来到今吉林农安一带,这里作为北夫余旧部的政治、文化中心长达 1 个半世纪之久,在北夫余灭亡以后,这里当是夫余文化保存较多的地区,也是夫余遗风较为浓重的地区,渤海立国后,将设在这里的地方行政单位命名为"扶余府",当

〔1〕《〈中国历史地图集〉东北地区资料汇编》,中国历史地图集中央民族学院编辑组 1979 年版,第 108 页。

〔2〕谭其骧:《〈中国历史地图集〉释文汇编·东北卷》,中央民族学院出版社 1988 年版,第 108 - 110 页。

〔3〕金毓黻:《东北通史》(上编六卷),重庆五十年代出版社 1944 年版,第 281 页。

〔4〕该说见谭其骧:《〈中国历史地图集〉释文汇编·东北卷》,中央民族学院出版社 1988 年版,第 110 页。

〔5〕《〈中国历史地图集〉东北地区资料汇编》,中国历史地图集中央民族学院编辑组 1979 年版,第 109 页。

〔6〕《三国史记》卷 19《高句丽本纪·文咨明王本纪》。

〔7〕贾敬颜:《东北古代民族古代地理丛考》,中国社会科学出版社 1994 年版,第 20 页。

是出自这个原因。

北魏正始年间，高句丽使臣芮悉弗曾说："高丽系诚天极，累叶纯诚，地产土毛，无愆王贡。但黄金出自夫余，珂则涉罗所产。今夫余为勿吉所逐，涉罗为百济所并，国王臣云惟继绝之义，悉迁于境内。二品所以不登王府，实两贼是为。"[1] 由此看来，最终是西进的靺鞨人灭掉了北夫余，北夫余最后一个王逃奔高句丽，今吉林农安一带为靺鞨人所占据。

《新唐书》卷219《渤海传》在记述渤海国各地的特产时提到"扶余之鹿，鄚颉之豕"，作为北夫余故地的鄚颉府的特产为"豕"不难理解，因为夫余人很早就开始养猪，其官名中就有"猪加"。而同样作为北夫余故地的扶余府，其特产却是一种野生动物鹿，证明当地存在大面积可供野生鹿活动的草场和森林，这说明在北夫余灭亡以后，当地的农耕经济受到了破坏，土地大量荒芜，这才导致了鹿群的大量繁殖并成为当地特产。扶余府特产为鹿，证明渔猎业在当地经济活动中占有较为重要的地位。这种变化暗示我们，随着北夫余的灭亡，夫余先民开发松嫩平原所取得的成就也受到破坏，战乱使当地经济出现倒退，北夫余的灭亡标志着一个时代的结束。

论点小结

北夫余的遗民流向主要有四：融入高句丽、融入靺鞨、进入前燕、发展为豆莫娄。渤海在北夫余故地的东部设涑州，西部设扶余府，北部设鄚颉府，由此推测，渤海扶余府应在今吉林农安，鄚颉府可能在今黑龙江阿城。

---

〔1〕《魏书》卷100《高句丽传》。

李奎报《东明王篇》(并序)^[1]

世多说东明王神异之事,虽愚夫骏妇,亦颇能说其事。仆尝闻之,笑曰:"先师仲尼不语怪力乱神。此实荒唐奇诡之事,非吾曹所说。"及读《魏书》《通典》,亦载其事,然略而未详,岂详内略外之意耶?越癸丑四月,得《旧三国史》,见《东明王本纪》,其神异之迹,踰世之所说者。然亦初不能信之,意以为鬼幻。及三复耽味,渐涉其源,非幻也,乃圣也;非鬼也,乃神也。况国史直笔之书,岂妄传之哉!金公富轼重撰国史,颇略其事,意者公以为国史矫世之书,不可以大异之事为示于后世而略之耶。按《唐玄宗本纪》《杨贵妃传》,并无方士升天入地之事,唯诗人白乐天恐其事沦没,作歌以志之。彼实荒淫奇诞之事,犹且咏之,以示于后。矧东明之事,非以变化神异眩惑众目,乃实创国之神迹,则此而不述,后将何观?是用作诗以记之,欲使夫天下知我国本圣人之都耳。

元气判泱浑,天皇地皇氏。十三十一头,体貌多奇异。其余圣帝王,亦备载经史。女节感大星,乃生大昊挚。女枢生颛顼,亦感瑶光晖。伏羲制牲牺,燧人始钻燧。生蓂高帝祥,雨粟神农瑞。青天女娲补,洪水大禹理。黄帝将升天,胡髯龙自至。太古淳朴时,灵圣难备记。后世渐浇漓,风俗例汰侈。圣人间或生,神迹少所示。汉神雀三年,孟夏斗立巳。

汉神雀三年四月甲寅。

海东解慕漱,真是天之子。

《本记》云:夫余王解夫娄老无子,祭山川求嗣。所御马至鲲

〔1〕载《东国李相国集》卷3。

渊,见大石流泪。王怪之,使人转其石,有小儿金色蛙形。王曰:"此天锡我令胤乎!"乃收养之,名曰金蛙,立为太子。其相阿兰弗曰:"日者,天降我曰:'将使吾子孙立国于此,汝其避之。'东海之滨有地,号迦叶原,土宜五谷,可都也。"阿兰弗劝王移都,号东夫余。于旧都,解慕漱为天帝子来都。

初从空中下,身乘五龙轨。从者百余人,骑鹄纷褃襹。清乐动锵洋,彩云浮旖旎。

　　汉神雀三年壬戌岁,天帝遣太子降游扶余王古都,号解慕漱。从天而下,乘五龙车,从者百余人,皆骑白鹄。彩云浮于上,音乐动云中。止熊心山,经十余日始下。首戴鸟羽之冠,腰带龙光之剑。

自古受命君,何是非天赐。白日下青冥,从昔所未视。朝居人世中,暮反天宫里。

　　朝则听事,暮即升天,世谓之天王郎。

吾闻于古人,苍穹之去地二亿万八千七百八十里。梯栈蹑难升,羽翮飞易瘁。朝夕恣升降,此理复何尔。城北有青河,

　　青河,今鸭绿江也。

河伯三女美。

　　长曰柳花,次曰萱花,季曰苇花。

擘出鸭头波,往游熊心渼。

　　自青河出游熊心渊上。

锵琅佩玉鸣,绰约颜花媚。

　　神姿艳丽,杂佩锵洋,与汉皋无异。

初疑汉皋滨,复想洛水汜。王因出猎见,目送颇留意。兹非悦纷华,诚急生继嗣。

　　王谓左右曰:"得而为妃,可有后胤。"

三女见君来,入水寻相避。拟将作宫殿,潜候同来戏。马挝一画地,铜室欻然峙。锦席铺绚明,金罇置淳旨。蹁跹果自入,对酌还径醉。

　　其女见王即入水。左右曰:"大王何不作宫殿,俟女入室,当户遮之。"王以为然,以马鞭画地,铜室俄成壮丽。于室中设三席,

置樽酒。其女各坐其席,相劝饮酒大醉,云云。

王时出横遮,惊走仅颠踬。

王俟三女大醉,急出遮,女等惊走,长女柳花,为王所止。

长女曰柳花,是为王所止。河伯大怒嗔,遣使急且驶。告云渠何人,乃敢放轻肆。报云天帝子,高族请相累。指天降龙驭,径到海宫邃。

河伯大怒,遣使告曰:"汝是何人,留我女乎?"王报云:"我是天帝之子,今欲与河伯结婚。"河伯又使告曰:"汝若天帝之子于我有求昏者,当使媒云云。今辄留我女,何其失礼?"王惭之,将往见河伯,不能入室。欲放其女,女既与王定情,不肯离去,乃劝王曰:"如有龙车,可到河伯之国。"王指天而告,俄而五龙车从空而下。王与女乘车,风云忽起,至其宫。

河伯乃谓王,婚姻是大事。媒娉有通法,胡奈得自恣。

河伯备礼迎之,坐定,谓曰:"婚姻之道,天下之通规,何为失礼,辱我门宗?"云云。

君是上帝胤,神变请可试。涟漪碧波中,河伯化作鲤。王寻变为獭,立捕不待跬。又复生两翼,翩然化为雉。王又化神鹰,抟击何大鸷。彼为鹿而走,我为豺而趡。河伯知有神,置酒相燕喜。伺醉载革舆,并置女于辐。

车傍曰辐。

意令与其女,天上同腾辔。其车未出水,酒醒忽惊起。

河伯之酒,七日乃醒。

取女黄金钗,刺革从窍出。

叶韵。

独乘赤霄上,寂寞不回骑。

河伯曰:"王是天帝之子,有何神异?"王曰:"唯在所试。"于是,河伯于庭前水化为鲤,随浪而游,王化为獭而捕之;河伯又化为鹿而走,王化为豺逐之;河伯化为雉,王化为鹰击之。河伯以为诚是天帝之子,以礼成婚,恐王无将女之心,张乐置酒,劝王大醉,与女入于小革舆中,载以龙车,欲令升天。其车未出水,王即酒醒,取女黄金钗刺革舆,从孔独出升天。

河伯责厥女,挽吻三尺弛。乃贬优渤中,唯与婢仆二。

河伯大怒其女,曰:"汝不从我训,终辱我门。"令左右绞挽女口,其唇吻长三尺,唯与奴婢二人,贬于优渤水中。优渤,泽名,今在太伯山南。

渔师观波中,奇兽行骈骏。乃告王金蛙,铁网投溁溁。引得坐石女,姿貌甚堪畏。唇长不能言,三截乃启齿。

渔师强力扶邹告曰:"近有盗梁中鱼而将去者,未知何兽也。"王乃使鱼师以网引之,其网破裂,更造铁网引之,始得一女,坐石而出。其女唇长不能言,令三截其唇,乃言。

王知慕漱妃,仍以别宫置。怀日生朱蒙,是岁岁在癸。骨表谅最奇,啼声亦甚伟。初生卵如升,观者皆惊悸。王以为不祥,此岂人之类。置之马牧中,群马皆不履。弃之深山中,百兽皆拥卫。

王知天帝子妃,以别宫置之。其女怀牖中日曜,因以有娠。神雀四年癸亥岁夏四月,生朱蒙。啼声甚伟,骨表英奇。初生左腋,生一卵,大如五升许。王怪之曰:"人生鸟卵,可为不祥。"使人置之马牧,群马不践;弃于深山,百兽皆护。云阴之日,卵上恒有日光。王取卵送母养之,卵终乃开,得一男,生未经月,言语并实。

母姑举而养,经月言语始。自言蝇嘬目,卧不能安睡。母为作弓矢,其弓不虚掎。

谓母曰:"群蝇嘬目,不能睡,母为我作弓矢。"其母以苇作弓矢与之,自射纺车上蝇,发矢即中。扶余谓善射曰朱蒙。

年至渐长大,才能日渐备。扶余王太子,其心生妒忌。乃言朱蒙者,此必非常士。若不早自图,其患诚未已。

年至长大,才能并备。金蛙有子七人,常共朱蒙游猎。王子及从者四十余人,唯获一鹿,朱蒙射鹿至多,王子妒之,乃执朱蒙缚树,夺鹿而去,朱蒙拔树而去。太子带素言于王曰:"朱蒙者神勇之士,瞻视非常,若不早图,必有后患。"

王令往牧马,欲以试厥志。自思天之孙,厮牧良可耻。扪心常窃导,吾生不如死。意将往南土,立国立城市。为缘慈母在,离别诚未易。

王使朱蒙牧马,欲试其意。朱蒙内自怀恨,谓母曰:"我是天帝之孙,为人牧马,生不如死。欲往南土造国家,母在不敢自专。"其母云云。

其母闻此言,潸然拭清泪。汝幸勿为念,我亦常痛瘝。士之涉长途,须必凭骈骊。相将往马闲,即以长鞭捶。群马皆突走,一马骍色斐。跳过二丈栏,始觉是骏骥。

《通典》云:朱蒙所乘,皆果下也。

潜以针刺舌,酸痛不受饲。不日形甚瘴,却与驽骀似。尔后王巡观,予马此即是。得之始抽针,日夜屡加餧。

其母曰:"此吾之所以日夜腐心也。吾闻士之涉长途者,须凭骏足。""吾能择马矣。"遂往马牧,即以长鞭乱捶,群马皆惊走,一骍马跳过二丈之栏。朱蒙知马骏逸,潜以针捶马舌根,其马舌痛,不食水草,甚瘦悴。王巡行马牧,见群马悉肥,大喜,仍以瘦锡朱蒙。朱蒙得之,拔其针加餧云。

暗结三贤友,其人共多智。

乌伊、摩离、陕父等三人。

南行至淹滞,

一名盖斯水,在今鸭绿东北。

欲渡无舟舣。

欲渡无舟,恐追兵奄及,乃以策指天,慨然叹曰:"我天帝之孙,河伯之甥,今避难至此,皇天后土,怜我孤子,速致舟桥。"言讫,以弓打水,鱼鳖浮出成桥,朱蒙乃得渡,良久追兵至。

秉策指彼苍,慨然发长喟。天孙河伯甥,避难至于此。哀哀孤子心,天地其忍弃。操弓打河水,鱼鳖骈首尾。屹然成桥梯,始乃得渡矣。俄尔追兵至,上桥桥旋圮。

追兵至河,鱼鳖桥即灭,已上桥者皆没死。

双鸠含麦飞,来作神母使。

朱蒙临别,不忍暌违。其母曰:"汝勿以一母为念。"乃裹五谷种以送之。朱蒙自切生别之心,忘其麦子。朱蒙息大树之下,有双鸠来集,朱蒙曰:"应是神母使送麦子。"乃引弓射之,一矢俱举,开喉得麦子,以水喷鸠,更苏而飞去,云云。

形胜开王都,山川郁巋峛。自坐茀蕝上,略定君臣位。

王自坐茀蕝之上,略定君臣之位。

咄哉沸流王,何奈不自揆。苦矜仙人后,未识帝孙贵。徒欲为附庸,出语不慎葸。未中画鹿脐,惊我倒玉指。

沸流王松让出猎,见王容貌非常,引而与坐曰:"僻在海隅,未曾得见君子,今日邂逅,何其幸乎!君是何人,从何而至?"王曰:"寡人天帝之孙,西国之王也。敢问君王继谁之后?"让曰:"予是仙人之后,累世为王。今地方至小,不可分为两王,君造国日浅,为我附庸可乎?"王曰:"寡人继天之后,今主非神之胄,强号为王,若不归我,天必殛之。"松让以王累称天孙,内自怀疑,欲试其才,乃曰:"愿与王射矣。"以画鹿置百步内,射之,其矢不入鹿脐,犹如倒手。王使人以玉指环悬于百步之外,射之,破如瓦解。松让大惊,云云。

来观鼓角变,不敢称我器。

王曰:"以国业新造,未有鼓角威仪,沸流使者往来,我不能以王礼迎送,所以轻我也。"从臣扶芬奴进曰:"臣为大王取沸流鼓角。"王曰:"他国藏物,汝何取乎?"对曰:"此天之与物,何为不取乎?夫大王困于扶余,谁谓大王能至于此。今大王奋身于万死之危,扬名于辽左,此天帝命而为之,何事不成!"于是扶芬奴等三人,往沸流取鼓而来。沸流王遣使告曰云云。王恐来观,鼓角色暗如故,松让不敢争而去。

来观屋柱故,咋舌还自愧。

松让欲以立都先后为附庸。王造官室,以朽木为柱,故如千岁。松让来见,竟不敢争立都先后。

东明西狩时,偶获雪色麂。

大鹿曰麂。

166

倒悬蟹原上,敢自咒而谓。天不雨沸流,漂没其都鄙。我固不汝放,汝可助我愤。鹿鸣声甚哀,上彻天之耳。霖雨注七日,霈若倾淮泗。松让甚忧惧,沿流谩横苇。士民竞来攀,流汗相瞪眙。东明即以鞭,画水水停沸。松让举国降,是后莫予訾。

西狩获白鹿,倒悬于蟹原,咒曰:"天若不雨而漂没沸流王都者,我固不汝放矣,欲免斯难,汝能诉天。"其鹿哀鸣,声彻于天,霖雨七日,漂没松让都。王以苇索横流,乘鸭马,百姓皆执其索。朱蒙以鞭画水,水即减。六月,松让举国来降云云。

玄云幂鹘岭,不见山逦迤。有人数千许,斫木声髣髴。王曰天为我,筑城于其趾。忽然云雾散,宫阙高嶕峣。

七月,玄云起鹘岭,人不见其山,唯闻数千人声,以起土功。王曰:"天为我筑城。"七日,云雾自散,城郭宫台自然成,王拜皇天就居。

在位十九年,升天不下莅。

秋九月,王升天不下,时年四十。太子以所遗玉鞭葬于龙山云云。

俶傥有奇节,元子曰类利。得剑继父位,塞盆止人詈。

类利少有奇节云云。少以弹雀为业,见一妇戴水盆,弹破之。其女怒而詈曰:"无父之儿,弹破我盆。"类利大惭,以泥丸弹之,塞盆孔如故。归家问母曰:"我父是谁?"母以类利年少,戏之曰:"汝无定父。"类利泣曰:"人无定父,将何面目见人乎!"遂欲自刎。母大惊,止之曰:"前言戏耳。汝父是天帝孙,河伯甥,怨为扶余之臣,逃往南土,始造国家。汝往见之乎?"对曰:"父为人君,子为人臣,吾虽不才,岂不愧乎?"母曰:"汝父去时有遗言:'吾有藏物,七岭七谷、石上之松。能得此者,乃我之子也。'"类利自往山谷,搜求不得,疲倦而还。类利闻堂柱有悲声,其柱乃石上之松木,体有七棱。类利自解之曰:"七岭七谷者,七棱也;石上松者,柱也。"起而就视之,柱上有孔,得毁剑一片,大喜。前汉鸿嘉四年夏四月,奔高句丽。以剑一片,奉之于王,王出所有毁剑一片,合之血出,连为一剑。王谓类利曰:"汝实我子,有何神圣乎?"类利应声举身耸空,乘牖中日,示其神圣之异。王大悦,立为太子。

我性本质木,性不喜奇诡。初看东明事,疑幻又疑鬼。徐徐渐相涉,变化难拟议。况是直笔文,一字无虚字。神哉又神哉,万世之所瞡。因思草创君,非圣即何以。刘媪息大泽,遇神于梦寐。雷电塞晦暝,蛟龙盘怪傀。因之即有娠,乃生圣刘季。是惟赤帝子,其兴多殊祚。世祖始生时,满室光炳炜。自应赤伏符,扫除黄巾伪。自古帝王兴,征瑞纷蔚蔚。未嗣多怠荒,共绝先王祀。乃知守成君,集蓼戒小毖。守位以宽仁,化民由礼义。永永传子孙,御国多年纪。

附录二

略论朝鲜古史谱系的演变

虽然在一些枝节问题上存在分歧,但目前朝、韩大多数学者对朝鲜古史谱系的理解都是古朝鲜、汉四郡、三韩、三国(高句丽、新罗、百济)、南北朝(新罗、渤海)、王氏高丽、李氏朝鲜。本文试梳理这种古史谱系在历史上形成和演变的大致脉络,以期有助于我们对朝鲜史的理解和对目前朝、韩学者国史观的理解。

(一)

朝鲜半岛第一部正史《三国史记》(1145)以高句丽、新罗、百济为"海东三国"[1],使以"海东三国"、统一新罗、王氏高丽为正统的古史观成为高丽王朝的官方古史谱系。"海东三国"是自中国传入朝鲜半岛的概念,"海东"最初是区域概念,指今渤海以东的东北亚南部地区,《三国志》卷30《魏书·高句丽传》中称"公孙度之雄海东",就可以证明这一点。至晚在唐代,由于"海东"区域内仅存高句丽、新罗、百济3个政权,故唐人也将之并称为"海东三国"。[2] 但是,"海东三国"仅指存在于"海东"区域内的3个政权,并不具有此3国同出自"海东",或此3国构成"海东"一体的内涵。而在《三国史记》成书以后,"海东三国"或简称"三国"才转而成为朝鲜古史谱系中一个时代的名称。金富轼对朝鲜古史谱系的这种理解显然是错误的,但以"三国"为正统的观点此后却成为朝鲜古史谱系中不可动摇的一环。

《三国史记》限于其断代史的体例,没有涉及"三国"以前的历史,在其成书后1个多世纪,高丽僧人一然(1206—1287)所著《三国遗事》

---

[1]〔高丽〕金富轼:《进〈三国史记〉表》,载《东文选》卷44。
[2]《旧唐书》卷199上《百济传》引唐永徽二年赐百济王扶余义慈的诏书。

第一次提出完整的朝鲜古史谱系。

《三国遗事》卷1《纪异》中列有如下条目：古朝鲜、魏满朝鲜、马韩、二府、七十二国、乐浪国、北带方、南带方、靺鞨渤海、伊西国、五伽倻、北扶余、东扶余、高句丽、卞韩百济、辰韩，辰韩以下讲的都是新罗的历史。在古朝鲜条下，一然提到"周虎王即位己卯封箕子于朝鲜，坛君乃移于藏唐京"，证明其所说"古朝鲜"包括檀君朝鲜和箕子朝鲜。在马韩条下引《魏志》："魏满击朝鲜，朝鲜王准率宫人左右越海而南，至韩地开国，号马韩。"又引崔致远说"马韩，丽也；辰韩，罗也"[1]，认为马韩是箕子朝鲜的继承者，高句丽又是马韩的继承者，而新罗是辰韩的继承者。在魏满朝鲜条下提到汉武帝灭卫氏朝鲜设四郡。二府条记载："昭帝始元五年己亥置二外府，谓朝鲜旧地平那及玄菟郡等为平州都督府，临屯、乐浪等两郡之地置东部都尉府。私曰：《朝鲜传》则真番、玄菟、临屯、乐浪等四。今有平那无真番，盖一地二名也。"一然认为"平那"即中国史书《汉书》卷95《朝鲜列传》中的"真番"，二府设于昭帝始元五年（公元前82年），可见是指汉昭帝将真番并入玄菟、临屯并入乐浪之后的朝鲜半岛郡县格局。但四郡并省后，乐浪、玄菟郡名未变，而不是《三国遗事》所说"平州都督府"、"东部都尉府"。不过，此后乐浪郡下设东部都尉主管岭东七县[2]，《三国遗事》"东部都尉府"的名称当源于此。七十二国条下记载："朝鲜之遗民，分为七十余国，皆地方百里。《后汉书》云：西汉以朝鲜旧地，初置为四郡，后置二府，法令渐烦，分为七十八国，名万户。马韩在西，有五十四小邑，皆称国，辰韩在东，有十二小邑，称国，卞韩在南，有十二小邑，各称国。"一然所引《后汉书》内容出自该书卷85《东夷传·三韩》，一然是将古朝鲜遗民与三韩混为一谈了，认为三韩78国都是"朝鲜之遗民"。一然的这一错误影响深远，将三韩与古朝鲜对接成为此后构建朝鲜古史谱系者

〔1〕〔新罗〕崔致远《孤云先生文集》卷1《上太师侍中状》："伏以东海之外有三国，其名马韩、卞韩、辰韩。马韩则高丽，卞韩则百济，辰韩则新罗也。"但后世朝鲜学者已否定了这种观点，一般认为与马韩有关的是百济而不是高句丽。

〔2〕《三国志》卷30《魏书·东夷传》东沃沮条："以土地广远，在单单大领之东，分置东部都尉，治不耐城，别主领东七县，时沃沮亦皆为县。汉建武六年省边郡，都尉由此罢。"

170

的不变的思路。

　　历来校勘《三国遗事》者皆认为七十二国条的"二"当为"八"之误,细品文意可以发现,一然是认为卫氏朝鲜之后古朝鲜的疆域内兴起的 78 国包括四郡二府在内,除中国直辖的四郡二府外则为 72 国。北带方条下称"此皆前汉所置二郡名",则所谓北带方可能是对汉昭帝并省四郡后的玄菟郡的扭曲认识。乐浪国、北带方分别指四郡并省后的乐浪与玄菟,实际上与前面所说的二府是重复的。南带方条"曹魏时始置南带方郡","后汉建安中,以马韩南荒地为带方郡",说明南带方指后来分乐浪郡南部而设的带方郡。带方郡是割据辽东的公孙氏政权所设,因此,说"后汉建安中"是正确的,而不是"曹魏时",一然对设置时间的认识是混乱的。

　　伊西国在《三国遗事》中还出现过 3 次,一次是"弩礼王十四年,伊西国人来攻金城";一次是新罗于"建虎(武)十八年,伐伊西国,灭之";一次是新罗"第十四代儒理王,伊西国人来攻金城"。所谓"弩礼王",即新罗第三代王"儒理尼师今",新罗第十四代王为"儒礼尼师今",一然显然是将二者弄混了,才导致了"伊西国人来攻金城"记载的重出。据《三国史记》卷 2《新罗本纪》,此事发生在儒礼尼师今十四年(297),则前引第一条记事为误出。伊西国至 297 年尚存,则称伊西国在东汉建武十八年(43)为新罗所灭也是错误的。一然混淆"儒理"与"儒礼"的错误对后代影响很大,成汝信(1546—1632)[1]、许穆(1595—1682)[2]、李德懋(1741—1793)[3],以及成书于 1530 年的《新增东国舆地胜览》[4]皆沿此误。最早发现一然这一错误的是《大东地志》[5],

　　〔1〕〔朝鲜〕成汝信:《浮渣先生文集》卷 1《东都遗迹》诗二十七首之第二十三首下自注。

　　〔2〕〔朝鲜〕许穆:《记言》卷 33《东事·新罗世家》。

　　〔3〕〔朝鲜〕李德懋:《青庄馆全书》卷 26《纪年儿览》(下)伊西国条:"新罗儒理王十八年壬寅灭之,合他郡三县,置大城郡。谨按,儒理王十四年丁巳,又来攻金城,为新罗所破,可怪。"李德懋显然是将一然所说的东汉建武十八年,理解为儒理尼师今十八年了。

　　〔4〕〔朝鲜〕《新增东国舆地胜览》卷 26 庆尚道清道郡"建置沿革"条。

　　〔5〕〔朝鲜〕《大东地志》庆尚道清道郡"沿革"条下注:"按《三国史》云,儒理王十四年伐伊西小国,灭之,儒礼王十四年伊西小国来侵金城,其间为二百二十五年,则儒理、儒礼声相近,故叠录而传讹。"

《东史纲目》卷 2 丁巳条则作了另一种解释:"伊西国汉建武十八年(43)为新罗所灭,至是又见,恐是古国余烬尚存而复起者欤?"但可以肯定,伊西国不过是被新罗吞并的众多小国中的一个,并无特殊意义,不知一然为何将此国单独列出。属于同样情况的还有五伽倻。

综上,我们可以将一然的朝鲜古史谱系图示如下:

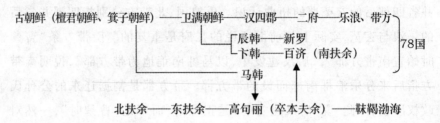

仅从一然自己的叙述来看,上图中实际包含了 3 种不同的古史系统。其一,源自释帝桓因庶子桓雄的檀君朝鲜,其后为箕子朝鲜、卫满朝鲜、汉四郡二府、马韩,其发源地在朝鲜半岛中部[1],可以称之为古朝鲜系统;其二,源自天帝解慕漱的北扶余,其后为东扶余、卒本扶余(高句丽)、南扶余(百济),其发源地在"大辽医州"的"讫升骨城",可以称之为扶余系统;其三,源自三韩中的辰韩,其后为新罗、王氏高丽,其发源地在朝鲜半岛南部,可以称之为三韩系统。一然所处的高丽王朝以新罗为正统,但自新罗上溯其国史只能追溯到三韩中的辰韩,与另两个系统都没有关系。但高丽王朝的疆域不仅包括了从前三韩的全部分布区,也包括古朝鲜和高句丽、渤海国的部分地区,一然为了切合高丽王朝的疆域实际,也为与金富轼已经确立的"三国"、统一新罗、王氏高丽的古史谱系相吻合,在构建其古史谱系时,由辰韩扩及三韩,又因箕子后裔曾立国于马韩地区,由马韩上溯至古朝鲜系统;因百济兴起于卞韩故地,其王室又出自扶余,由此上溯至扶余系统。通过这种方法,一然将三种历史系统嫁接在一起,为高丽王朝创造出一个宏大

----

[1]〔高丽〕一然《三国遗事》卷 1《纪异》引《魏书》:"乃往二千载,有坛君王俭,立都阿斯达",而后自注称阿斯达山"亦云白岳,在白州地,或云在开城东,今白岳宫是"。又引《古记》称帝释庶子桓雄降于"太伯山",并自注"今妙香山"。《三国遗事》所引坛君神话与檀君神话虽然存在区别,来源也不同,但其所涉及的地名却都在今朝鲜半岛中部。

的历史谱系。但从本质上讲,这是"海东"区域的历史谱系,而不是一种国史谱系,但遗憾的是,不论一然本人还是后来受其影响的学者,都是将此谱系视为高丽王朝的国史谱系的。

成书略早于《三国遗事》的李承休(1224—1300)《帝王韵记》(1278),其下卷中对朝鲜半岛历史的叙述也是本着檀君、箕子、卫满、四郡、三韩的次序。但其认为三韩"称国者马韩有四十,辰有二十,并(弁)有十二"则是错误的。接下来提到"于中何者是大国,先以扶余沸流称,次有尸罗与高礼,南北沃沮秽貊膺。此诸君长问谁后,世系亦自檀君承"。以下则谈到高句丽、新罗、百济和王氏高丽。李承休没有提到伊西国和伽倻,却包括一然没有提及的沸流、尸罗、高礼。李承休的朝鲜古史谱系我们可以图示如下:

檀君朝鲜——箕子朝鲜——卫满朝鲜——汉四郡——三韩 $\left\{ \begin{array}{l} 扶余 \\ 沸流 \\ 尸罗、高礼 \\ 沃沮、秽貊 \end{array} \right\}$ "三国"——王氏高丽

李承休认为,三韩各国的君长都是檀君的后裔,以此直接将古朝鲜系统与三韩系统对接,没有给扶余系统以独立的地位,而是将之与后来被高句丽吞并的沸流一起视为三韩诸国之一[1],通过这种方法,李承休将朝鲜的古史谱系一到古朝鲜系统上来。这种古史谱系虽然比一然的古史谱系更为简洁,但是其对 3 个系统的合并是没有史料依据的。[2]

对比一然与李承休提出的两种朝鲜古史谱系可以发现,两者对早期古史谱系的理解都是檀君朝鲜、箕子朝鲜、卫满朝鲜,也就是后世简称的三朝鲜,而后是汉四郡,对后期古史谱系的理解都是三韩、新罗、王氏高丽,也就是说,对古朝鲜系统和三韩系统的理解是一致的,而分歧主要在于如何将两个不同的古史系统对接,以及在古史谱系中如何处理高句丽和百济,对除此之外的朝鲜半岛历史上的一些小国何者应在

---

〔1〕沸流国记事,见〔高丽〕金富轼《三国史记》卷 13《高句丽本纪·始祖东明圣王本纪》。

〔2〕《三国志》卷 30《东夷传》分别为夫余、沃沮,秽貊和三韩立传,而且载有三韩 78 国的国名,与夫余诸族绝无关系,足证李承休将夫余、沃沮、秽貊视为三韩 78 国之一是错误的。

古史谱系中占有一席之地,二者的认识也不一致。由此推测,至晚在13世纪中叶,流行的朝鲜古史谱系中,古朝鲜系统和三韩系统已基本定型了。

(二)

在一然和李承休之后,如何将古朝鲜、三韩这两种不同的古史系统对接,仍旧是困扰构建朝鲜古史谱系的朝鲜学者的一大难题。从曾奉命撰写《东国史略》的李詹、权近、河崙的古史观中,我们可以发现一种新的倾向。

李詹(1345—1405)所著《双梅堂先生箧藏文集》卷22《杂著》在"论地理条款"之后,分列檀君朝鲜、箕子朝鲜、卫满朝鲜、四郡、二府、新罗、高句丽、百济等条目,删去了《三国遗事》中的伽倻和伊西,另立驾洛国条。二府条记载:"前汉昭帝始元五年己亥置二外府,谓朝鲜旧地平那及玄菟郡为平州都督府,临屯、乐浪等两郡之地置东府都督府",无疑抄自《三国遗事》,但李詹已不明白"东部都尉"的意义,为与前文平州都督府对称,而妄改为东部都督府。此外,李詹还在二府条下加上这样一段话:"本名朱里真,番语名音讹为女真,或曰虑真。避契丹兴宗名,又曰女真金国。临屯未敢的知所在也。"[1]将省罢于公元前82年的临屯郡和立国于1115年的女真金国并称二府。如果我们考虑到,自12世纪初高丽王朝与女真人争夺的地区在历史上与临屯郡辖区有关,就可以理解,这种新的二府说是为高丽王朝的北拓张本,要将女真人也纳入朝鲜古史谱系中来。《高丽史》卷96《尹瓘传》称"女真本靺鞨遗种,隋唐间为高句丽所并",也是出于同样的目的。但通过将女真与建立渤海国的靺鞨人联系起来,从而作为渤海国的继承者而纳入朝鲜古史谱系,远比将之与临屯一同视为二府更为合理,因此,李詹此说才没有被后代所接受。需要注意的是,李詹虽然继承了一然的二府说,但在四郡二府之后直接叙述高句丽、百济、新罗,将一然和李承休存在分歧的部分完全舍去,武断地将"三国"与四郡对接,既不为二者之

---

〔1〕〔朝鲜〕李詹:《双梅堂先生箧藏文集》卷22《杂著》。

间寻找接合点,也不论证二者为何可以对接。

权近(1352—1409)《阳村先生文集》卷19《三国史略序》:"惟我海东之有国也,肇自檀君朝鲜。时方鸿荒,民俗淳朴。箕子受封,以行八条之教,文物礼义之美,实基于此。卫满窃据,汉武穷兵,自是而后或为四郡,或为二府,屡更兵燹,载籍不传,良可惜也。逮新罗氏与高句丽、百济鼎立,各置国史,掌记时事。"其古史谱系为檀君朝鲜、箕子朝鲜、卫满朝鲜、四郡、二府、高句丽、新罗、百济,与李詹同出一辙。

河崙(1347—1416)在谈到平壤一带的历史沿革时说:"稽之载籍,则系箕子旧封之地,九畴之化、八条之教入人深,历千有余年,实为海以东风俗之权舆矣。及其季为卫满夺据,汉武遣兵,逐满置郡。后为高朱蒙氏割据平壤,乃其所都。……厥后为王氏太祖所并。"[1]其所说平壤一带的历史沿革是箕子朝鲜、卫满朝鲜、汉四郡、高句丽、王氏高丽,除中间省略了新罗一代之外,基本是正确的。将高句丽纳入平壤一带的古史体系中,却没有提到扶余,显然与李詹、权近所述古史谱系也是一致的。[2]

此外,郑道传(?—1398)在讨论朝鲜半岛政权的国号时提到:"海东之国,不一其号。为朝鲜者三,曰檀君、曰箕子、曰卫满;若朴氏、昔氏、金氏相继称新罗;温祚称百济于前,甄萱称百济于后;又高朱蒙称高句丽,弓裔称后高丽,王氏代弓裔,仍袭高丽之号。"[3]成书于1421年的《高丽史》在谈到平壤府的沿革时说:"本三朝鲜旧都……汉武帝元封二年,遣将讨之,定为四郡,以王险为乐浪郡。高句丽长寿王十五年,自国内城徙都之。宝藏王二十七年,新罗文武王与唐夹攻灭之,地遂入于新罗。"[4]都是赞同这种古史谱系的。

由此看来,14—15世纪流行的古史谱系是三朝鲜、四郡二府、"三国"、统一新罗、王氏高丽,概言之,这种古史谱系捏合了古朝鲜、三韩

---

〔1〕〔朝鲜〕河崙:《浩亭先生文集》卷2《送西北面都巡问使平壤尹赵公诗序》。

〔2〕但河崙谈平壤沿革是自箕子朝鲜说起,另参照《浩亭先生文集》卷3《杂著·策问》"吾东方有国自箕子之朝鲜"的说法,证明河崙有否定檀君朝鲜的倾向,这也是十分可贵的。

〔3〕〔朝鲜〕郑道传:《三峰集》卷7《朝鲜经国典·国号》。

〔4〕〔朝鲜〕郑麟趾:《高丽史》卷58《地理志》"北界西京留守官平壤府"条。

两种古史系统,其基本思路与李承休相同,要将朝鲜半岛的古史谱系全部归结到古朝鲜一系上来。与一然不同,这种古史谱系中不包括北扶余、东扶余以及后来的渤海国。从权近、李詹、河崙曾同撰《三国史略》来看,这一古史谱系可能也是当时的官方学说。

权近还对《三国遗事》进行了一处细节上的修正,他在出使明朝时所做的一首应制诗中说檀君"传世不知几,历年曾过千"[1],将《三国遗事》所说檀君"御国一千五百年"、"寿一千九百八岁",理解为同号檀君的若干代君主共统治1000余年,不再将檀君理解为一个人,而是一个朝代,这就将檀君神话中最离奇的部分改造得符合常识了。因此,权近这两句诗经常受到后代朝鲜学者的引用,逐渐成为对檀君神话中年代问题的主流理解[2],但这种说法显然与檀君后人阿斯达山为神的神话结局相矛盾。此外,权近认为四郡二府统治了整个朝鲜半岛,这明显是错误的,已有朝鲜学者对之进行过批判。[3]

15世纪下半叶的崔溥(1454-1504)对古史谱系的理解是:檀君朝鲜、箕子朝鲜、四郡二府、三国,"准浮海而南,至金马郡都之,称马韩,统五十余国,历四郡、二府之时,传世亦二百年,至是为百济所灭"[4]。这显然是对李詹、权近、河崙的继承。如下图所示,崔溥改正了《三国遗事》视马韩为高句丽所灭的错误,将百济作为马韩的继承者,并试图以此来衔接古朝鲜系统与所谓三国。

檀君朝鲜———箕子朝鲜———卫满朝鲜———四郡二府 新罗
                                                            马韩———百济 新罗———高丽
                                                            高句丽

需要说明的是,虽然自《三国遗事》以后,檀君朝鲜在多数古史系

---

〔1〕〔朝鲜〕权近:《阳村先生文集》卷1《应制诗》洪武二十九年九月二十日所作十首之一《始古开辟东夷主》。

〔2〕如:〔朝鲜〕徐居正(1420—1488)《笔苑杂记》卷1曾引权近此诗。〔朝鲜〕李德懋(1741—1793)《青庄馆全书》卷26《纪年儿览》(下):"洪武丙子,权阳村近奉使朝大明,太祖皇帝命制檀君诗。近应制曰:'传世不知几,历年曾过千。'以为实纪。"

〔3〕〔朝鲜〕李万敷:《息山先生续集》卷1《南风》诗注:"权阳村并南北分四郡二府,而韩久庵以为四郡二府自辽东及于汉北,汉以南未尝浑人,其言有据。"

〔4〕〔朝鲜〕崔溥:《锦南先生集》卷1《东国通鉴论》。

统中一直被视为朝鲜半岛第一个正统政权,但这种说法也一直受到部分学者的质疑。比较典型的如姜再恒(1689—1756)批檀君神话:"按佛书有天帝子桓雄者,好事者因此杜撰,而后人不觉,收之正史,荒诞可笑,不足辨矣。"批夫娄为檀君之子说:"按檀君至金蛙仅三世,夫娄朝禹涂山,历夏殷周直至西汉之时,略计二千有余岁矣。人徒知檀君之寿过千,而不知夫娄之年已过二千矣。广成子千二百岁,彭祖八百岁,而人不信,其诞可知也已。况夫娄之会涂山,孰记而孰传之也?邃古之事,固多附会,不足信也。""解夫娄之迁迦叶原也,托之国相阿难弗之梦,迦叶、阿难皆是佛名,是时佛书犹未入中国,而犹云尔者,亦犹檀君之托桓雄也,是亦不足深究矣。"[1]因此,有的学者在谈到朝鲜的古史谱系时是从箕子朝鲜说起。如,李毂(1298—1351):"禹贡九州之外,声教所暨,东渐于海,而三韩之名未著也。自周封商太师之后,稍通中国。其在隋唐,征之不克。"[2]为将檀君开国这种后起的神话与箕子开国的旧说相调和,至14世纪出现了"檀君以为创启东方始基之君,箕圣以为东方变夷行夏之君"[3]的说法。而在此之后,将檀君朝鲜视为朝鲜古史谱系之始也才成为不可动摇的说法。

上述14—15世纪形成的古史谱系在15世纪以后曾有过比较大的影响,出现过一批从这种古史谱系出发编纂的史书。如:朴详(1474—1503)撰《东国史略》,是以三朝鲜、四郡、二部、三韩、三国纪为1卷,新罗纪为1卷,高丽纪共4卷;吴沄撰《东史纂要》(1614),是包括三朝鲜、四郡、二部、三韩、三国、高丽以及三国时小国,"略纪其国都、年代",总为1卷;还有撰者不详的《东国通鉴》,是将三朝鲜、四郡、二部、三韩、三国、新罗纪合为4卷,高丽纪共12卷,总计16卷。[4]此外,卢

---

〔1〕〔朝鲜〕姜再恒:《立斋先生遗稿》卷9《东史评证·肃慎三朝鲜高句丽三韩》。

〔2〕〔朝鲜〕李毂:《稼亭先生文集》卷9《送郑副令入朝序》。此外,〔朝鲜〕安鼎福《东史纲目》的古史谱系虽然始于檀君朝鲜,但其卷1对朝鲜历史的叙述却始于箕子朝鲜。另据《东史纲目》凡例可知,安鼎福所见《东国通鉴》也是自箕子朝鲜写起,而将檀君神话附入箕子朝鲜条后。

〔3〕〔朝鲜〕朴宜中:《贞斋先生逸稿》卷3《摭拾·华海师傅》提到,这是"丽末义士二三十许人,每岁春秋,会元处士家雉岳山顶,因岩为坛,自变祀至革祀,祭列圣"时的说法。

〔4〕〔朝鲜〕李圭景:《五洲衍文长笺散稿》之经史篇史籍类《史籍总说·东国诸家史类》。

·欧·亚·历·史·文·化·文·库·

思慎、徐居正的《三国史节要》(1476)、徐居正等人的《东国通鉴》(1484)、柳希龄(1480—1552)《标题音注东国史略》、洪汝河《东国通鉴提纲》(1672)、洪万宗《东国历代总目》(1705)、李弘基《纂修东国史》(1708)[1],都是持这种观点的。李浚庆(1499—1572)在1567年为出使朝鲜的明人许国介绍朝鲜历史与文化时说:"檀君肇国,箕子受封,皆都平壤。汉置四郡二府,自是三韩瓜分,马韩统五十四国,辰、卞韩各统十二国。厥后新罗、高句丽、百济三国鼎峙。"[2]讲的也是这种朝鲜古史谱系。

但是,在这种古史谱系中,所谓"三国"明显不存在与古朝鲜的继承关系,虽然按崔溥的思路可以将百济视为箕氏马韩的继承者,可是高句丽、新罗与古朝鲜的关系却仍旧无法得到说明,而后来的王氏高丽、李氏朝鲜都是奉新罗为正统的,这就注定了朝鲜学者仍要对此古史谱系进行改造。

(三)

《三国遗事》在讲到高句丽朱蒙神话时有评论:"《坛君记》云:'君与西河伯之女要亲,有产子,名曰夫娄。'今按此记,则解慕漱私河伯之女而后产朱蒙。《坛君记》云'产子名曰夫娄',夫娄与朱蒙,异母兄弟也。"[3]对此,徐居正(1420—1488)早已提出过质疑:"安有檀君独寿千百年以享一国乎?知其说之诬也。又云檀君生子扶娄,是为东扶余王。至禹会诸侯于涂山,檀君遣扶娄朝焉,其说无据。若檀君享国久长,扶娄往会涂山,则虽我国文籍不备,中国之书岂无一语及之乎?"[4]

崔溥曾参加题名徐居正撰的《东国通鉴》一书的编写,该书的史论部分皆出自崔溥之手[5],由此看来,前引崔溥的古史谱系是得到徐居

---

〔1〕《古朝鲜、檀君、扶余资料集》(上),高句丽历史财团2005年版。

〔2〕〔朝鲜〕李浚庆:《东皋遗稿》卷5《杂著·录遗许太史国朝鲜风俗》。

〔3〕〔高丽〕一然:《三国遗事》卷1《纪异》。

〔4〕〔朝鲜〕徐居正:《笔苑杂记》卷1。徐居正主编的《东国通鉴》在《外纪·檀君朝鲜》中也指出"此说可疑","知其说之诬也"。徐居正《四佳集》卷4《三国史节要序》也说:"吾东方檀君立国,鸿荒莫追"。

〔5〕〔朝鲜〕安鼎福《东史纲目》附卷《考异》根据崔溥《锦南先生集》卷1《东国通鉴论》,认为《东国通鉴》一书论的部分都是崔溥所撰。

正认同的,徐居正对《三国遗事》的檀君生夫娄说持批判态度,应是崔溥的古史谱系未采《三国遗事》所载这一神话以证明北扶余出自檀君朝鲜,却倾向于抹杀扶余系统的原因。对《三国遗事》所引《坛君记》持怀疑态度,因而不会由此出发来构建古史谱系,这可能是 16 世纪以前朝鲜半岛学者中的主流认识。[1]

但是,至 17 世纪,许穆(1595—1682)却恰恰以此为依据,提出了一种新的捏合古朝鲜系统与扶余系统的方法:

上古九夷之初有桓因氏,桓因生神市,始教生民之治,民归之。神市生檀君,居檀树下,号曰檀君,始有国号曰朝鲜。……檀君氏生夫娄,或曰解夫娄,母非西岬女也。禹平水土,会诸侯于涂山,夫娄朝禹于涂山氏。

夫娄立为比(北)扶余。……夫娄之世商亡,箕子至朝鲜。后周德衰,孔子欲居九夷。

夫娄卒,金蛙嗣,徙迦叶原,为东扶余。金蛙末,秦并天下,秦亡人入东界为秦韩。汉高后时,卫满据朝鲜,朝鲜侯准南奔至金马,为马韩。孝武时,略薉貊,薉君南闾降,初置沧海郡。

金蛙传带素,带素恃其强大,与句丽争攻伐,卒为所击杀。其弟曷思代立,至孙都头降句丽,东扶余亡。

檀君氏之后有解夫娄,解夫娄之后有金蛙,金蛙之后有朱蒙、温祚,为句丽、百济之祖,皆本于檀君氏。[2]

许穆直接将北扶余的国君夫娄视为檀君之子,认为北扶余出自檀君朝鲜,与檀君朝鲜并存,其后裔为避箕子而东迁,形成与箕子朝鲜并存的东扶余。而后自东扶余中发展出高句丽、百济。秦末中原人避乱东迁至东扶余的东部形成秦韩,即辰韩,后来从中发展出新罗。许穆的古史系统我们可以图示如下:

---

〔1〕但对《坛君记》所载神话,也有的朝鲜史书是持相信态度的,如《新增东国舆地胜览》卷 54《宁边大都督府》"古迹"条。

〔2〕〔朝鲜〕许穆:《记言》卷 32《东事·檀君世家》。

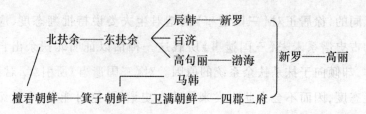

  借助于引用前人皆不肯相信的神话,许穆将古朝鲜、扶余、三韩这3种不同的古史系统捏合起来,遵照李承休的思路,将古史谱系一统到古朝鲜系统之下。只是作为其立论基础的夫娄为檀君之子的神话,甚至与《三国遗事》所载夫娄为天帝解慕漱之子的说法也是相矛盾的。

  许穆《记言》卷 32 至 35《东事》,其中卷 32 包括檀君世家、箕子世家、卫满世家、四郡二府、三韩,卷 33 包括新罗世家,附驾洛、大伽倻,卷 34 包括高句丽世家、百济世家,附秽貊、毛罗、靺鞨(渤海国)。就整体而言,许穆的古史观是对 14—15 世纪的三朝鲜、四郡二府、三韩、"三国"古史谱系的继承,但他没有像 14—15 世纪流行的古史谱系那样倾向于删除扶余系统,而是将扶余系统并入古朝鲜系统,将朝鲜半岛的古史系统全部上溯到檀君朝鲜,将扶余系统与三韩系统全部统一到古朝鲜系统中来。此外,许穆将檀君之前朝鲜半岛的情况归纳为中国史书所说的九夷,这种说法对此后的朝鲜诸书影响也非常大。[1]

  许穆的《东事》也按实力重新归纳了朝鲜半岛历史上的政权,不容忽视却又无法在古史谱系中占有显要位置的驾洛与大伽倻,因其后来为新罗吞并而被附入《新罗世家》,出于同样原因,将秽貊附入《高句丽世家》、毛罗附入《百济世家》。许穆也注意到,将靺鞨(渤海国)简单地视为高句丽的继承者是不合适的,但因渤海国继承了高句丽的大部分疆域,因此将之附入《高句丽世家》。应该说,在这些细节问题的处理上,许穆大多是正确的,纠正了此前古史系统中的许多错误,但遗憾的是,其古史系统的宏观框架却是虚构的。

  与许穆同时代的南九万(1629—1711)对许穆说的批判最为激烈:

    第其说妖诬鄙滥,初不足以诳闾巷之儿童,作史者其可全信

---

〔1〕〔朝鲜〕韩致奫:《海东绎史》卷 1《世纪》首先是"东夷总记"。

此言！乃以檀君为神人之降，而复入山为神乎？且唐尧以后历年之数，中国史书及邵氏《经世书》，可考而知也，自尧庚寅至武王己卯，仅一千二百二十年，然则所谓御国一千五百年，寿一千九百八岁，其诬不亦甚乎？《笔苑杂记》引《古记》之说，云檀君与尧同日而立，至商武丁乙未入阿斯达山为神，享年一千四十有八岁。又云檀君娶非西岬河伯之女，生子曰扶娄，是为东扶余王。至禹会诸侯于涂山，遣扶娄朝焉。今按：尧之元年乃甲辰，则此称与尧同日而立者，与戊辰岁立为君、庚寅岁都平壤者抵牾矣。其称商武丁乙未入山为神者，又与周武王己卯避箕子移藏唐京者矛盾矣。庞杂如此，亦可见其肆诬也。且尧之即位之日，中国之书亦无可考，则又何以知檀君之与之同日乎？檀君立国千余年之间，无一事可纪者，而独于涂山玉帛之会称以遣子入朝，其假托傅会，诚亦无足言者矣。且其云娶河伯女者，妖异尤甚，《遗事》又云，檀君与河伯女要亲，产子曰扶娄。其后解慕漱又私河伯女，产朱蒙。夫娄与朱蒙，兄弟也。今按：自檀君至朱蒙之生几二千余年，设令河伯女果是神鬼而非人，又何以知前嫁檀君、后私慕漱者必是一女，而前之夫娄、后之朱蒙，必是兄弟乎？且其言檀君之寿者，本即虚诞，而诸书错出，亦无定说。[1]

在许穆之后的李瀷（1681—1763）也有过对此说的批判："檀君为天神子，解慕漱亦天帝子，天有两神乎？檀君为河伯之婿，解慕漱亦为河伯之婿，同一河伯乎？其诞妄不可信如此。大抵东史如金宽毅编年之类，杂采俚俗，尤孟浪，而作史者取焉，其见识之陋如此。"[2]"金宽毅编年"是指高丽毅宗（1146—1170）时人金宽毅所著《编年通录》[3]，由此看来，许穆很可能是将一种前人早已抛弃的 12 世纪的学说重新提了出来。为回答这些质疑，后来才又出现所谓古有二夫娄说。[4]

〔1〕〔朝鲜〕南九万：《药泉集》卷 29《杂著·东史辨证》。

〔2〕〔朝鲜〕李瀷：《星湖僿说》卷 26《经史门·三圣祠》。

〔3〕〔朝鲜〕李德懋：《青庄馆全书》卷 54《盎叶记·东史》"编年通录"条记载："高丽金宽毅撰。宽毅，毅宗时人。"

〔4〕〔朝鲜〕安鼎福：《东史纲目》附卷《考异》"夫娄当有二人"条。

尽管许穆古史系统的关键一环所依据的史料受到如此激烈的批判,但是许穆说还是形成了比较大的影响,支持者大有人在。比较著名的是李种徽(1731—1797)[1]、李德懋[2]。究其原因,当是因为这种新说捏合了古朝鲜和扶余两个系统,并对14—15世纪学者倾向于回避的如何对接古朝鲜与三韩系统的问题进行了解释,这就解决了传统古史谱系的一种矛盾,可以将《三国遗事》提到的3种不同古史系统全部纳入朝鲜古史谱系,从而维护了《三国遗事》所构建的宏大古史谱系。但问题是,这种古史谱系所依据的史料却是根本靠不住的传说。

(四)

17—18世纪,许穆的学说逐渐成为朝鲜学界的主流,学者们也在对许穆说进行丰富和修正。如赵挺《东国补遗》(1646)将一然的古史谱系所包括的北扶余、东扶余补入古史谱系,《同文广考》一书则补入了李承休古史谱系已包括的沃沮、秽貊。李万敷(1664—1732)在介绍许穆说的同时指出:"东事自檀君、箕子,历卫满、三韩、四郡、二府、高句丽、百济、新罗","自檀君朝鲜,解夫娄为北扶余,金蛙为东扶余,箕子之后为马韩,肃慎氏为沃沮,高句丽别种为靺鞨、为东丹国。獩,汉氏置沧海郡数年,得复为国,以岁时朝贡。貊,三代之末已有貊,貊之居深山阻厄,貊人不知立国于何世,亦不知绝种于何世。"[3]这些对许穆说的丰富,主要在于提出了在许穆的古史谱系中还没有得到较好处理、却在中国正史四夷传中占有较重分量的沃沮、靺鞨、秽、貊等族。

---

〔1〕〔朝鲜〕李种徽《修山集》卷11 在《东史本纪》条目下列檀君本纪、箕子本纪、三韩本纪、后朝鲜本纪(卫满),在《东史世家》条目下列箕子世家、扶余世家、渤海世家、伽倻世家,在《东史列传》条目下列獩貊沃沮沸流乐浪列传、高句丽家人列传、高句丽宗室列传、耽罗列传、陕扶乙松列传、乙支文德列传、薛聪崔致远列传。基本上是全面继承了许穆的古史系统,只不过将许穆所称"世家"升格为"本纪",赋予朝鲜史以独立国史的地位。

〔2〕〔朝鲜〕李德懋《青庄馆全书》卷26《纪年儿览》(下):"《古纪》云:有天神桓因,命庶子雄降于太白山,即妙香山神檀树下。时有熊食灵药,化为女神,与雄为婚而生子,是谓檀君。娶非西岬河伯之女,生子曰夫娄,后为北扶余王。夫娄之养子金蛙,为东扶余王。"其所引《古纪》,是将《三国遗事》引《古记》和《坛君记》两条记载相捏合而成,并将《三国遗事》引《坛君记》中所说"西河河伯"改为"非西岬河伯",很明显不是出自《三国遗事》,而是引自《新增东国舆地胜览》卷54《宁边大都督府》"古迹"条,也是相信夫娄为檀君之子。

〔3〕〔朝鲜〕李万敷:《息山先生别集》卷8《眉叟先生遗事》。

为解决李万敷新提出的诸族在古史谱系中的地位问题,李种徽遵照许穆将一切并入古朝鲜系统的思路,提出:"扶余之先,出自檀君。盖檀君封支子于余地,后世因自号曰扶余。或曰,扶余其始封君之名,其国在鸭江之北,地方二千里,历檀、箕之世,或存或亡,皆臣属朝鲜云。传世二千余年,至王解夫娄,迁都迦叶原,在东海滨,是谓东扶余。""濊貊之先,与扶余同出,皆檀君氏子孙也。东为濊,西为貊,貊微甚,常附庸于濊,而濊貊皆臣属朝鲜云。""东沃沮,亦檀君之裔也","沸流王松壤,其先檀君之苗裔"。"余闻古史称扶余、濊貊、沸流、沃沮,皆出于檀君。"李种徽自称这种说法是源于"古史",显然出自李承休《帝王韵记》卷下:"于中何者是大国,先以扶余沸流称,次有尸罗与高礼,南北沃沮秽貊膺。此诸君长问谁后,世系亦自檀君承",其立论的基础也是一种此前基本无人附和的神话。

　　李种徽对许穆古史谱系的修正还在于提出了一种古朝鲜与周边四裔并立的说法:"盖檀、箕之际,有别部于东南曰濊、貊,西南曰韩,东北曰余、靺鞨,犹中国之有蛮夷闽粤也。于兹五种,韩为最大,其人居辰地曰辰韩,卞地曰卞韩,马地曰马韩。"[1]当然,李种徽说扶余在古朝鲜的东北、三韩在古朝鲜的西南,方位都是错误的。需要我们注意的是,这种说法是进一步强调古朝鲜系统在朝鲜古史谱系中的正统地位,这一点在 18 世纪已经成为朝鲜古史谱系中不可动摇的部分了。以古朝鲜为居于中央的正统王朝,将扶余、三韩等族视为与之并存的四裔,这种提法不仅将古朝鲜、扶余、三韩等 3 种不同的古史系统捏合起来,而且正是明亡之后朝鲜视自身为小中华并逐渐构建与中国类似的华夷秩序的现实的反映。可是,在这种古史谱系中,新罗、王氏高丽、李氏朝鲜所继承的三韩被贬低到边裔夷狄的地位,这却是李朝统治阶层所无法接受的,因此,李种徽这种古史系统也没有流传开来。李种徽的朝鲜与四裔说虽然未流传开来,但在此以后,沃沮、濊、貊诸族却堂而皇之地被纳入朝鲜的古史谱系。

---

[1]以上引文未注明者皆见〔朝鲜〕李种徽:《修山集》卷11《东史·本纪》。

·欧·亚·历·史·文·化·文·库·

李德懋《青庄馆全书》卷 26《纪年儿览》(下)也是按檀君朝鲜、箕子朝鲜、四郡、二府、三韩、新罗、高句丽、百济、高丽等条目来叙述朝鲜半岛的古史系统,但在三韩条后附入辰国、濊国、貊国、北扶余国、东扶余国、高勾丽国、东沃沮国,显然也是受李种徽的影响,其所作修正主要是将三韩纳入正统谱系之中,而将李种徽定为四裔的其他诸族作为与三韩并存的四裔附入三韩条下。扶余系统的百济(南扶余)、高句丽被与新罗一起视为正统,这自然是尊重《三国史记》以来的传统,而将扶余系统的其他部分划入四裔。在北扶余国条称"以檀君子解扶娄为始祖",在东扶余国条称"解扶娄子金蛙之国",虽然是继承了许穆的说法,却将之放在非常不起眼的位置上。

由此我们可以发现,18 世纪朝鲜学者对许穆说的修正,最后的结局竟是向此前 14—15 世纪的古史谱系的回归,倾向于抹杀扶余系统的地位,却将 14—15 世纪的古史谱系所未包含的沃沮、濊、貊诸族包括进来,这恐怕与中国史书中没有北扶余、东扶余的相关记载,沃沮、濊、貊却是"东夷传"的重要角色有关,这种对古史谱系的调整是为了与中国史书的记载接轨。对比成书于 13 世纪的《三国遗事》和《帝王韵记》的古史谱系可以发现,18 世纪的古史谱系是对两者的捏合,在宏观谱系上更倾向于李承休,而不是一然。

安鼎福《东史纲目·东国历代传授之图》(1778) 堪称是 18 世纪古史谱系的集大成之作。其所确立的朝鲜半岛的"正统"政权是檀君朝鲜—箕子朝鲜—马韩—三国(高句丽、新罗、百济)—新罗—高丽—朝鲜,将辰韩、卞韩、濊、貊、沃沮附入马韩,将驾洛、伽倻附入新罗,称卫满朝鲜为僭国,并附入四郡二府,称泰封、后百济、后高句丽为盗贼。在前代的古史谱系中占有重要地位的北扶余、东扶余、渤海国甚至没有被附入某一"正统"的政权,只在后面以附录的形式出现了扶余国和渤海国,扶余国下注"在辽东北边外",没有提到夫娄为檀君子的说法,在渤海国下注"辽界全地及并东北诸夷",而且在大祚荣名下注"靺鞨人"。可以说,安鼎福的古史系统体现了 18 世纪的大趋势,即尽量抹杀扶余系统在朝鲜古史谱系中的地位,并将中国正史"东夷传"中的其他民族附入朝鲜古史,四郡二府也被淡化。与同时期的作品类似,安鼎福也将三国(高句丽、新罗、百济)对马韩的继承看成是无需论证的,就这样绕过了这一古史谱系中最无法证明也是使前人最为困惑的一环。[1]

但安鼎福在古史谱系中未给予渤海国以"正统"地位,这一点很快受到了指责。1784年柳得恭在《渤海考》中提出"南北国"论:"昔者高氏居于北,曰高句丽;扶余居于西,曰百济;朴、昔、金氏居于东南,曰新罗,是为三国。宜其有三国史,而高丽修之,是矣!及扶余氏亡、高氏亡,金氏有其南,大氏有其北,曰渤海,是谓南北国。宜其有南北国史,而高丽不修之,非矣!夫大氏者何人也?乃高句丽之人也。其所有之地何地也?乃高句丽之地也。"[2]其称渤海大氏为"高句丽之人",显然与安鼎福的看法矛盾,但其将渤海、新罗视为朝鲜历史上的南北国的说法对后世影响极大。韩致奫(1765—1814)的《海东绎史》(1814)即接受柳得恭的观点,对安鼎福说进行了修正,将渤海纳入朝鲜古史谱系。其卷1为东夷总记,卷2为檀君朝鲜、箕子朝鲜、卫满朝鲜,卷3为三韩、濊、貊,卷4为夫余、沃沮,卷5为四郡事实,卷6至8为高句丽,卷9为百济,卷10为新罗,卷11为渤海,卷12至15为高丽,卷16为诸小国,包括加罗、任那、耽罗、泰封、后百济、休忍、沸流、定安。高句丽以前的诸条,韩致奫主要是摘录中国史书中的相关记载成书,应该说,具体史实方面基本没有错误,但其反映的古史谱系却几乎包括了中国正史"东夷传"中除倭人以外的所有内容,应该说,这种古史谱系向区域史进一步靠拢,而离国史体系越来越远,可是,这却成为此后关于朝鲜古史谱系的主流认识。

在研究朝鲜半岛的古史谱系时,没有受上述区域古史谱系错误的影响而得出正确认识的也不乏其人,其中最具代表性的学者为韩百

---

〔1〕朝鲜学者以"三国"为三韩的当然继承者,可能还与中国古史中的错误认识有关。《旧唐书》卷199上《百济传》记载,唐永徽二年(651)赐百济王扶余义慈的诏书中说:"至如海东三国,开基自久,并列疆界,地犬牙。近代已来遂构嫌隙,战争交起,略无宁岁,遂令三韩之氓命悬刀俎",就是将"海东三国"与"三韩"相混同。

〔2〕〔朝鲜〕柳得恭:《泠斋集》卷7《〈渤海考〉序》。

谦。韩百谦（1552—1615）《久庵遗稿》卷上《杂著·东史纂要后叙》[1]：

> 我东方在昔自分为南北。其北本三朝鲜之地。檀君与尧并立，历箕子暨卫满，分而为四郡，合以为二府，至汉元帝建昭元年，高朱蒙起而为高句丽焉。其南乃三韩之地也。韩之为韩，不知其所始，而汉初箕准为卫满所逐，浮海而南，至韩地金马郡都焉，称为韩王，是为马韩。秦之亡人避役入韩地，韩割东界以与之，是为辰韩。又其南有弁韩，属于辰韩。……新莽元年，温祚灭马韩而百济兴焉。汉宣帝五凤元年，朴赫居世为辰韩六部民所推戴而新罗始焉。弁韩，前史虽不言其所传，而新罗儒俚王十八年，首露王肇国于驾洛，据有辰韩之南界，其后入于新罗，疑此即为弁韩之地也。然则南自南、北自北，本不相参入，虽其界限不知在何处，而恐汉水一带为限隔南北之天堑也。崔致远始谓马韩丽也、弁韩济也，此一误也。权近虽知马韩之为百济，而亦不知高句丽之非弁韩，混而说之，此再误也。自是以后，作史之家承误袭谬，前唱后和，不复就其地而核其实，遂将一区三韩之地，左牵右引，纷纭错杂，至今数千年间，未有定说，可胜惜哉。

韩百谦指出，就地域而言，朝鲜半岛的古史分为两个系统，北方系统为三朝鲜、四郡二府、高句丽，南方系统为三韩、新罗、百济，不应包括与朝鲜半岛无关的扶余系统。就国史而言，新罗、百济可以上溯至辰韩与弁韩，却不能上溯到古朝鲜遗民建立的马韩，"南自南，北自北，本不相参入"，只是在新罗占据高句丽故地以后，才与北方系统发生了关系。

此后，也有一些学者支持韩百谦的观点。如：柳光翼（1713—

---

[1] [朝鲜]韩百谦：《久庵遗稿》卷上《杂著·东史纂要后叙》："偶得东史一秩，乃岭南吴斯文沄所撰"，"亦沿诸家之陋，未见有折衷之论，此则实我东方一大欠事，不特为吴公此书惜也。吴公尝从先君子游，于吾辈为尊执。久闻退居林泉，日以书史自娱，其于先代文献，宜其有所征。思欲一拜起居，因叩其所疑。顾南北修阻，际会无便，乃敢出于僭妄，自叙所见如此。书无远近，如或此纸流传，得经吴公具眼，则不知以为如何也"。可见韩百谦此论虽是针对吴沄之书而发，实则是针对当时一种普遍的论调。他也希望能与大家共同讨论此问题，但其说最终并未引起应有的反响。

1780）认为：“东方有朝鲜之地，又有三韩之地，混之则乱矣。朝鲜之地即箕子旧都，卫满所据，而在汉为四郡二府。”[1]李万敷：“韩久庵以为四郡二府自辽东及于汉北，汉以南未尝浑入，其言有据。”[2]《东国总目》：“我东汉水限其南北。北则本三朝鲜之地，后为四郡二府，仍为高句丽所有。南则本三韩之地，后分为新罗、百济所有。而崔孤云以弁韩为百济、马韩为句丽；权阳村虽知马韩之为百济，而不知句丽之非弁韩。惟久庵韩百谦著《三韩辨说》，所谓南自南、北自北等语，可为断案。”[3]朝鲜末期著名史地学者丁若镛在《疆域考》卷1《三韩总考》中说：“秦汉之际，洌水以北谓之朝鲜，即武帝四郡之地也。洌水以南谓之韩国，亦谓之辰国，即东方三韩之地也。”[4]也是从韩百谦说。但是，这些学者也多与一然一样，是从朝鲜当时的疆域出发构建其古史谱系，自然也就将南北两个系统都纳入到朝鲜古史谱系中来，因北系包括高句丽，因而也往往连带纳入夫余，对此韩致奫曾有过说明：“夫余国，今奉天府之开原县，则本非我邦域内之国，然夫余者，句丽、百济之所自起，故特为一例立纪。”[5]

可惜的是，近代以来的朝鲜学者却没有重视韩百谦早在16世纪就已经提出的正确观点，反而基本沿袭了安鼎福等人的杂糅不同古史系统的朝鲜古史谱系，并遵从柳得恭说，将安鼎福已排除在朝鲜古史谱系之外的渤海国纳入进来[6]，并倾向于否定箕子朝鲜的存在，使对朝鲜古史谱系的理解误入歧途。此外，尤其需要指出的是，在朝鲜半岛学者对古史谱系的研究中，《三国史记》确立的以区域史谱系代替国史谱系的错误思路一直占据主导地位，这是其对朝鲜半岛的古史谱系难以得出正确结论的最根本原因。

[1]〔朝鲜〕柳光翼：《枫岩辑话》卷1《三韩地方之辨》。
[2]〔朝鲜〕李万敷：《息山先生续集》卷1《南风》诗注。
[3]〔朝鲜〕《无名子诗集稿》卷6《咏东史》诗之二十五注引。
[4]〔朝鲜〕丁若镛：《与犹堂全集》第六集《地理集·疆域考》。
[5]〔朝鲜〕韩致奫：《海东绎史》卷4《夫余国》。
[6]朝鲜朴时亨在《历史科学》杂志1962年第1期发表《为了渤海史的研究》，提倡柳得恭说，此后以新罗、渤海为朝鲜历史上的南北朝时代的说法开始在朝、韩学术界流行。

参考文献

（按作者姓名拼音顺序排列）

中国古籍：

阿桂,于敏中,和珅,等.满洲源流考.沈阳:辽宁民族出版社,1988.

班固.汉书.北京:中华书局,1962.

陈寿.三国志.北京:中华书局,1959.

范晔.后汉书.北京:中华书局,1965.

房玄龄.晋书.北京:中华书局,1974.

何秋涛.朔方备乘.台湾:文海出版社,1972.

李昉.太平御览.北京:中华书局,1960.

李延寿.北史.北京:中华书局,1974.

令狐德棻.周书.北京:中华书局,1971.

刘昫.旧唐书.北京:中华书局,1975.

欧阳修,宋祁.新唐书.北京:中华书局,1975.

司马光.资治通鉴.北京:中华书局,1956.

司马迁.史记.北京:中华书局,1959.

王充.论衡.上海:上海人民出版社,1974.

王钦若,杨亿.册府元龟.北京:中华书局,1961.

魏收.魏书.北京:中华书局,1974.

魏征.隋书.北京:中华书局,1973.

郑樵.通志.北京:中华书局,1987.

朝鲜古籍：

安鼎福:《东史纲目》　　　　李奎报:《东国李相国全集》

安鼎福:《顺庵集》　　　　　李万敷:《息山先生别集》

成海应:《研经斋全集》　　　李万运:《纪年儿览》

丁若镛:《与犹堂全集》　　　李瀷:《星湖全集》

韩镇书:《海东绎史续》　　　李种徽:《修山集》

韩致奫:《海东绎史》　　　　卢思慎、徐居正:《三国史节要》

洪敬模:《大东掌考》　　　　南九万:《药泉集》

姜再恒:《立斋遗稿》　　　　权近:《阳村先生文集》

金富轼:《三国史记》　　　　申景濬:《旅庵全书》

李承休:《帝王韵记》　　　　许穆:《记言》

李德懋:《青庄馆全书》　　　一然:《三国遗事》

李焕模:《斗室寱言》　　　　赵汝籍:《青鹤集》

李圭景:《五洲衍文长笺散稿》　郑麟趾:《高丽史》

（以上均参考网站：http：// db. itkc. or. kr /itkcdb/mainIndexIframe. jsp/2011 – 10 –11）

著作：

［1］〔日〕白鸟库吉. 东胡民族考. 方壮猷,译. 北京：商务印书馆,1934.

［2］陈连开. 中国民族史纲要. 北京：中国财政经济出版社,1999.

［3］程妮娜. 东北史. 长春：吉林大学出版社,2001.

［4］〔日〕池内宏. 满鲜史研究（上世第一册）. 东京：吉川弘文馆,1979.

［5］〔日〕稻叶岩吉. 满洲发达史. 杨成能,译. 奉天：萃文斋书店,1940.

［6］丁谦. 后汉书东夷传地理考证. 杭州：浙江图书馆丛书,1915.

［7］丁谦. 魏书各外国传地理考证. 杭州：浙江图书馆丛书,1915.

［8］丁谦. 晋书四夷传地理考证. 杭州：浙江图书馆丛书,1915.

[9]董万仑.东北史纲要.哈尔滨:黑龙江人民出版社,1987.

[10]董学增.西团山文化研究.长春:吉林文史出版社,1993.

[11]〔英〕弗雷泽.金枝.徐育新,等,译.北京:大众文艺出版社,1998.

[12]傅朗云,杨旸.东北民族史略.长春:吉林人民出版社,1983.

[13]傅斯年.东北史纲(初稿).台北:国立中央研究院历史语言研究所,1932.

[14]干志耿,孙秀仁.黑龙江古代民族史纲.哈尔滨:黑龙江人民出版社,1987.

[15]高福顺,等.《高丽记》研究.长春:吉林文史出版社,2003.

[16]耿铁华.中国高句丽史.长春:吉林人民出版社,2002.

[17]耿铁华.好太王碑一千五百八十年祭.北京:中国社会科学出版社,2003.

[18]耿铁华.高句丽考古研究.长春:吉林文史出版社,2004.

[19]郭大顺,张星德.东北文化与幽燕文明.南京:江苏教育出版社,2004.

[20]何光岳.东夷源流史.江西教育出版社,1990.

[21]贾敬颜.东北古代民族古代地理丛考.北京:中国社会科学出版社,1994.

[22]〔日〕箭内亘,稻叶岩吉,松井等.满洲历史地理(第1卷).东京:丸善株式会社,1940.

[23]姜维公,高福顺.东北历史地理简论.长春:吉林文史出版社,1990.

[24]金毓黻.东北通史(上编六卷).重庆:五十年代出版社,1944.

[25]金岳.北方民族方国历史研究.郑州:中州古籍出版社,1994.

[26]李健才.东北史地考略.长春:吉林文史出版社,1986.

[27]李健才.东北史地考略(续集).长春:吉林文史出版社,1995.

［28］李健才.东北史地考略（第三集）.长春:吉林文史出版社,2001.

［29］李治亭.东北通史.郑州:中州古籍出版社,2003.

［30］刘子敏.高句丽历史研究.延吉:延边大学出版社,1996.

［31］吕思勉.中国民族史.北京:世界书局,1934.

［32］朴真奭.高句丽好太王碑研究.李东源,译.延吉:延边大学出版社,1999.

［33］〔日〕日野开三郎.東北アジア民族史（上）.東京:三一書房,1988.

［34］孙进己.东北民族源流.哈尔滨:黑龙江人民出版社,1987.

［35］孙进己.东北民族史研究.郑州:中州古籍出版社,1994.

［36］孙进己.东北亚民族史论研究.郑州:中州古籍出版社,1994.

［37］孙进己,孙海.高句丽渤海研究集成.哈尔滨:哈尔滨出版社,1997.

［38］孙进己,等.女真史.长春:吉林文史出版社,1987.

［39］孙进己,王绵厚.东北历史地理（第1卷）.哈尔滨:黑龙江人民出版社,1989.

［40］孙进己,冯永谦.东北历史地理（第2卷）.哈尔滨:黑龙江人民出版社,1989.

［41］谭其骧.《中国历史地图集》释文汇编·东北卷.北京:中央民族学院出版社,1988.

［42］佟冬.中国东北史（一）.长春:吉林文史出版社,1998.

［43］王健群.好太王碑研究.长春:吉林人民出版社,1984.

［44］王绵厚.秦汉东北史.沈阳:辽宁人民出版社,1994.

［45］王绵厚,李健才.东北古代交通.沈阳:沈阳出版社,1990.

［46］王钟翰.中国民族史.北京:中国社会科学出版社,1994.

［47］魏国忠.东北民族史研究（二）.郑州:中州古籍出版社,1995.

［48］吴文衔,张泰湘,魏国忠.黑龙江古代简史.哈尔滨:《北方文物》杂志社,1987.

［49］杨保隆.肃慎挹娄合考.北京:中国社会科学出版社,1989.

［50］杨军.渤海国民族构成与分布研究.长春:吉林人民出版社,2007.

［51］张碧波.东北古族古国古文化研究(上).哈尔滨:黑龙江教育出版社,2000.

［52］张博泉.东北地方史稿.长春:吉林大学出版社,1985.

［53］张博泉,苏金源,董玉瑛.东北历代疆域史.长春:吉林人民出版社,1981.

［54］张博泉,魏存成.东北古代民族·考古与疆域.长春:吉林大学出版社,1998.

论文:

［1］〔日〕白鸟库吉.夫余國の始祖東明王の傳說に就いて∥白鸟库吉.白鳥庫吉全集(第5卷).东京:岩波书店,1970.

［2］〔朝鲜〕蔡熙国.高句丽封建国家的建国年代问题.颜雨泽,译.东北亚历史与考古信息,1999(1).

［3］陈全家.白金宝遗址(1986年)出土的动物遗存研究.北方文物,2004(4).

［4］〔日〕池内宏.夫餘考∥滿鮮地理歷史研究報告,第13册.

［5］董学增.吉林西团山文化六十年研究成果概述.博物馆研究,2009(1).

［6］董学增.关于西团山文化的新资料.北方文物,1983(4).

［7］〔日〕岛田好.東夫餘の位置と高句麗の開國傳說.青丘學叢(第16號),1934.

［8］冯家昇.豆莫娄国考.禹贡(第7卷),第一、二、三合期.

［9］付波.小议肃慎与挹娄的关系.辽宁大学学报,1986(5).

［10］傅朗云.夫余"迎鼓"初探.北方民族,2004(2).

［11］干志耿.古代橐离研究.民族研究,1984(2).

［12］耿铁华.王莽征高句丽兵伐胡史料与高句丽王系问题——兼

评《朱蒙之死新探》.北方文物,2005(2).

[13]顾铭学.魏志夫余传中的三个费解句——夫余漫笔之二.学术研究丛刊,1987(4).

[14]郝庆云.曹魏军队进入"肃慎南界"考.黑龙江史志,1996(1).

[15]郝思德.白金宝文化初探.求是学刊,1982(5).

[16]贾敬颜.东北古地理古民族丛考(续).北方文物,1983(2).

[17]姜维东,刘矩.从夫余、高句丽官制中的"加"看夫余玉文化与红山文化的关系//东北地方民族史证.长春:吉林大学出版社,2005.

[18]〔朝鲜〕金炳龙.夫余侯国的成立及其从古朝鲜的分立.李云铎,译.东北亚历史与考古信息,2002(1)

[19]〔朝鲜〕金炳龙.后夫余的建立.李云铎,译.东北亚历史与考古信息,2002(1).

[20]金岳.东北貊族源流研究.辽海文物学刊,1994(2).

[21]〔日〕津田左右吉.三國史記高句麗紀の批判//滿鮮地理歷史研究報告,第9册.

[22]匡瑜.战国至两汉的北沃沮文化.北方文物,1982(1).

[23]李炳海.夫余神话的中土文化因子——兼论夫余王解慕漱系中土流人.民族文学研究,2002(1).

[24]〔韩〕李丙焘.夫余考.李云铎,译.东北亚历史与考古信息,2002(1).

[25]李德山.夫余起源新论.社会科学战线,1991(2).

[26]李殿福.汉代夫余文化刍议.北方文物,1985(3).

[27]李健才.夫余的疆域和王城.社会科学战线,1982(4).

[28]李健才.北扶余东扶余豆莫娄的由来.吉林省东北史研究会编,东北史研究(第一辑).

[29]李健才.唐代高丽长城和扶余城.民族研究,1991(4).

[30]李健才.再论北夫余、东夫余即夫余的问题//李健才.东北史地考略(续集).长春:吉林文史出版社,1995.

[31]李健才.三论北夫余、东夫余即夫余的问题.社会科学战线,

2000(6).

[32]李强.沃沮、东沃沮考略.北方文物,1986(1).

[33]李钟洙.夫余文化研究.吉林大学2004年通过答辩的博士学位论文.

[34]〔朝鲜〕李趾麟.濊族与貊族考.顾铭学,译.东北亚历史与考古信息,1999(2).

[35]〔朝鲜〕李趾麟.夫余考.文一介,译.东北亚历史与考古信息,2002(1).

[36]林树山.寇漫汗国与豆莫娄国试辨.黑河学刊,1988(2).

[37]林沄."燕亳"和"燕亳邦"小议.史学集刊,1994(2).

[38]林沄.夫余史地再探讨.北方文物,1999(4).

[39]刘凤翥.也谈《三国志·夫余传》中的"名下户".社会科学战线,1989(2).

[40]刘高潮,姚东玉."日种"说与匈奴之族源——兼论夫余王族属东胡系统.求是学刊,1988(4).

[41]刘景文.古夫余农牧业探索.农业考古,1991(3).

[42]刘景文.西团山文化的农牧业发展探索.北方文物,1991(2).

[43]刘永祥.朱蒙与东明——高句丽始祖问题探索.辽宁大学学报,1988(6).

[44]刘振华.试论吉林西团山文化晚期遗存.东北考古与历史,1982(1).

[45]刘子敏.朱蒙之死新探——兼说高句丽迁都"国内".北方文物,2002(4).

[46]刘子敏.高句丽疆域沿革考辨.社会科学战线,2001(4).

[47]刘子敏,金荣国.《山海经》貊国考.北方文物,1995(4).

[48]〔韩〕卢泰敦.夫余国的境域及其变迁.尚求实,译.东北亚历史与考古信息,2002(1).

[49]马德骞.夫余丛说.博物馆研究,1994(3).

[50]马德谦.夫余文化的几个问题.北方文物,1991(2).

［51］马德谦."发"人刍议.北方文物,1996(2).

［52］马一虹.靺鞨部族分布地域考.中国文化研究,2004 年夏之卷.

［53］〔美〕Mark Edward Byington . A History of the Puyo State , its People , and its Legacy . 美国哈佛大学 2003 年通过答辩的博士学位论文.

［54］明学,中澍.夫余漫笔——以考释简位居为中心.学术研究丛刊,1984(4).

［55］倪屹.第二玄菟郡探讨.延边大学学报,2002(2).

［56］朴灿奎.高句丽之"下户"性质考.东疆学刊,2003(3).

［57］朴真奭.关于高句丽存在山上王与否的问题——与杨通方同志商榷.世界历史,1989(2).

［58］〔韩〕权兑远.夫余社会与文化圈.赵本宣,译.东北亚历史与考古信息,2002(1).

［59］三江.汉魏夫余史地考略.北方文物,1988(1).

［60］〔韩〕宋镐晸.夫余研究.常白衫,译.东北亚历史与考古信息,2002(1).

［61］〔韩〕宋镐晸.见诸考古资料的夫余的起源和成长.严长录,译.东北亚历史与考古信息,2002(1)

［62］〔朝鲜〕孙永钟.高句丽建国年代的再探讨.文一介,译.东北亚历史与考古信息,1991(1).

［63］孙正甲.夫余源流辨析.学习与探索,1984(6).

［64］田耘.两汉夫余研究.辽海文物学刊,1987(2).

［65］王绵厚.东北古代夫余部的兴衰和王城变迁.辽海文物学刊,1990(2).

［66］王侠.松花江畔的古墓群.吉林画报,1981(1).

［67］王禹浪.靺鞨黑水部地理分布初探.北方文物,1997(1).

［68］王禹浪,李彦君.北夷"索离"国及其夫余初期王城新考.黑龙江民族丛刊,2003(1).

[69]魏存成.第二松花江中游地区的靺鞨、渤海墓葬.北方文物,1998(1).

[70]魏国忠.豆莫娄考.学习与探索,1982(3).

[71]吴莲姬.夫余的建国及其对外关系.黑龙江民族丛刊,1993(4).

[72]武国勋.夫余王城新考——前期夫余王城的发现.北方文物,1983(4).

[73]〔日〕小川裕人.关于靺鞨史研究的诸问题.民族史译文集(第2集),中国社会科院民族研究所历史研究室资料组,1978.

[74]徐家国.汉玄菟郡二迁址考略.社会科学辑刊,1984(3).

[75]阎忠.西周春秋时期燕国境内及其周边各族考略∥北京市文物研究所.北京建城3040年暨燕文明国际学术研讨会会议专辑.北京:燕山出版社,1997.

[76]杨军.秽与貊.烟台师范学院学报,1996(4).

[77]杨军.古代东北经济与建置.吉林大学社科学报,1996(3).

[78]杨军.夫余族源考.东北史研究动态,2001(1).

[79]杨军.秽国考.黑龙江民族丛刊,2004(1).

[80]杨军.高句丽地方官制研究.社会科学辑刊,2005(6).

[81]杨军.靺鞨诸部与渤海建国集团.民族研究,2006(2).

[82]杨军.高句丽早期五部考.西北第二民族学院学报,2008(5).

[83]杨军.朱蒙神话研究.东北史地,2009(6).

[84]杨通方.高句丽不存在山上王延优其人——论朝鲜《三国史记》有关高句丽君主世系问题.世界历史,1981(3).

[85]游修龄.论黍和稷.农业考古,1984(2).

[86]张碧波.说"北發".昭乌达蒙族师专学报,1999(5).

[87]张碧波.再说北發族.黑龙江社会科学,2002(5).

[88]张博泉.汉玄菟郡考.吉林大学社科学报,1980(6).

[89]张博泉.夫余史地丛说.社会科学辑刊,1981(6).

[90]张博泉.《魏书·豆莫娄传》中的几个问题.黑龙江文物丛刊,

1982(2).

[91]张博泉.肃慎、燕亳考.东北考古与历史(丛刊).文物出版社 1982.

[92]张博泉.关于对夫余史地研究的问题——复王兆明同志.东北师大学报,1984(2).

[93]张博泉.夫余社会与一体结构.史学集刊,1997(4).

[94]张博泉.夫余的地理环境与疆域.北方文物,1998(2).

[95]张博泉.北夫余与东夫余史地考略.史学集刊,1999(4).

[96]张昌熙.东夫余及其地望初探.延边大学学报,1986(4).

[97]张春海.论古夫余族"倍偿"之法对古代东亚法制之影响.中央民族大学学报,2006(5).

[98]张宏林.夫余王国浅说.东北史地,2009(4).

[99]张泰湘、邹越华.从考古学材料看历史上的夫余、沃沮人.黑龙江民族丛刊,2002(4).

[100]赵红梅.夫余、马韩、邪马台三国"下户"之比较.东疆学刊,2001(1).

[101]赵红梅.夫余与玄菟郡关系考略.满族研究,2009(2).

[102]赵红梅.封贡体制下的夫余.东北史地,2005(3).

[103]周向永.夫余名义考释.社会科学战线,1996(1).

[104]朱永刚.从肇源白金宝遗址看松嫩平原的青铜时代.吉林大学社科学报,2008(1).

后 记

　　早就想写点东西,谈谈个人对夫余史的一些认识。这一方面是因为我治高句丽史,自然不得不涉及夫余;另一方面,学界治高句丽史的学者大多上及夫余、下及渤海,而我已出版了《高句丽民族与国家的形成和演变》、《渤海国民族构成与分布研究》两书,所以很想再出一本关于夫余的书,也算凑成一个完整的轮回吧。

　　我以秽貊族系为研究方向,还是1992年留校执教时恩师张博泉先生的指派,没想到的是,如今先师已经仙逝10年,我尚未完成这一轮回,想来汗颜。在写作此书的过程中,面对种种困惑,想到再也无法叩问于恩师座前,就无法抑制对恩师的怀念,几次在不知不觉中潸然泪下。值此恩师逝世10周年之际,权以此不成熟的小书作为心香一束,献于先生灵前。

　　先师对夫余史研究的贡献是学界有目共睹的,但读者不难发现,书中许多观点与先师并不相同。我只是想说,先师生前提倡门弟子创新、不囿于成说,并不要求学生继承自己的学说,我当年唯一一篇受到先生认可的论文,就恰恰与先生的观点相左,我想,我的观点虽然不成熟,但毕竟是我追求学术创新的一种努力,是我遵照先生生前教诲的努力,这应该是会得到先生赞许的。只是非常遗憾,我却再也听不到先生对我的研究的批评了,这使我常常回想起10年前众弟子献给先生的挽幛上的题辞:"呜呼,先生往矣;哀哉,无复斯人"。想想自己虽在先生身边11年,却如入宝山而空回,不禁为年少时之不学而后悔!

　　需要说明的是,本书作问题式研究,只是因为夫余史资料欠缺,无法对夫余史的方方面面作全景式的叙述,书名为《夫余史研究》而不是《夫余史》,也是因此,非为标新立异,更不是为了结集论文。

　　最后要说的是,我希望得到的是深刻而不尖刻的批判,以助于我在学术研究上的进步。

杨　军

2010年12月27日于闲置斋

索　引